中国电力行业年度发展报告 2013

中国电力企业联合会

图书在版编目（CIP）数据

中国电力行业年度发展报告．2013／中国电力企业联合会编．—北京：中国市场出版社，2013.9

ISBN 978-7-5092-1137-3

Ⅰ．①中…　Ⅱ．①中…　Ⅲ．①电力工业-研究报告-中国-2013　Ⅳ．①F426.61

中国版本图书馆CIP数据核字（2013）第200306号

书　　名：中国电力行业年度发展报告2013
作　　者：中国电力企业联合会
责任编辑：袁依山　许　慧
出版发行：中国市场出版社
地　　址：北京市西城区月坛北小街2号院3号楼（100837）
电　　话：编辑部（010）68012468　读者服务部（010）68022950
　　　　　发行部（010）68021338　68020340　68053489
　　　　　　　　　　68024335　68033577　68033539
经　　销：新华书店
印　　刷：河北省高碑店鑫宏源印刷包装有限公司
规　　格：889×1194毫米　1/16　16.75印张　300千字
版　　本：2013年9月第1版
印　　次：2013年9月第1次印刷
书　　号：ISBN 978-7-5092-1137-3
定　　价：398.00元

《中国电力行业年度发展报告2013》
编 委 会

序　言

《中国电力行业年度发展报告》是中国电力企业联合会（以下简称“中电联”）编撰的反映年度行业发展状况的综合性、资料性正式出版物，自2006年首次出版以来，受到电力行业和社会各界的高度关注。

《中国电力行业年度发展报告2013》（以下简称《报告2013》），以国家和电力行业统计数据为依据，通过丰富的资料、准确的数据、必要的分析，力求全面、客观地反映2012年中国电力工业发展变化全貌（不含香港、澳门和台湾地区的相关情况）。《报告2013》共12章，客观地反映了2012年电力行业在法规政策、标准化、电力改革、行业管理、监管与服务、工程建设、电力生产与供应、安全生产和可靠性、电力消费、电价、环境保护与资源节约、科技进步、电力企业发展与经营以及国际合作等方面的情况。

我们真诚地希望，《报告2013》能够成为电力从业人员和关心电力事业的读者了解中国电力发展情况的一部权威性、实用性文献。

编委会

2013年7月

目 录 CONTENTS

附　件

第一章

综 述

2012 年，在党中央、国务院的正确领导下，电力行业认真贯彻科学发展观，按照中央“稳中求进”的工作总基调，深入落实国家宏观调控各项措施，积极应对复杂的外部环境和严峻的经济形势，努力克服各种困难，持续推进发展方式转变，推进结构调整，各方面工作取得较好成绩，保障了电力系统安全稳定运行和电力可靠供应，为经济社会发展作出了应有的贡献。

电力建设成绩显著，电力生产和供应能力进一步增强。

截至 2012 年底，全国全口径发电设备容量 114 676 万千瓦，比上年增长 7. 9%。其中，水电 24 947 万千瓦，比上年增长 7. 1%；火电 81 968 万千瓦，比上年增长 6. 7%；核电 1 257 万千瓦，与上年持平；并网风电 6 142 万千瓦，比上年增长 32. 9%，跃居世界第一位；并网太阳能 341 万千瓦，比上年增长 60. 6%。截至 2012 年底，全国电网 220 千伏及以上输电线路回路长度 50. 58 万千米，比上年增长 6. 50%；220 千伏及以上变电设备容量 24. 97 亿千伏安，比上年增长 12. 96%。

2012 年全国电源基建新增生产能力 8 315 万千瓦。其中，水电 1 676 万千瓦（包括 165 万千瓦抽水蓄能机组），水电新增装机创历史新高；火电 5 236 万千瓦（包括燃气机组 247 万千瓦、余热余压发电 105 万千瓦、并网生物质发电 75 万千瓦、并网垃圾发电 20 万千瓦），并网风电 1 296 万千瓦，并网太阳能光伏发电 107 万千瓦。向家坝水电工程 3 台 80 万千瓦机组、三峡地下电站 2 台 70 万千瓦机组、糯扎渡水电站 3 台 65 万千瓦机组等水电机组投产，全国新增 60 万千瓦及以上水电机组 13 台。三峡地下电站全部投产，三峡水电厂总装机容量达 2 250 万千瓦。

电力投资略有下降。全国电力工程建设完成投资 7 393 亿元，比上年减少 2. 90%。其中，电源工程建设完成投资 3 732 亿元，比上年减少 4. 97%；电网工程建设完成投资 3 661 亿元，比上年减少 0. 70%。电源投资中，火电投资继续明显减少，比上年减少 11. 55%；风电投资连续 3 年下降，比上年减少 32. 70%；水电投资有较大增加，比上年增加 27. 64%；核电投资比上年增加 2. 69%；太阳能发电投资大幅度下降，比上年减少 36. 18%。

电网跨区域输电能力继续提高。锦屏—苏南 ±800 千伏特高压直流工程建成投产；东北—华北联网高岭背靠背直流扩建工程投运，将东北—华北联网输送能力由 150 万千瓦提升到 300 万千瓦；我国首个国际直流输电项目——中俄直流背靠背联网工程正式投入商业运营。跨区特高压建设速度加快，溪洛渡左岸—浙江金华 ±800 千伏特高压直流输电工程、哈密南—郑州 ±800 千伏特高压直流输电工程，以及新疆—西北主网联网 750 千伏第二通道工程等相继开工。皖电东送淮南—上海 1 000 千伏特高压交流输电工程、云南普洱—广东江门 ±800 千伏特高压直流输电工程稳步推进。

核电工程建设重新启动。世界首座模块式高温气冷堆核电站——华能石岛湾核电站示范工程正式开建；2012 年 12 月 27 日，中核集团田湾核电二期工程正式开工，田湾二期是日本福岛核事故后国务院审议核准的第一个新建核电项目，它标志着我国稳妥恢复核电建设。

电源结构调整取得新成果。

2012 年，全国水电、风电、太阳能新增装机增速高于火电，发电设备总容量中非化石能源比重上升、火电比重下降；火电中清洁高效发电机组比重上升，火电平均单机容量提高，发电装机结构进一步优化。截至 2012 年底，水电、核电、风电、太阳能发电等发电设备容量占全国发电设备容量的 28. 5%，比上年提高 0. 8 个百分点；火电设备容量占全国发电设备容量的 71. 5%，比上年降低 0. 8 个百分点。火电机组中天然气、煤矸石、生物质、垃圾、余热余压等发电装机所占比重达 8. 98%，比上年提高 0. 67 个百分点；大容量、高参数高效机组比重上升，30 万千瓦及以上机组占全国火电机组总容量的 75. 57%，比上年提高 1. 13 个百分点。

电力生产运行安全平稳。

2012 年，全国全口径发电量 49 865 亿千瓦时，比上年增长 5. 41%。其中，水电 8 556 亿千瓦时，比上年增长 28. 06%；火电 39 255 亿千瓦时，比上年增长 0. 65%；核电 983 亿千瓦时，比上年增长 12. 75%；风电 1 030 亿千瓦时，比上年增长 39. 15%。全年 6 000 千瓦及以上电厂发电生产及供热消耗原煤 19. 74 亿吨，比上年减少 1. 61%。2012 年，全国电厂发电设备利用小时 4 579 小时，比上年减少 151 小时。其中，水电 3 591 小时，比上年大幅度增加 572 小时；火电 4 982 小时，比上年减少 323 小时；核电 7 855 小时，比上年增加 96 小时；风电 1 929 小时，比上年增加 54 小时。

2012 年，全国跨区送电量完成 2 018 亿千瓦时，比上年增长 20.18%；跨省输出电量 7 170 亿千瓦时，比上年增长 14.58%。2012 年，全国没有发生重大以上电力人身伤亡责任事故，没有发生重大以上电力安全事故，没有发生较大以上电力设备事故，没有发生电力系统水电站大坝垮坝、漫坝以及对社会造成重大影响的事故。

全国电力设备运行可靠性水平稳步提高。2012 年纳入可靠性统计的 10 万千瓦及以上燃煤发电机组等效可用系数为 92.93%，比上年提高 0.13 个百分点；4 万千瓦及以上水电机组等效可用系数为 92.47%，比上年提高 0.25 个百分点；220 千伏及以上电压等级架空线路、变压器、断路器三类主要输变电设施的可用系数分别为 99.813%、99.853%、99.965%，比上年分别提高 0.114、0.066 和 0.024 个百分点；城市用户、农村用户平均供电可靠率分别为 99.949%、99.839%，比上年分别提高 0.029、0.049 个百分点。

电力消费需求增长放缓，电力供需总体平衡。

2012 年，全国电力消费需求增长放缓，全国全社会用电量增速较上年回落。全年全国全社会用电量 49 657 亿千瓦时，比上年增长 5.6%，增速较上年回落 6.37 个百分点。其中，第一产业用电量 1 003 亿千瓦时，比上年下降 1.12%；第二产业用电量 36 733 亿千瓦时，比上年增长 4.11%；第三产业用电量 5 693 亿千瓦时，比上年增长 11.52%；城乡居民生活用电量 6 228 亿千瓦时，比上年增长 10.79%。轻工业用电量增速总体高于重工业增速。西部地区除宁夏外其他省份全社会用电量增速均高于全国平均水平。

由于电力消费需求增长放缓，且迎峰度夏期间大范围降雨偏多、大部分地区没有出现持续高温天气，导致空调负荷没有完全释放；同时，电力装机稳步增长、来水较好水电多发、电煤供应保障较好等，全国电力供需总体平衡。其中，华北、华东、华中区域电力供需平衡；东北和西北区域电力供应能力富余，南方区域电力供需前紧后松，前 4 个月出现因来水偏枯导致水电出力下降等因素，电力供需有一定缺口，最大错峰负荷 653 万千瓦，累计错峰电量 36 亿千瓦时，5 月份以后电力供需总体平衡。

电力改革取得新进展。

《国务院办公厅关于深化电煤市场化改革的指导意见》（国办发〔2012〕57 号）就深化电煤市场化改革提出要求，规定自 2013 年起，取消重点合同，取消电煤价格双轨制，加快健全区域煤炭市场，为实施电煤市场化改革提供比较完善的市场载体；

继续实施并不断完善煤电联动机制。

从2012年7月1日起，全国除西藏和新疆以外的29个省份开始实行居民阶梯电价。

科技创新步伐加快。

2012年，特高压交流输电关键技术、成套设备及工程应用获国家科学技术进步奖特等奖，中国核工业集团先进核能技术创新工程等8项电力科技成果获国家科学技术进步奖二等奖。在特高压领域，通过产学研用协同攻关，在电压控制、外绝缘配置、电磁环境控制、成套设备研制、系统集成、试验能力等六大方面实现创新突破，掌握了特高压交流输电核心技术，研制成功全套设备，建成世界上电压等级最高、输电能力最强的交流输电工程。依托项目，我国建立了完整的特高压技术标准体系，包含七大类77项标准，输变电装备制造业实现全面升级，在国际电工领域的影响力和话语权大幅提升，首次实现了中国创造和中国引领。

在发电领域，自主研发、自主设计、自主制造、自主建设、自主运营的华能天津IGCC电站示范工程投产，标志着我国洁净煤发电技术取得了重大突破。世界首台单机容量80万千瓦的水轮发电机组在金沙江向家坝水电站7号机组正式投产运行。采用第三代核电技术建设的AP1000核电机组进入主体建设阶段，风电、太阳能发电技术均有新突破。

节能减排迈出新步伐。

2012年，全国火电机组供电标准煤耗每千瓦时325克，比上年降低4克，煤电机组供电煤耗继续居世界先进水平；全国线路损失率为6.74%，比上年上升0.22个百分点；全国发电厂用电率5.1%，比上年下降0.29个百分点，其中火电厂用电率6.1%，比上年下降0.13个百分点。

2012年，全国电力烟尘年排放量151万吨，比上年下降2.6%；每千瓦时火电发电量烟尘排放量0.39克，比上年下降0.01克。烟气脱硝装置开始了大规模建设。全国新投运火电厂烟气脱硝机组容量0.9亿千瓦，截至2012年底，全国已投运火电厂烟气脱硝机组总容量超过2.3亿千瓦，占全国现役火电机组容量的28.1%，规划和在建的烟气脱硝机组5亿千瓦。据中电联统计，全年电力氮氧化物排放量948万吨，比上年下降5.5%，每千瓦时火电发电量氮氧化物排放量2.4克，比上年下降0.2克，扭转了电力氮氧化物排放量逐年增加的局面。

电力二氧化硫排放量继续下降。2012年全国新投运火电厂烟气脱硫机组总容量约4 500万千瓦，截至2012年底，全国累计投运火电厂烟气脱硫机组容量约6.8亿千瓦，占燃煤机组容量的90%（比2011年的美国高30个百分点），比上年提高1个百分点；全年电力二氧化硫排放量883万吨，比上年下降3.3%。每千瓦时火电发电量二氧化硫排放量2.26克，比上年下降0.08克（好于美国2011年每千瓦时2.8克水平）。

应对气候变化工作取得新进展。2006—2012年，电力行业通过发展非化石能源、降低供电煤耗和线损率等措施使碳减排量逐年提高，累计减排二氧化碳35.6亿吨，其中，供电煤耗的降低对电力行业减排的贡献率达52%。

电力企业经营状况有所改善。

2012年，国家电网公司、中国南方电网有限责任公司、中国华能集团公司、中国国电集团公司、中国大唐集团公司继续保持在世界企业五百强，中国电力建设集团公司、中国华电集团公司、中国电力投资集团公司首次跻身世界企业五百强，至此，中国已有8家电力企业跻身世界五百强的行列。2012年，全国规模以上电力企业资产总额为86 570亿元，比上年增长6.84%，占全国规模以上工业企业资产总额的11.62%，比上年降低0.56个百分点；企业利润总额为2 473亿元，比上年增长67.41%，占全国规模以上工业企业利润总额的4.45%，远低于全国电力企业资产总额占全国规模以上工业企业的比重。2012年，在全国4 577家规模以上电力企业中，亏损企业1 011家，亏损面22.09%，经营形势仍然十分严峻。虽然在煤炭价格高位略有回落、银行降准降息等作用下，行业利润有所回升，但总体经营环境没有重大改观，特别是发电企业资产负债率依然偏高，经营普遍比较困难。

国际合作取得新成绩。

2012年，电力行业扎实推进“走出去”战略，紧密围绕行业发展重点及企业发展战略，通过政策对话、交流互访、组织研讨会、参加国际组织活动、会议及展览等形式，加大与国际同业组织、电力行业及企业交流力度，推动国际项目合作，取得了新的成效。抓住机遇，扩大对外投资，境外投资规模增长，项目明显增多，投资区域扩大，投资模式多样，2012年实际完成对外投资总额70.65亿美元，比上年增长1.41倍。国际工程承包项目取得新的进展。在继续深度开发传统市场的同时，积极开拓新兴市场，在国际市场上的竞争力和知名度进一步增强，企业效益获得较大提高。电力设备和技术出口规模增长，直接出口设备和技术规模有所提高，技术服务和咨询业务开拓力度加大，涉及电网、燃煤电站、水电站、风电、太阳能等领

域的项目可行性研究、规划、设计等。中国先进电力技术具有广阔的国际应用前景，中国电力企业的国际影响力有了新的提升。

2012 年，我国电力工业发展取得很大成绩。展望未来，电力工业的发展面临着诸多挑战：一是保障电力供应任务艰巨。我国电力需求将呈长期持续增长态势，可持续供应问题依然十分突出。二是结构性矛盾突出。可再生能源和新能源发电比例偏低，电网与电源发展不协调，能源配置上输煤输电比例失调，电力消费占终端能源消费的比例较世界发达国家有较大差距，能源利用效率较低。三是电力科学发展机制亟待完善。统一的电力发展规划机制、合理的电价机制及高效的市场调控机制尚未建立。四是电力行业整体发展能力不强。电力行业要深入贯彻落实科学发展观，继续加快转变电力发展方式，优化结构，提高质量，提升效益，强化管理，防控风险；努力解决电力安全发展、清洁发展、协调发展和创新发展等重大问题，促进全行业持续健康发展，为全面建成小康社会作出新的贡献。

第二章

法规政策和标准化

一、法律法规

（一）法律

2012年公布修改的与电力行业有关的法律有：

（1）《全国人民代表大会常务委员会关于修改〈中华人民共和国清洁生产促进法〉的决定》。由中华人民共和国第十一届全国人民代表大会常务委员会第二十五次会议于2012年2月29日通过，中华人民共和国主席令第54号公布，自2012年7月1日起施行。

（2）《全国人民代表大会常务委员会关于修改〈中华人民共和国民事诉讼法〉的决定》。由中华人民共和国第十一届全国人民代表大会常务委员会第二十八次会议于2012年8月31日通过，中华人民共和国主席令第59号公布，自2013年1月1日起施行。

（3）《全国人民代表大会常务委员会关于修改〈中华人民共和国劳动合同法〉的决定》。由中华人民共和国第十一届全国人民代表大会常务委员会第三十次会议于2012年12月28日通过，中华人民共和国主席令第73号公布，自2013年7月1日起施行。

（二）行政法规

2012年颁布的与电力行业有关的行政法规有：

（1）《女职工劳动保护特别规定》。由国务院第200次常务会议于2012年4月18日通过，2012年4月28日国务院令第619号公布，自公布之日起施行。

（2）《对外劳务合作管理条例》。由国务院第203次常务会议于2012年5月16日通过，2012年6月4日国务院令第620号公布，自2012年8月1日起施行。

（3）《国内水路运输管理条例》。由国务院第218次常务会议于2012年9月26

日通过，2012年10月13日国务院令第625号公布，自2013年1月1日起施行。

(4)《国务院关于修改〈期货交易管理条例〉的决定》。由国务院第216次常务会议于2012年9月12日通过，2012年10月24日国务院令第627号公布，自2012年12月1日起施行。

2012年国务院宣布废止的行政法规有：

《国务院关于修改和废止部分行政法规的决定》(国务院令第628号，2012年11月9日公布，自2013年1月1日起施行)中，废止的行政法规：《中华人民共和国固定资产投资方向调节税暂行条例》(1991年4月16日国务院令第82号发布)。

(三) 国务院部门规章

2012年颁布的与电力行业有关的国务院部门规章有：

(1)《煤炭矿区总体规划管理暂行规定》(国家发展改革委令第14号)。2012年6月13日发布，从2012年7月13日起实施。

(2)《天然气利用政策》(国家发展改革委令第15号)。2012年10月14日公布，自2012年12月1日起施行。

(3)《特殊和稀缺煤类开发利用管理暂行规定》(国家发展改革委令第16号)。2012年12月9日发布，自2013年1月9日起实施。

(4)《公安部关于修改〈建设工程消防监督管理规定〉的决定》(公安部令第119号)。2012年7月17日发布，自2012年11月1日起施行。

(5)《公安部关于修改〈火灾事故调查规定〉的决定》(公安部令第121号)。2012年7月17日公布，自2012年11月1日起施行。

(6)《污染源自动监控设施现场监督检查办法》(环境保护部令第19号)。2012年2月1日公布，自2012年4月1日起施行。

(7)《环境污染治理设施运营资质许可管理办法》(环境保护部令第20号)。2012年4月30日公布，自2012年8月1日起施行。原国家环境保护总局2004年11月8日公布的《环境污染治理设施运营资质许可管理办法》(国家环境保护总局令第23号)同时废止。

(8)《环境监察办法》(环境保护部令第21号)。2012年7月25日公布，自2012年9月1日起施行。

(9)《危险化学品环境管理登记办法(试行)》(环境保护部令第22号)。2012

年10月10日公布，自2013年3月1日起施行。

（10）《监察机关参加生产安全事故调查处理的规定》（监察部令第28号）。2012年11月15日公布，自2013年1月1日起施行。

（11）《安全生产培训管理办法》（国家安全生产监督管理总局令第44号）。2012年1月19日公布，自2012年3月1日起施行。

（12）《危险化学品建设项目安全监督管理办法》（国家安全生产监督管理总局令第45号）。2012年1月30日公布，自2012年4月1日起施行。

（13）《煤层气地面开采安全规程（试行）》（国家安全生产监督管理总局令第46号）。2012年2月22日公布，自2012年4月1日起施行。

（14）《工作场所职业卫生监督管理规定》（国家安全生产监督管理总局令第47号）。2012年4月27日公布，自2012年6月1日起施行。

（15）《职业病危害项目申报办法》（国家安全生产监督管理总局令第48号）。2012年4月27日公布，自2012年6月1日起施行。

（16）《用人单位职业健康监护监督管理办法》（国家安全生产监督管理局令第49号）。2012年4月27日公布，自2012年6月1日起施行。

（17）《建设项目职业卫生“三同时”监督管理暂行办法》（国家安全生产监督管理总局令第51号）。2012年4月27日公布，自2012年6月1日起施行。

（18）《煤矿安全培训规定》（国家安全生产监督管理总局令第52号）。2012年5月28日公布，自2012年7月1日起施行。

（19）《危险化学品安全使用许可证实施办法》（国家安全生产监督管理总局令第57号）。2012年11月16日公布，自2013年5月1日起施行。

（20）《中央企业境外投资监督管理暂行办法》（国务院国资委令第28号令）。2012年3月18日公布，自2012年5月1日起施行。

（21）《国家出资企业产权登记管理暂行办法》（国务院国资委令第29号）。2012年4月12日公布，自2012年6月1日起施行。

（22）《中央企业负责人经营业绩考核暂行办法》（国务院国资委令第30号）。2012年12月29日公布，自2013年1月1日起施行。

（23）《电力安全事故调查程序规定》（国家电监会令第31号）。2012年6月13日公布，自2012年8月1日起施行。

（四）地方性法规

2012 年颁布的与电力行业有关的地方性法规有：

（1）《辽宁省消防条例》。由辽宁省第十一届人民代表大会常务委员会第二十七次会议于 2012 年 1 月 5 日通过，自 2012 年 3 月 1 日起施行。

（2）《吉林省消防条例》。由吉林省第十一届人民代表大会常务委员会第三十一次会议于 2012 年 3 月 23 日修订通过，自 2012 年 6 月 1 日起施行。

（3）《黑龙江省气候资源探测和保护条例》。由黑龙江省第十一届人民代表大会常务委员会第三十三次会议于 2012 年 6 月 14 日通过，自 2012 年 8 月 1 日起施行。

（4）《北京市河湖保护管理条例》。由北京市第十三届人民代表大会常务委员会第三十四次会议于 2012 年 7 月 27 日通过，自 2012 年 10 月 1 日起施行。

（5）《天津市节约能源条例》。由天津市第十五届人民代表大会常务委员会第三十二次会议于 2012 年 5 月 9 日通过，自 2012 年 7 月 1 日起施行。

（6）《山西省循环经济促进条例》。由山西省第十一届人民代表大会常务委员会第二十九次会议于 2012 年 5 月 31 日通过，自 2012 年 10 月 1 日起施行。

（7）《山西省气候资源开发利用和保护条例》。由山西省第十一届人民代表大会常务委员会第三十一次会议于 2012 年 9 月 28 日通过，自 2012 年 12 月 1 日起施行。

（8）《山西省节约用水条例》。由山西省第十一届人民代表大会常务委员会第三十二次会议于 2012 年 11 月 29 日通过，自 2013 年 3 月 1 日起施行。

（9）《江西省反窃电办法（2012 年修正本）》。由江西省第十一届人民代表大会常务委员会第三十四次会议于 2012 年 11 月 30 日修订，自 2013 年 1 月 1 日起施行。

（10）《内蒙古自治区实施〈中华人民共和国环境影响评价法〉办法》。由内蒙古自治区第十一届人民代表大会常务委员会第二十九次会议于 2012 年 5 月 30 日通过，自 2012 年 8 月 1 日起施行。

（11）《安徽省防震减灾条例》（2012 年修正本）。由安徽省第十一届人民代表大会常务委员会第三十五次会议于 2012 年 8 月 17 日第四次修订，自 2012 年 10 月 1 日起施行。

（12）《浙江省可再生能源开发利用促进条例》。由浙江省第十一届人民代表大会常务委员会第三十三次会议于 2012 年 5 月 30 通过，自 2012 年 10 月 1 日起施行。

（13）《福建省节约能源条例》。由福建省第十一届人民代表大会常务委员会第三十一次会议于2012年7月27日通过，自2012年10月1日起施行。

（14）《湖北省优化经济发展环境条例》。由湖北省第十一届人民代表大会常务委员会第三十二次会议于2012年9月29日通过，自2012年12月1日起施行。

（15）《河南省供用电条例》。由河南省第十一届人民代表大会常务委员会第二十九次会议于2012年9月28日通过，自2013年1月1日起施行。

（16）《江西省实施〈中华人民共和国水土保持法〉办法》。由江西省第十一届人民代表大会常务委员会第三十二次会议于2012年7月26日修订通过，自2012年9月1日起施行。

（17）《四川省防震减灾条例（2012年修正本）》。由四川省第十一届人民代表大会常务委员会第三十次会议于2012年5月31日修订，自2012年10月1日起施行。

（18）《广东省人民代表大会常务委员会关于修改〈广东省固体废物污染环境防治条例〉等七项法规中有关行政强制条款的决定》。由广东省第十一届人民代表大会常务委员会第三十一次会议于2012年1月9日通过，自2012年1月9日起施行。

（19）《广西壮族自治区防震减灾条例》。由广西壮族自治区第十一届人大常委会第二十七次会议于2012年3月23日修订通过，自2012年5月1日起施行。

（20）《广西壮族自治区实施〈中华人民共和国消防法〉办法》。由广西壮族自治区第十一届人民代表大会常务委员会第三十次会议于2012年9月19日通过，自2012年12月1日起施行。

（21）《海南省环境保护条例》。由海南省第四届人民代表大会常务委员会第三十二次会议于2012年7月17日修订通过，自2012年10月1日起施行。

（22）《甘肃省循环经济促进条例》。由甘肃省第十一届人民代表大会常务委员会第二十六次会议于2012年3月28日通过，自2012年6月1日起施行。

（23）《甘肃省水土保持条例》。由甘肃省第十一届人民代表大会常务委员会第二十八次会议于2012年8月10日通过，自2012年10月1日起施行。

（24）《甘肃省电网建设与保护条例》。由甘肃省第十一届人民代表大会常务委员会第三十次会议于2012年11月28日通过，自2013年1月1日起施行。

（25）《宁夏回族自治区电力设施保护条例》。由宁夏回族自治区第十届人民代表大会常务委员会第三十二次会议于2012年9月25日通过，自2012年12月1日施行。

(26)《西藏自治区气候资源条例》。由西藏自治区第九届人民代表大会常务委员会第三十次会议于 2012 年 9 月 27 日通过，自 2013 年 1 月 1 日起施行。

(27)《西藏自治区实施〈中华人民共和国防震减灾法〉办法》。由西藏自治区第九届人民代表大会常务委员会第三十次会议于 2012 年 9 月 27 日修订通过，自 2013 年 1 月 1 日起施行。

(28)《西藏自治区实施〈中华人民共和国防震减灾法〉办法》(2012 年修正本)。由西藏自治区第九届人民代表大会常务委员会第三十次会议于 2012 年 9 月 27 日修订通过，自 2013 年 1 月 1 日起施行。

(29)《西藏自治区气候资源条例》。由西藏自治区第九届人民代表大会常务委员会第三十次会议于 2012 年 9 月 27 日通过，自 2013 年 1 月 1 日起施行。

(30)《云南省节约用水条例》。由云南省第十一届人民代表大会常务委员会第三十五次会议于 2012 年 11 月 29 日通过，自 2013 年 3 月 1 日起施行。

(31)《贵州省气候资源开发利用和保护条例》。由贵州省第十一届人民代表大会常务委员会第三十一次会议于 2012 年 11 月 29 日通过，自 2013 年 1 月 1 日起施行。

(五) 地方政府规章

2012 年颁布的与电力行业有关的地方政府规章有：

(1)《吉林省企业信用信息管理办法》(吉林省人民政府令第 233 号)。由吉林省政府第 2 次常务会议于 2012 年 2 月 22 日审议通过，自 2012 年 8 月 1 日起施行。

(2)《四川省取水许可和水资源费征收管理办法》(四川省人民政府令第 258 号)。由四川省人民政府第 102 次常务会议于 2012 年 3 月 20 日审议通过，自 2012 年 8 月 1 日起施行。

(3)《河北省抗旱规定》(河北省人民政府令〔2012〕第 1 号)。由河北省政府第 105 次常务会议于 2012 年 5 月 15 日通过，自 2012 年 7 月 1 日起施行。

(4)《河北省国有土地上房屋征收与补偿实施办法》(河北省人民政府令〔2012〕第 2 号)。由河北省政府第 106 次常务会议于 2012 年 6 月 12 日通过，自 2012 年 8 月 1 日起施行。

(5)《云南省电力用户安全用电管理办法》(云南省人民政府令第 178 号)。由云南省人民政府第 80 次常务会议于 2012 年 6 月 25 日审议通过，自 2012 年 10 月 1

日起施行。

(6)《福建省价格调节基金管理办法》(福建省人民政府令第118号)。由福建省人民政府第93次常务会议于2012年7月26日通过，自2012年10月1日起施行。

(7)《山东省核事故应急管理办法》(山东省人民政府令第254号)。由山东省人民政府第129次常务会议于2012年8月6日审议通过，自2012年10月1日起施行。

(8)《江西省人民政府关于修改〈江西省电力设施保护办法〉的决定》(江西省人民政府令第200号)。由江西省政府第70次常务会议于2012年9月7日审议通过，自2012年9月17日起施行。

二、电力发展政策、要求

(一) 十一届全国人大五次会议《政府工作报告》中的有关内容

2012年3月14日十一届全国人大五次会议批准的《政府工作报告》指出，2012年要坚持稳中求进，加强和改善宏观调控，继续处理好保持经济平稳较快发展、调整经济结构和管理通胀预期的关系，加快推进经济发展方式转变和经济结构调整，着力扩大国内需求特别是消费需求，着力加强自主创新和节能减排，着力深化改革开放，着力保障和改善民生，全面推进社会主义经济建设、政治建设、文化建设、社会建设以及生态文明建设，努力实现经济平稳较快发展和物价总水平基本稳定，保持社会和谐稳定。要继续实施积极的财政政策和稳健的货币政策，根据形势变化适时适度预调微调，进一步提高政策的针对性、灵活性和前瞻性。加快转变经济发展方式。促进产业结构优化升级。推动战略性新兴产业健康发展。建立促进新能源利用的机制，加强统筹规划、项目配套、政策引导，扩大国内需求，防止太阳能、风电设备制造能力的盲目扩张。大力发展高端装备制造、节能环保、生物医药、新能源汽车、新材料等产业。扩大技改专项资金规模，促进传统产业改造升级。

推进节能减排和生态环境保护。节能减排的关键是节约能源，提高能效，减少污染。要抓紧制定出台合理控制能源消费总量工作方案，加快理顺能源价格体系。综合运用经济、法律和必要的行政手段，突出抓好工业、交通、建筑、公共机构、居民生活等重点领域和千家重点耗能企业节能减排，进一步淘汰落后产能。加强用能管理，发展智能电网和分布式能源，实施节能发电调度、合同能源管理、政府节能采购等行之有效的管理方式。优化能源结构，推动传统能源清洁高效利用，安全高效发展核电，积极发展水电，加快页岩气勘查、开发攻关，提高新能源和可再生能源比重。加强能源通道建设。深入贯彻节约资源和保护环境基本国策。开展节能认证和能效标识监督检查，鼓励节能、节水、节地、节材和资源综合利用，大力发展循环经济。

大力推进科技创新。深化科技体制改革，推动企业成为技术创新主体，促进科技与经济紧密结合。支持企业加强研发中心建设，承担国家和地区重大科技项目。

加强农村水电路气等基础设施建设，继续改善农村生产生活条件。

研究推进电力等行业改革。稳妥推进电价改革，实施居民阶梯电价改革方案，完善水电、核电及可再生能源定价机制。逐步理顺煤电价格关系。实行最严格的水资源管理制度，合理制定和调整各地水资源费征收标准。开展碳排放和排污权交易试点。全面深化资源税改革，扩大从价计征范围。

（二）国务院常务会议有关内容

2012 年共召开国务院常务会议 37 次，其中 19 次会议研究决定的事项涉及电力行业或与电力行业相关。

（1）1 月 11 日，国务院常务会议研究部署进一步加强质量工作。会议指出，要严格企业质量主体责任。企业主要负责人对质量安全负首要责任。企业要建立健全质量管理体系，加强全员、全过程、全方位的质量管理，做到严格按标准组织生产经营，严格质量控制、质量检验和计量检测。要加强标准化、计量、认证认可和检验检测等质量基础工作。完善企业质量档案和产品质量信用信息记录，建立质量失信“黑名单”并向社会公开。

（2）2 月 15 日，国务院常务会议研究部署 2012 年深化经济体制改革重点工作。会议强调，要进一步转变政府职能，理顺政府与市场的关系，改善宏观调控，健全市场体系，深化垄断行业改革，更好地发挥市场配置资源的基础性作用。会议明确了 2012 年改革的重点工作，包括：深入推进国有经济战略性调整和国有企业公司制股份制改革，优化国有资本战略布局，完善国有资产管理体制；完善和落实促进非公有制经济发展的各项政策措施，鼓励民间资本进入铁路、市政、金融、能源、电信、教育、医疗等领域；扩大增值税改革试点，全面推进资源税改革；深化电力、成品油和水资源价格改革；建立健全排污权有偿使用和交易制度。

（3）2 月 29 日，国务院常务会议同意发布新修订的《环境空气质量标准》，部署加强大气污染综合防治重点工作。要加快淘汰电力、钢铁、建材、有色、石化、化工等行业的落后产能。在大气污染联防联控重点区域积极推进使用清洁能源。对城区重污染企业实施搬迁和节能环保技术改造，优化工业布局。要提高环境准入门槛。在重点区域实施更加严格的大气污染物排放特别限值，禁止新建、扩建除热电联产以外的燃煤电厂、钢铁厂、水泥厂。严把新建项目准入关，严格环境执法监管。要深化污染减排。推进电力行业和钢铁、石化等非电行业二氧化硫减排治理。加快燃煤机组脱硝设施建设。

（4）3 月 28 日，国务院常务会议研究加强进口促进对外贸易平衡发展的政策措施。会议确定了加强进口的政策措施，包括调整部分商品进口关税。以暂定税率的方式，降低部分能源原材料进口关税，降低初级能源原材料及战略性新兴产业所需国内不能生产或性能不能满足需要的关键零部件进口关税。鼓励商业银行开展进口信贷业务，支持先进技术设备、关键零部件和能源原材料的进口。鼓励政策性银行对高新技术产品和资源类商品进口提供政策性金融支持。

（5）4 月 13 日，国务院常务会议分析第一季度经济形势，研究部署下一阶段经济工作。会议强调，要加快推进产业转型升级。加大对企业创新和优化升级的支持力度，着力加强企业技术改造。全面落实“十二五”节能减排综合性工作方案，大力推进资源节约和环境保护。

（6）4 月 18 日，国务院常务会议讨论通过《节能与新能源汽车产业发展规划（2012—2020 年）》。会议指出，要以纯电驱动为汽车工业转型的主要战略取向，当前重点推进纯电动汽车和插电式混合动力汽车产业化，推广普及非插电式混合动力汽车、节能内燃机汽车。争取到 2015 年，纯电动汽车和插电式混合动力汽车累计产销量达到 50 万辆，到 2020 年超过 500 万辆；新能源汽车、动力电池及关键零部件技术整体上达到国际先进水平。会议强调，发展节能与新能源汽车产业，要依托现有产业基础，科学规划产业布局，防止低水平盲目投资和重复建设。要因地制宜建设慢速充电桩和公共快速充换电设施。

（7）5 月 9 日，国务院常务会议讨论通过《关于大力推进信息化发展和切实保障信息安全的若干意见》，确定的重点工作包括：推动信息化和工业化深度融合，重点推动企业信息化水平全面提升，推广节能减排信息技术；加强地理、人口、法人、统计等基础信息资源的保护和管理，强化企业、机构在网络经济活动中保护用户数据和国家基础数据的责任。

(8) 5月23日，国务院常务会议分析经济形势，部署近期工作。会议强调，要认真贯彻稳中求进的工作总基调，正确处理保持经济平稳较快发展、调整经济结构和管理通胀预期三者的关系，把稳增长放在更加重要的位置。会议要求，要继续落实好结构性减税政策，减轻企业税负；抓紧落实扩大节能产品惠民工程实施范围，支持自给式太阳能等新能源产品进入公共设施和家庭；鼓励民间投资参与铁路、市政、能源、电信、教育、医疗等领域建设；特别要促进产业转型升级，淘汰落后过剩产能，引导企业加强管理和科技创新，苦练内功，深挖潜力，不断增强发展后劲和市场竞争力。

(9) 5月30日，国务院常务会议讨论通过《“十二五”国家战略性新兴产业发展规划》。会议指出，发展战略性新兴产业是一项重要战略任务，在当前经济运行下行压力加大的情况下，对于保持经济长期平稳较快发展具有重要意义。《“十二五”国家战略性新兴产业发展规划》面向经济社会发展的重大需求，提出了七大战略性新兴产业的重点发展方向和主要任务。其中，节能环保产业要突破能源高效与梯次利用、污染物防治与安全处置、资源回收与循环利用等关键核心技术，发展高效节能、先进环保和资源循环利用的新装备和新产品，推行清洁生产和低碳技术，加快形成支柱产业。新能源产业要发展技术成熟的核电、风电、太阳能光伏和热利用、生物质发电、沼气等，积极推进可再生能源技术产业化。会议讨论通过了《全国游牧民定居工程建设“十二五”规划》。会议强调，实施游牧民定居工程，要优先建设保障游牧民基本生产生活的定居房、牲畜棚圈，尽量做到饮水、供电、道路、通讯、医疗、学校等设施同步配套。

(10) 5月31日，国务院常务会议再次听取全国民用核设施综合安全检查情况汇报，安全检查的总体结论是：我国核安全标准全面采用国际原子能机构的安全标准，核安全法规标准体系与国际接轨。民用核设施在选址中对地震、洪水等外部事件进行了充分论证。核电厂在设计、制造、建设、调试和运行等各环节均进行了有效管理，总体质量受控。检查认为，我国运行和在建核电厂基本能够满足我国现行核安全法规和国际原子能机构最新标准的要求，具备一定的严重事故预防和缓解能力，风险受控，安全有保障；民用研究堆和核燃料循环设施满足我国现行核安全法规要求，风险受控，安全有保障。检查发现的问题主要是：个别核电厂的防洪能力不满足新的要求，个别民用研究堆和核燃料循环设施抗震能力未达到新的标准，部分核电厂未制定实施严重事故预防和缓解规程，海啸问题评估和应对基础比较薄弱等。对这些问题，有关部门和企业迅速组织整改，目前已取得阶段性成效。会议讨论并原则通过《核安全与放射性污染防治“十二五”规划及2020年远景目标》。我国核安全与放射性污染防治的根本方针是：安全第一，质量第一。基本原则是：预防为主、纵深防御，新老并重、防治结合，依靠科技、持续改进，坚持法治、严格监管，公开透明、协调发展。总体目标是：核设施与核技术利用装置安全水平进一步提高，辐射环境安全风险明显降低，基本形成综合配套的事故防御、污染治理、科技创新、应急响应和安全监管能力，保障核安全、环境安全和公众健康；核电安全保持国际先进水平，核安全与放射性污染防治水平全面提升，辐射环境质量保持良好。会议同意公布《关于全国民用核设施综合安全检查情况的报告》和《核安全与放射性污染防治“十二五”规划及2020年远景目标》，向社会征求意见。

（11）7月11日，国务院常务会议研究部署深化流通体制改革加快流通产业发展，讨论通过《节能减排“十二五”规划》。会议讨论通过《关于深化流通体制改革加快流通产业发展的意见》，明确了主要任务、支持政策和保障措施，要求切实降低流通环节费用。推进工商用电用水同价。会议要求形成加快转变经济发展方式的倒逼机制，建立健全有效的激励和约束机制，大幅度提高能源利用效率，显著减少污染物排放，确保到2015年实现单位国内生产总值能耗比2010年下降16%，化学需氧量、二氧化硫排放总量减少8%，氨氮、氮氧化物排放总量减少10%的约束性目标。要调整优化产业结构。抑制高耗能、高排放行业过快增长，加快淘汰落后产能，改造提升传统产业，调整能源消费结构，推动服务业和战略性新兴产业发展。要推动提高能效水平。切实加强工业、建筑、交通运输、农业和农村、商用和民用、公共机构节能管理，开展万家企业节能低碳行动。要强化主要污染物减排。加强电力、钢铁、水泥等行业污染物防治。推进大气中细颗粒污染物治理。《节能减排“十二五”规划》提出了节能改造、合同能源管理推广、节能技术产业化示范、脱硫脱硝、循环经济示范推广、节能减排能力建设等十大重点工程和保障措施。

（12）7月25日，国务院常务会议讨论通过《关于大力实施促进中部地区崛起战略的若干意见》。会议确定的重点任务包括：加强粮食生产基地、能源原材料基地和现代装备制造及高技术产业基地建设。推进大型煤炭基地和储备中心建设，因地制宜推广分布式新能源发电。加强资源节约和环境保护。加大耕地保护和生态环境建设力度，大力推进节能减排。

（13）7月30日，国务院常务会议听取鼓励民间投资实施细则制定情况汇报，部署鼓励和支持企业加强技术改造工作。会议要求各地区、各有关部门采取切实有效措施，确保各项政策落到实处，为包括民营经济在内的各类市场主体创造公平、透明、可预期的市场环境，营造各种所有制经济依法平等使用生产要素、公平参与市场竞争、同等受到法律保护的体制环境。要在铁路、市政、能源、电信、金融、卫生、教育等领域尽快推出一批引导民间投资参与的重点项目，发挥示范带动效应。会议确定了鼓励和支持企业技术改造的重点方向，包括：加快推广国内外先进节能、节水、节材技术和工艺，提高能源资源利用效率，提高成熟适用清洁生产技术普及率；深化信息技术应用，加快推广应用现代生产管理系统等关键共性技术，推进信息化和工业化深度融合等。

（14）8月22日，国务院常务会议决定取消和调整314项部门行政审批项目。会议指出，凡公民、法人或者其他组织能够自主决定的，市场竞争机制能够有效调节的，行业组织或者中介机构能够自律管理的，政府都要退出。凡可以采用事后监管和间接管理方式的，一律不设前置审批。新设审批项目，必须于法有据，并严格按照法定程序进行合法性、必要性、合理性审查论证。没有法律法规依据，任何部门不得以规章、文件等形式设定或变相设定行政审批项目。要把适合事业单位和社会组织承担的事务性工作和管理服务事项，通过委托、招标、合同外包等方式交给事业单位或社会组织承担。

（15）10月17日，国务院常务会议分析当前经济形势，安排部署第四季度经济工作。会议认为我国经济增速趋于稳定并继续出现积极变化，我们有信心通过努力全面实现2012年的目标。会议指出，做好第四季度的各项工作，不仅对全面完成2012年发展目标具有重大意义，而且对2013年乃至更长时期的发展至关重要。要坚持把稳增长放在更加重要的位置，抓紧、抓好、抓出成效。要加快转变经济发展方式，调整经济结构。推进国家重点在建续建项目建设，加大金融支持，加快工程进度。支持民间资本进入符合国家产业政策的行业和领域。引导企业加大技术改造投入。继续严格控制“两高”和产能过剩行业扩张。继续深入推进财税、投融资、电价、行政审批等领域改革。

（16）10月24日，国务院常务会议讨论通过《能源发展“十二五”规划》，明确了七项重点任务；再次讨论并通过《核电安全规划（2011—2020 年）》和《核电中长期发展规划（2011—2020 年）》。会议对当时和之后一个时期的核电建设作出部署：稳妥恢复正常建设，合理把握建设节奏，稳步有序推进。科学布局项目，“十二五”时期只在沿海安排少数经过充分论证的核电项目厂址，不安排内陆核电项目。提高准入门槛，按照全球最高安全要求新建核电项目，新建核电机组必须符合三代安全标准。

（17）12 月 12 日，国务院常务会议讨论通过《“十二五”循环经济发展规划》，明确了发展循环经济的主要目标、重点任务和保障措施。包括在工业领域全面推行循环型生产方式，促进清洁生产、源头减量，实现能源梯级利用、水资源循环利用、废物交换利用、土地节约集约利用。

（18）12 月 19 日，国务院常务会议研究确定促进光伏产业健康发展的政策措施。会议认为，我国光伏产业当时的主要问题是：产能严重过剩，市场过度依赖外需，企业普遍经营困难。会议确定的政策措施包括：加强光伏发电规划与配套电网规划的协调，建立简捷高效的并网服务体系；建立健全技术标准体系，加强市场监管，对关键设备实行强制检测认证制度。着力推进分布式光伏发电，鼓励单位、社区和家庭安装、使用光伏发电系统，有序推进光伏电站建设。完善支持政策，根据资源条件制定光伏电站分区域上网标杆电价，对分布式光伏发电实行按照电量补贴的政策，根据成本变化合理调减上网电价和补贴标准；完善中央财政资金支持光伏发展的机制，光伏电站项目执行与风电相同的增值税优惠政策。完善电价定价机制和补贴效果考核机制，提高政策效应。发挥行业组织作用，加强行业自律，引导产业健康发展。会议要求各有关部门抓紧制定完善配套政策，确保落实到位。

（19）12 月 26 日，国务院常务会议研究确定降低流通费用 10 项政策措施，包括降低农产品生产流通用水用电价格，规模化生猪、蔬菜等生产的用水用电与农业同价，农产品批发市场、农贸市场的用电、用气、用热与工业同价，农产品冷链物流的冷库用电与工业同价，尽快实现工商业电费同价。

（三）相关文件

2012 年，为了细化落实《国民经济和社会发展第十二个五年规划纲要》提出的主要任务，国务院和国务院有关部门组织编制和发布了一批专项规划，其中国务院发布的涉及电力及其相关领域的专项规划有 7 项，国务院有关部门发布的涉及电力及其相关领域的专项规划有 17 项。2012 年国务院印发的涉及电力及其相关领域的专项规划文件见表 2－1，国务院有关部门印发的涉及电力及其相关领域的专项规划文件见表 2－2。

表 2－1　2012 年国务院印发的涉及电力及其相关领域的专项规划文件

序号	文件名称	文　号
1	关于印发“十二五”节能环保产业发展规划的通知	国发〔2012〕19 号
2	关于印发节能与新能源汽车产业发展规划（2012—2020 年）的通知	国发〔2012〕22 号
3	关于印发“十二五”国家战略性新兴产业发展规划的通知	国发〔2012〕28 号
4	关于印发节能减排“十二五”规划的通知	国发〔2012〕40 号
5	关于印发全国海洋经济发展“十二五”规划的通知	国发〔2012〕50 号
6	关于印发服务业发展“十二五”规划的通知	国发〔2012〕62 号
7	关于印发生物产业发展规划的通知	国发〔2012〕65 号

表 2－2　2012 年国务院有关部门印发的涉及电力及其相关领域的专项规划文件

序号	发布单位	文件名称	文　号
1	国家发展改革委、财政部、国土资源部、国家能源局	关于印发页岩气发展规划（2011—2015 年）的通知	发改能源〔2012〕612 号
2	国家发展改革委	关于印发煤炭工业发展“十二五”规划的通知	发改能源〔2012〕640 号
3	国家发展改革委	关于印发天然气发展“十二五”规划的通知	发改能源〔2012〕3 383 号
4	国家发展改革委	关于印发东北振兴“十二五”规划的通知	发改东北〔2012〕641 号
5	国家发展改革委	关于印发陕甘宁革命老区振兴规划的通知	发改西部〔2012〕781 号
6	国家发展改革委	关于黔中经济区发展规划的批复	发改西部〔2012〕2 446 号
7	国家能源局	关于印发太阳能发电发展“十二五”规划的通知	国能新能〔2012〕194 号
8	国家能源局	关于印发生物质能发展“十二五”规划的通知	国能新能〔2012〕216 号
9	环境保护部、国家发展改革委、工业和信息化部、卫生部	关于印发《“十二五”危险废物污染防治规划》的通知	环发〔2012〕123 号
10	环境保护部、国家发展改革委、财政部	关于印发《重点区域大气污染防治“十二五”规划》的通知	环发〔2012〕130 号
11	科学技术部	关于印发洁净煤技术科技发展“十二五”专项规划的通知	国科发计〔2012〕196 号
12	科学技术部	关于印发风力发电科技发展“十二五”专项规划的通知	国科发计〔2012〕197 号
13	科学技术部	关于印发太阳能发电科技发展“十二五”专项规划的通知	国科发计〔2012〕198 号

续表

序号	发布单位	文件名称	文　号
14	科学技术部	关于印发智能电网重大科技产业化工程"十二五"专项规划的通知	国科发计〔2012〕232号
15	科学技术部、外交部、国家发展改革委、教育部、工业和信息化部、财政部、环境保护部、住房和城乡建设部、水利部、农业部、国家林业局、中国科学院、中国气象局、国家自然科学基金委员会、国家海洋局、中国科学技术协会	关于印发"十二五"国家应对气候变化科技发展专项规划的通知	国科发计〔2012〕700号
16	科学技术部、国家发展改革委	关于印发海水淡化科技发展"十二五"专项规划的通知	国科发计〔2012〕900号
17	科学技术部、国家发展改革委、工业和信息化部、环境保护部、住房和城乡建设部、商务部、中国科学院	关于印发《废物资源化科技工程"十二五"专项规划》的通知	国科发计〔2012〕116号

2012年发布的其他涉及电力及其相关领域的国务院及国务院办公厅文件、国家发展改革委和国家能源局及其办公厅文件、财政部和国家税务总局文件、环境保护部文件、国家电监会及其办公厅文件等130余项，见附件2至附件7。2012年国家发展改革委决定废止的涉及电力及其相关领域的规范性文件见附件8。

三、电力标准化

（一）标准项目计划及发布

2012年经有关部门批准，共确定电力标准计划立项307项。其中，国家标准项目计划共35项，包括国家标准化管理委员会（以下简称"国标委"）下达的电力国家标准项目23项（见附件9），住房和城乡建设部下达的电力工程建设国家标准计划项目12项（见附件10）；电力行业标准计划项目272项（由国家能源局下达，见附件11）。

2012年经有关部门批准发布的电力标准共293项。包含：国家标准40项，其中国标委发布的国家标准23项（见附件12），住房和城乡建设部发布的工程建设国家标准17项（见附件13）；国家能源局发布的行业标准253项（见附件14）。

在2012年发布的电力国家标准中，.GB/T 28813—2012《±800kV直流架空输电线路运行规程》等13项±800kV、1 000kV特高压技术标准对特高压工程建设具有重要的指导意义；GB/T 28583—2012《供电服务规范》等4项电力监管标准为规范电力监管行为、确保电力安全提供了重要依据；GB 50797—2012《光伏发电站设计规范》等8项标准是光伏发电站建设与接入电网主要标准，为促进光伏发电的发展起到了技术支撑作用。

截至2012年底，电力标准共有2 044项，其中国家标准329项，行业标准1 715项。

（二）标准化重点建设

1. 电力标准英文版翻译

2012年，住房和城乡建设部批准电力标准英文版翻译计划63项，全年共完成电网标准38项、火电标准20项、水电标准2项、光伏发电标准1项共计61项标准英文版的翻译及审查。

2. 国际标准化工作

国际电工委员会（IEC）接受并批准了中国提交的《电动汽车电池更换设施安全要求》国际标准提案。截至2012年底，已有高压直流输电、智能调度、电动汽车充电设施、智能用户接口等11项国际标准由中国提出并获得批准，正在编制过程中。

中德电动汽车充电通讯协议工作组（EG2）会议及电动汽车充电通讯协议国际标准工作组会议在南京召开，会议审议了ISO/IEC15 118《道路车辆 电动汽车与电网之间的通讯协议》系列标准各部分工作进展。

经国标委批准，中电联承担国际电工委员会/电气储能系统技术委员会（IEC/TC120）第一国内技术对口单位，负责电气储能系统的规划、设计、建设、运行、管理和维护等方面的国际对口工作；中国电器工业协会承担该技术委员会第二国内技术对口单位，负责电气储能系统关键设备方面的国际对口工作。

3. 企业标准化工作

电力企业“标准化良好行为企业”试点确认工作。2012年，先后有河北省电力公司、中国能源建设集团山西省电力勘测设计院等19家企业通过AAAA级标准化良好行为现场确认，宁夏大坝发电有限责任公司、四川电力建设三公司等企业通过AAA级标准化良好行为现场确认。2012年12月13日，国家电监会和国标委对确认通过的第一批电力企业标准化良好行为试点单位（见附件 15）进行授牌。开展企业标准的备案工作。2012 年，审查、备案企业技术标准 137 项。

（三）标准化组织机构建设

2012 年，全国带电作业标准化技术委员会、全国架空线路标准化技术委员会线路运行分技术委员会、全国电磁兼容标准化技术委员会、全国高压电气安全标准化技术委员会、全国高电压试验技术和绝缘配合标准化技术委员会高电压试验技术分技术委员会、电力行业电力电缆标准化技术委员会、电力行业绝缘子标准化技术委员会、电力行业电力变压器标准化技术委员会等 8 个标准化技术委员会的秘书处挂靠单位由国网电力科学研究院变更为中国电力科学研究院。

2012 年，电力行业环境保护标准化技术委员会及电力行业信息标准化技术委员会两个标委会进行了换届，成立了新一届委员会。电力行业热工自动化与信息标准化技术委员会、电力行业电测量标准化技术委员会、电力行业电气施工及调试标准化技术委员会、电力行业供用电标准化技术委员会、电力行业节能标准化技术委员会、电力行业电能质量及柔性输电标准化技术委员会、电力行业可靠性管理标准化技术委员会、电力行业水电施工标准化技术委员会分别调整了部分委员。

第三章

电力改革、行业管理、监管与服务

一、电力改革

电煤市场化改革。2012 年 12 月 20 日下发的《国务院办公厅关于深化电煤市场化改革的指导意见》(国办发〔2012〕57 号)就深化电煤市场化改革提出要求，规定自 2013 年起，取消重点合同，取消电煤价格双轨制，加快健全区域煤炭市场，为实施电煤市场化改革提供比较完善的市场载体。继续实施并不断完善煤电联动机制。

电价改革。从 2012 年 7 月 1 日起，全国除西藏和新疆以外的 29 个省份开始实行居民阶梯电价。

大用户直购电。江苏省大用户直购电试点正式启动，黑龙江省大用户直购电试点方案获国家电监会、国家发展改革委、国家能源局批准。吉林、广东、辽宁、安徽、福建等省的大用户直购电试点方案先后获批。广东省东莞市开展了用电企业参与竞争性高峰电力电量交易试点工作。

二、行业管理

2012 年，按照中央“稳中求进”工作总基调，国家有关部门切实加强电力行业管理，取得新的成效。

完善规划体系。《能源发展“十二五”规划》、《核电安全规划(2011—2020 年)》、《核电中长期发展规划(2011—2020 年)》，已经国务院常务会议审议通过。“十二五”煤炭、页岩气、可再生能源(包括水电、风电、太阳能发电、生物质能)、天然气规划正式发布。

编制能源战略。围绕保障能源安全、提高能源效率、保护生态环境三大核心战略目标，研究编制并初步提出了 2050 年国家能源发展战略总体思路。

制定产业政策。发布了《中国的能源政策》(2012)白皮书，修订了《天然气利用政策》。抓紧研究制定煤炭、煤炭深加工、炼油、页岩气、煤层气、天然气发电等产业政策，以及煤矿充填开采、分布式发电并网等指导意见。

推进法规建设。出台《煤炭矿区总体规划管理暂行规定》、《特殊和稀缺煤类开发利用管理暂行规定》、《生产煤矿回采率管理暂行规定》等规章。推进海洋石油天然气管道保护条例、核电管理条例立法。

完善标准体系。发布653项能源行业标准，下达803项标准制订计划。制定了核安全相关的能源行业核电标准管理办法。成立了“液流电池”等4家能源行业标委会。

推动科技创新。继续实施国家科技重大专项，致密油气田勘探开发关键技术取得突破。山东高温气冷堆开工建设，超超临界火电机组关键阀门研制成功。AP1000大型锻件、关键泵阀和仪表国产化工作取得新进展。开展了2011年度国家能源科技进步奖评审。

推动大型煤电基地和电力输送通道建设，优化调整产业结构。继续推进山西、陕西、内蒙古、安徽、贵州、宁夏和新疆等煤电基地建设。开展前期工作和新开工的低热值煤发电项目共390万千瓦。全面启动燃煤机组综合升级改造，首批示范项目涉及17个省、32台机组、1 297万千瓦。全年关停小火电机组超过300万千瓦。哈密南—郑州、溪洛渡—浙西±800千伏特高压直流工程开工建设，淮南—上海、浙北—福州、雅安—武汉1 000千伏特高压交流工程开展前期工作。金沙江流域龙开口等大型水电项目开工。启动“十二五”第二批风电开发计划，制定政策支持光伏产业健康发展，恢复了核电正常建设。推进农村和边疆地区电力建设。安排中央预算内投资646亿元，支持24个省份、1 700多个县和新疆生产建设兵团等供电设施改造。安排中央预算内投资34亿元，支持无电地区电力建设，全年无电人口减少106万人。启动55个绿色能源示范县项目建设，可再生能源用户新增13.4万户。开工建设新疆与西北主网750千伏联网第二通道，以及玉树与青海主网330千伏联网工程等。

三、电力监管

（一）电力安全监管

开展以防范电网大面积停电为主要目标的隐患排查治理专项监管。排查电力企

业 2 220 多家，排查隐患近 8 万处，督促电力企业及时落实治理防控措施。认真开展电力安全事故事件调查处理。处理了深圳、海口、贵州六盘水等事故事件近 100 起。认真做好专项安全监管。开展了电力建设施工、燃煤发电厂贮灰场、小水电站运行安全专项监管、网络与信息安全专项监管、党的十八大保电专项监管等。加强电力应急管理，建立健全了安全生产协调、事故应急响应、事故调查处理和应急值班等机制。

（二）电力交易监管

加强跨省跨区电能交易监管。加强节能调度监管，落实可再生能源全额保障性收购监管。开展电力交易与市场秩序专项监管。发布《发电机组并网运行情况监管报告》，提出监管意见。出台《跨省跨区电能交易基本规则》，建立健全跨网协商交易制度，促进余缺调剂，规范市场秩序。

（三）市场准入监管

做好许可证颁发工作，2012 年颁发电力业务和承装（修、试）许可证 2 400 家，颁发电工进网作业许可证 17. 1 万个。加强持证后续管理，2012 年依法注销发电许可证 29 家、容量 470 万千瓦；依法注销承装（修、试）许可证 167 家，降级 12 家；依法注销电工进网作业许可证 730 个。国家电监会资质中心完善许可证申请条件，出台许可证注销管理办法，初步建立与企业的协调联动机制，推动市场准入与退出依法有序开展。

（四）成本与价格监管

推进成本监管，对国家电网公司、中国南方电网有限责任公司及所属 30 家省级电网企业的输配电成本及财务情况进行了统计、汇总、分析，并发布情况通报。推进价格监管，组织开展了跨省跨区电能交易价格专项监管，编制发布《西北送华中等四条跨省跨区通道 2011 年电能交易价格监管报告》，提出了监管意见。组织完成德宝、灵宝、向上、苏锦、溪浙等 5 项跨区输电价格的审核工作。

（五）电力节能减排监管

《国家电监会、环境保护部关于进一步加强电力行业环境保护监管工作的通知》

印发，理顺和完善了电力行业污染物减排监管的常态机制。发电权交易监管和火电机组脱硫、脱硝设施运行情况监管取得了新成绩。

（六）供电服务监管

推动居民用电服务质量监管专项行动上升为居民用电满意工程，纳入地方政府民生工程、民心工程。开展受电工程专项监管。发布《供电企业用户受电工程“三指定”专项治理监管报告》，进一步规范供电企业业扩报装工作。

（七）电力工程质量监管

2012 年 9 月 15 日，国家能源局印发《电力工程质量监督体系调整方案》(国能电力〔2012〕306 号)，正式委托中电联设立电力工程质量监督总站，并对电力工程质量监督工作的原则、范围、机构、职责、规则、经费和其他事项作出了明确要求。

（八）电力监管法律法规和配套规章制度建设

制定了《电力监管立法规划（2012—2017 年)》，加强规章制度出台前的合法、合规性审查，统筹指导立法工作。制定修订了《电力安全事件监督管理暂行规定》、《民用运输机场供用电安全管理规定》等安全监管法规，《电力业务许可证注销管理办法》等准入制度，《跨省跨区电能交易基本规则（试行)》、《水泥窑低温余热发电机组并网运营的监管意见》等交易规则，全年制定出台法规 30 余部。

四、行业服务

2012 年，中电联牢牢把握“立足行业、服务企业、联系政府、沟通社会”的功能定位，紧紧围绕行业企业的迫切需要，全面推进行业服务。

（一）深入调查研究，积极建言献策，反映行业意见和企业诉求

开展电力体制改革研究，总结十年电力改革成果，提出了进一步深化改革的建议。积极参与法规政策制定修订，反映行业的意见和建议，维护行业利益。与五大发电集团、神华集团联合行文，向国家有关部委反映脱硝电价和排放标准等方面的问题，提出了对策建议。就深化电煤市场化改革方案向政府提出了行业的意见和

建议。

（二）加强行业统计工作，作好电力供需与经济形势分析预测

做好电力行业统计工作，及时向政府有关部门提供统计信息。开展电力供需与经济形势分析预测，启动了全国电力供需分析 3 年预测工作，及时完成并发布月度、季度、半年以及年度电力供需分析预测报告。

（三）发布电力可靠性指标，创新电力可靠性管理手段和服务方式

完成 2012 年电力可靠性数据分析发布和评价工作。针对断路器、抽水蓄能机组等电力设备存在的突出质量问题开展可靠性专项研究，并提出技术建议；根据电力企业发展需求，修订了可靠性评价的领域和方式，确立了新的工作导向。

（四）推进电力行业标准化管理，加快推进国家、行业标准制修订

进一步加快了特高压、智能电网、非化石能源发电、节能环保、电动汽车充换电设施以及电力生产建设急需标准的制修订。全年完成标准报送 226 项，其中国家标准 37 项，行业标准 189 项。

（五）创新开展专业服务，不断加强基础性服务工作

开展电力行业同业对标工作。通过发挥中电联综合资源优势，建立了组织体系和指标体系，形成了行业对标报告。

促进行业节能减排工作有效落实。编制完成电力行业节能减排和应对气候变化进展报告；开展电力行业节能减排和应对气候变化的政策、技术路线、标准体系等研究；组织制定国家重点节水技术推广目录；开展能效对标及机组竞赛活动，促进电力企业节能减排。

为企业“走出去”提供信息，搭建平台。开展电力企业重点国际合作项目调研，举办驻华使节“走进中国电力”座谈会，组织电力企业参加亚太电协大会，与欧电联、国际能源署等机构开展合作交流；编制中国对外投资合作政策法规汇编；成功组织举办了 2012 年中国清洁电力峰会暨中国国际清洁能源博览会、第十四届中国国际电力技术和电力设备展等。

积极开展行业文化建设与对外联络，加强与社会沟通。发布电力行业价值白皮

书。以中国有电130周年为契机，举办了以“新技术、新电力、新生活”为主题的全国首个“电力主题日”活动。加强行业舆论引导，针对电力热点问题发出行业声音，及时回应社会关注。为全国“两会”电力行业代表委员编写《中国电力工业现状与展望》；完成了汶川特大地震抗震救灾志电力行业志的编纂。

深入开展技能鉴定和教育培训工作。推进《国家职业分类大典（电力行业）》修订工作；成功举办第八届全国电力行业职业技能竞赛；完善了电力行业职业技能鉴定三级工作体系。

扎实推进电力定额管理工作。开展电力建设工程概预算定额、电网检修技改定额等领域的管理工作，加强对高海拔地区电力建设工程定额及有关费用计算的标准管理，推进发电检修定额的编制进程，做好定额编制、造价管理、设备材料信息发布及工程造价从业人员资格认证管理等工作。

持续开展促进企业技术创新和管理创新的服务。完成2012年全国电力行业企业管理创新成果、全国电力行业优秀企业、优秀企业家评选工作；164个项目通过了科技新成果、新产品鉴定；管理体系认证的业务领域不断扩大。

拓展工程造价咨询服务领域，积极发展和培育设计评审咨询服务项目，加强电力项目咨询和数据库建设。加强电力企业安全性评价及安全标准化评级工作，积极开展企业标准化管理咨询。积极开展工程咨询、达标复检活动，提高电力工程建设质量。

有序推进需求侧管理试点工作，与工业和信息化部共同组建了工业领域电力需求侧管理促进中心，正式启动全国省级185家工业园区的电力需求侧管理试点工作。

着力推进行业信息化建设，促进电力工业与信息化的深度融合。2012年年初，中电联成为工业和信息化部“两化融合深度行活动领导小组”的成员单位，参与决策“两化融合深度行”活动的重大事项。组织成立了电力行业两化融合推进工作协调领导小组，组建了办公室和专家咨询组。开展了电力行业信息化成果评选及电力行业两化融合试点评估活动。共评选出121项电力行业信息化优秀成果，一等奖优秀成果名录见附件16。34家企业荣获电力行业信息化与工业化深度融合先进企业的称号，名单见附件17。

继续深入开展电力行业市场诚信体系建设。进行了电力供应商和电力建设行业信用评价。四川省电力公司等55家企业被评为2012年度电力行业信用企业，其中AAA级46家，AA级8家，A级1家；对以前年度被评为电力行业信用企业的企业进行了复评，深圳市广前电力有限公司等 56 家企业维持 AAA 级信用企业，中国电力建设工程咨询西北公司等 4 家企业维持 AA 级信用企业。2012 年度新评定的电力行业信用企业名单见附件 18，2012 年度复评通过的电力行业信用企业名单见附件 19。

第四章
电力工程建设

一、电力工程投资

2012 年，全国电力工程建设完成投资 7 393 亿元，比上年减少 2.90%。其中，电源工程建设完成投资 3 732 亿元，比上年减少 4.97%，占全国电力工程建设完成投资总额的 50.48%；电网工程建设完成投资 3 661 亿元，比上年减少 0.70%，占全国电力工程建设完成投资总额的 49.52%。

（一）电源工程完成投资情况

2012 年，全国火电完成投资继续明显减少，风电完成投资连续 3 年下降，水电完成投资比上年有较大的增加，核电完成投资略有增加。2012 年电源工程建设项目完成投资情况见表 4－1。

表 4－1　2012 年电源工程建设项目完成投资情况

类　型		本年投资完成额（亿元）	比上年增长（%）	占全部电源投资额的比例	
				比例（%）	比上年提高（百分点）
电源工程建设投资		3 732	-4.97	100.00	
其中	水　电	1 239	27.64	33.20	8.48
	火　电	1 002	-11.55	26.86	-2.00
	核　电	784	2.69	21.03	1.58
	风　电	607	-32.70	16.27	-6.70
	太阳能	99	-36.18	2.64	-1.36

分区域来看，南方、华中、华东区域完成投资均实现正增长，其中，受水电、核电投资均明显增加的拉动作用，南方区域电源工程建设完成投资 1 058 亿元，比上年增长 14.13%；华中区域由于水电投资明显增加，全年完成投资 812 亿元，比上年增长 7.40%；华东区域完成投资 650 亿元，比上年增长 3.50%；南方、华中、华东区域完成投资占全国电源投资比重分别比上年提高 4.76 个百分点、2.51 个百分点和 1.42 个百分点。东北、华北和西北区域电源投资均比上年有所减少，其中，

东北区域完成投资比上年下降31.18%，火电及风电完成投资分别下降29.77%和50.71%，区域完成投资占全国电源投资比重比上年降低3.14个百分点；华北、西北区域电源投资占全国电源投资的比重分别比上年下降4.47和2.07个百分点。2012年各区域电源工程建设项目投资完成情况见表4－2。

表4－2　2012年各区域电源工程建设项目投资完成情况

区域	投资完成额（亿元）					合计完成投资比上年增长（%）	完成投资额占全国的比重（%）
	合计	水电	火电	核电	风电		
全国合计	3 732	1 239	1 002	784	607	-4.97	100.00
华北区域	527	14	241	65	196	-23.73	14.12
东北区域	309	11	92	101	104	-31.18	8.28
华东区域	650	34	286	263	63	3.50	17.42
华中区域	812	664	122	6	19	7.40	21.73
西北区域	376	69	103	0	127	-21.17	10.08
南方区域	1 058	447	159	349	98	14.13	28.35

注：西藏计入西北区域，蒙东计入东北区域，蒙西计入华北区域，下同。

（二）电网工程完成投资情况

2012年，全国电网工程建设完成投资略少于上年。各区域电网中，华东区域电网投资916亿元，比上年增长14.63%，是投资最多的区域，占全国电网工程投资的1/4；华北区域投资759亿元，比上年增长8.53%；除华东、华北外的其他区域电网投资均比上年有所减少。2012年分区域电网工程建设项目完成投资情况见表4－3，2012年电网工程建设完成投资情况（按电压等级分）见表4－4。

表4－3　2012年分区域电网工程建设项目完成投资情况

区域		完成投资额			占全国电网工程投资的比例	
		数量（亿元）	比上年增长（%）	增速比上年提高（百分点）	比例（%）	比例比上年提高（百分点）
全国		3 661	-0.70	-7.63	100.00	—
国家电网区域	合计	2 977	0.42	-12.82	81.33	0.91
	总部投资	30	-65.53	-2.29	0.83	-1.55
	华北区域	759	8.53	-34.66	20.72	1.77
	东北区域	286	-4.83	-37.48	7.80	-0.33
	华东区域	916	14.63	4.46	25.02	3.35
	华中区域	730	-4.37	-39.25	19.93	-0.78
	西北区域	257	-18.52	-3.29	7.03	-1.55
南方电网区域		684	-5.31	7.83	18.67	-0.91

表 4-4 2012 年电网工程建设完成投资情况（按电压等级分）

		2012 年完成投资额（亿元）	比上年增长（%）
合计		3 661	-0.70
其中	±800 千伏	226	110.51
	±500 千伏	51	9.73
	1 000 千伏	60	12.29
	750 千伏	59	-26.95
	500 千伏	263	-27.62
	330 千伏	29	47.64
	220 千伏	877	-19.27
	110 千伏（含 66 千伏）	804	1.82

二、电源工程建设

（一）电源新增装机情况

1. 基建新增发电装机情况

2012 年，全国电源基建新增生产能力 8 315 万千瓦，比上年少投产 1 121 万千瓦。其中，水电 1 676 万千瓦，比上年多投产 393 万千瓦，占全部新投产容量的 20.15%，比上年提高 6.56 个百分点；火电 5 236 万千瓦，比上年少投产 1 005 万千瓦，占全部新投产机组容量的 62.97%，比上年降低 3.18 个百分点；并网风电 1 296 万千瓦，比上年少投产 232 万千瓦，占全部新投产容量的 15.59%，比上年降低 0.60 个百分点；并网太阳能光伏发电新增 107 万千瓦，比上年少投产 89 万千瓦。

2. 各能源类型新增发电装机情况

水电新增装机创历史新高，2012 年新增发电装机 1 676 万千瓦。2012 年，三峡金沙江向家坝水电工程 3 台 80 万千瓦机组、三峡地下电站 2 台 70 万千瓦机组、国投四川官地水电机组 3 台 60 万千瓦及四川锦屏一级水电机组 1 台 60 万千瓦、华能云南糯扎渡水电站 3 台 65 万千瓦、云南汉能金安桥水电站 1 台 60 万千瓦机组、华电四川泸定水电站 2 台 23 万千瓦、华能云南功果桥水电站 2 台 22.5 万千瓦机组、云南金沙江阿海水电站 1 台 40 万千瓦等一批大中型水电机组相继投产；抽水蓄能机组投产 165 万千瓦。

火电继续以大容量燃煤机组为主，但新增火电装机容量中燃煤机组所占比重比上年有所下降。2012 年，全国新增燃煤（含煤矸石）机组 4 788 万千瓦，占火电新增容量的 91.44%，比上年下降 2.08 个百分点；全年新投产单机容量 30 万千瓦及以上燃煤（含煤矸石）机组 87 台、共 4 678 万千瓦，分别占新投产燃煤机组和火电机组容量的 97.70% 和 89.34%，其中，60 万千瓦及以上燃煤机组 40 台、共 3 082 万千瓦，占新投产燃煤机组容量的 60.37%，包括山东莱州电厂一期工程 2 台、河南沁北电厂三期 2 台和广西贺州电厂 2 台等共 15 台百万千瓦超超临界火电机组。2012 年年底，全国在运百万千瓦超超临界火电机组 54 台。我国首座煤气化联合循环电站——华能天津 IGCC 示范电站的投产，标志着我国洁净煤发电技术取得了重大突破。此外，2012 年新增燃气机组 247 万千瓦，占火电新增容量的 4.72%，主要分布在浙江、江苏、山西；新增余热余压发电容量 105 万千瓦、并网生物质发电容量 75 万千瓦、并网垃圾发电容量 20 万千瓦。2012 年水电、火电新投产重点项目见附件 20。

核电无新投产机组。

风电新增规模小于上年，增速明显回落。2012 年，全国新增并网风电容量 1 296 万千瓦，比上年减少 15.18%，增速比上年下降 20.04 个百分点。分省份看，河北、内蒙古、山东、云南、山西新增并网风电容量超过 100 万千瓦。

并网太阳能发电规模少于上年。2012 年，全年新增并网太阳能发电装机容量 107 万千瓦，其中，甘肃、青海、新疆并网太阳能发电装机投产容量分别达到 29 万千瓦、23 万千瓦和 14 万千瓦。

3. 分区域新增装机情况

各区域中，华中区域基建新增装机容量最多，主要以水电和火电为主，在四川、湖北等一批大中型水电机组集中投产的带动下，区域新增水电装机容量占全国新增水电装机容量的 57.52%，新增装机容量占全国新增装机容量的 25.33%，比上年提高 7.87 个百分点。华北区域新增装机容量占全国新增装机容量的 17.87%，比上年降低 3.86 个百分点，其中，新增并网风电装机容量占全国新增并网风电装机容量的 38.04%。此外，南方区域新增装机容量占全国新增装机容量的比重比上年提高 5.94 个百分点，而东北、西北区域新增装机容量比重分别比上年降低 2.58 和 7.56 个百分点。2012 年分区域新增装机容量情况见表 4－5。

表 4－5　2012 年分区域新增装机容量情况

区　域	基建新增装机容量（万千瓦）						区域新增装机容量占全国的比重（%）
	合计	水电	火电	核电	并网风电	其他类型发电	
全国合计	8 315	1 676	5 236		1 296	107	100.00
华北区域	1 486	2	972		493	19	17.87
东北区域	723	103	384		235	1	8.70
华东区域	1 254	77	1 109		59	8	15.08
华中区域	2 106	964	1 122		19	1	25.33
西北区域	973	117	511		268	75	11.70
南方区域	1 773	412	1 138		220	3	21.32

4. 分省份新增装机情况

2012 年，基建新增装机容量超过 500 万千瓦的省份有四川、云南、河南、新疆、江苏、广东、山东，基本上属于资源比较丰富或用电量较多的省份；此外，湖北、辽宁、山西、安徽和河北基建新增装机容量超过 300 万千瓦。新增装机容量少于 100 万千瓦的省份有湖南、陕西、黑龙江、海南、上海、天津、重庆、西藏和北京。新增装机容量比上年减少超过 100 万千瓦的省份有内蒙古、宁夏、甘肃、山西、广东、浙江、青海、重庆；新增装机容量比上年增加超过 100 万千瓦的省份有四川、云南、河南、安徽、辽宁和广西。2012 年全国各省份新增装机容量情况见表 4－6。

表 4－6　2012 年全国各省份新增装机容量情况

单位：万千瓦

区　域	合计	其　中				
		水电	火电	核电	并网风电	其他类型发电
全　国	8 315	1 676	5 236		1 296	107
北　京						
天　津	31		27		5	
河　北	334		175		158	
山　西	422		318		103	1
内蒙古	234	1	71		152	11
辽　宁	421	95	257		69	1
吉　林	159	9	111		39	
黑龙江	87		16		71	
上　海	42		42			
江　苏	584		540		37	7
浙　江	139		131		8	
安　徽	352	77	269		5	1
福　建	137		127		10	
江　西	137	4	130		3	
山　东	521	1	381		132	7

续表

区域	合计	其中				
		水电	火电	核电	并网风电	其他类型发电
河南	620		615		5	
湖北	441	196	239		5	
湖南	95	17	72		5	1
广东	533		496		36	2
广西	275	4	266		5	
海南	75		70		5	
重庆	17	17				
四川	797	730	67			
贵州	182	11	126		45	
云南	708	397	180		130	
西藏	4					4
陕西	90		66		22	3
甘肃	156	40	12		75	29
青海	27	4				23
宁夏	95				92	3
新疆	600	73	433		79	14

（二）电源新开工项目

2012 年全国新开工电源项目装机容量 4 436 万千瓦，比上年增加 76 万千瓦。其中，水电 926 万千瓦，比上年减少 80 万千瓦；火电 2 445 万千瓦，比上年增加 302 万千瓦；核电 241 万千瓦；风电 831 万千瓦，比上年减少 283 万千瓦。新开工的大中型水电项目主要有云南观音岩水电站、云南鲁地拉水电站、云南苗尾水电站、四川大渡河枕头坝一级水电站等；新开工的核电项目为田湾核电站二期、阳江核电站 4 号机组和石岛湾高温气冷堆示范工程；新开工单机容量 60 万千瓦及以上火电机组 16 台、共 1 300 万千瓦，其中，百万千瓦火电机组 6 台。2012 年年底在建部分重点电源项目见附件 21。

三、电网工程建设

（一）电网新增能力情况

2012 年，全国新增 110 千伏及以上输电线路长度 66 269 千米，比上年减少

0.95%。新增输电线路长度中，以220千伏和110千伏等级为主，其中220千伏26 431千米，110千伏32 040千米，两者合计新增占全国新增110千伏及以上线路长度的88.23%，所占比重比上年提高6.28个百分点；新增500千伏输电线路长度4 747千米，比上年减少35.24%。

2012年，全国新增直流输电能力1 890万千瓦，比上年增长68.75%；全国新增110千伏及以上变电设备容量28 835万千伏安，比上年减少5.75%，主要是330千伏及220千伏变电设备容量分别比上年减少39.41%和6.34%，而500千伏及110千伏（含66千伏）变电设备容量分别比上年增长22.76%和8.37%。2012年全国新增交直流输电线路规模见表4－7。

表4－7 2012年全国新增交直流输电线路规模

	能力、容量（万千瓦、万千伏安）	长度（千米）
总 计		66 269
1. 直流工程	1 890	2 090
±800千伏	1 440	2 090
±660千伏		
±500千伏	450	
±400千伏		
2. 交流工程（110千伏及以上）	28 835	64 179
1 000千伏		
750千伏		741
500千伏	7 200	4 747
330千伏	372	219
220千伏	11 269	26 431
110千伏（含66千伏）	9 994	32 040

（二）部分重点电网工程建设项目

2012年，部分重点电网建设项目相继投运，电网大范围内实现资源优化配置的能力进一步提升。锦屏—苏南±800千伏特高压直流输电工程投运，成为目前世界上输送容量最大、送电距离最远、电压等级最高的直流输电工程，工程可有效解决四川电力“丰余枯缺”的结构性矛盾，满足东部地区经济社会持续发展用电需求。东北—华北联网高岭背靠背直流扩建工程投运，将东北—华北联网输送能力由150万千瓦提升到300万千瓦，有助于缓解东北地区风电外送问题。中俄能源电力合作项目——中俄直流背靠背联网工程正式投入商业运营，该工程是我国首个国际直流输电项目，也是目前我国境外购电电压等级最高、输电容量最大的输变电工程。溪洛渡左岸—浙江金华 ±800 千伏特高压直流输电工程、哈密南—郑州 ±800 千伏特高压直流输电工程、新疆—西北主网联网 750 千伏第二通道工程等相继开工。皖电东送淮南—上海 1 000 千伏特高压交流输电工程、云南普洱—广东江门 ±800 千伏特高压直流输电工程进展顺利。

2012 年新投产及年底在建的部分重点输变电建设项目分别见附件 22、附件 23。

四、电力建设工程造价

（一）发电工程

1. 燃煤发电工程

2012 年，不同容量等级燃煤发电新建工程造价水平与上年比均有所下降。其中，2 ×100 万千瓦机组单位造价下降幅度最大，体现了我国百万千瓦容量燃煤发电机组技术的成熟和成本的节约。2011 年、2012 年燃煤发电工程单位造价变化情况见表 4 – 8。

表 4 – 8　2011 年、2012 年燃煤发电工程单位造价变化情况

机组容量	机组种类	单位造价（元/千瓦）		2012 年与上年比变化率（%）
		2011 年	2012 年	
2 ×30 万千瓦	亚临界	4 430	4 349	–1. 83
2 ×35 万千瓦	超临界	4 152	4 082	–1. 69
2 ×60 万千瓦	超临界	3 622	3 554	–1. 88
2 ×66 万千瓦	超临界	3 372	3 287	–2. 52
2 ×100 万千瓦	超超临界（滨海）	3 658	3 534	–3. 39
	超超临界（内陆）	3 497	3 355	–4. 06

与 2011 年相比，2012 年 2 ×30 万千瓦、2 ×60 万千瓦、2 ×100 万千瓦燃煤发电工程建筑工程费、设备购置费、安装工程费和其他费用总体呈下降趋势。设备购置费占工程总投资 40% ~ 50%，是影响工程单位造价的主要因素。主要设备中，锅炉价格下降 5. 71% ~ 9. 23%，高压加热器、给水泵等辅机价格下降 3% ~ 10%，汽轮机、发电机等其他设备价格基本持平，变化不大。2011 年、2012 年燃煤发电工程各项费用变化率见图 4 – 1。

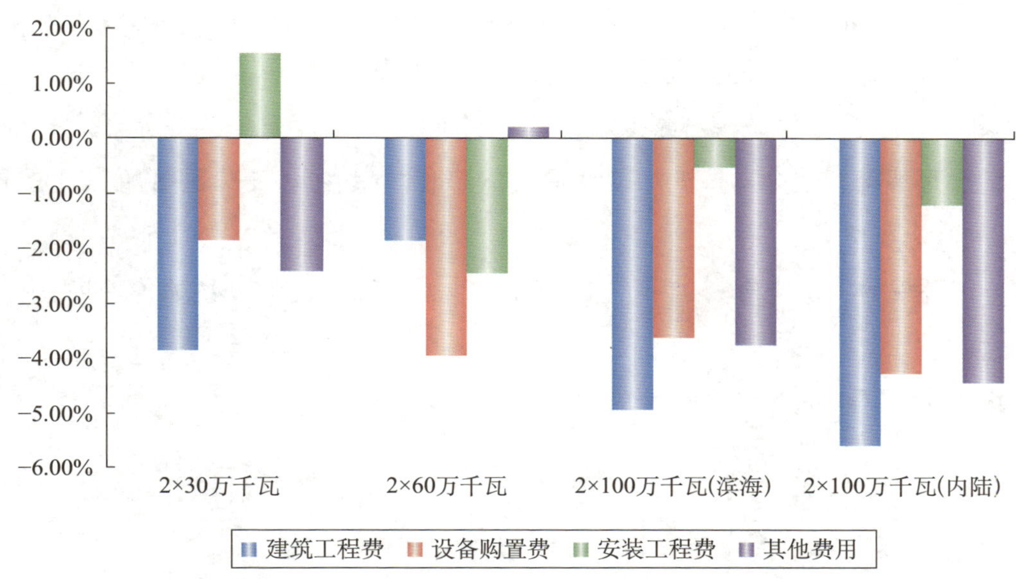

图 4－1　2011 年、2012 年燃煤发电工程各项费用变化率

2. 燃气—蒸汽联合循环电站工程

2012 年，2×18 万千瓦（9E 级）燃气—蒸汽联合循环电站新建工程（一拖一）、2×30 万千瓦（9F 级纯凝）燃气—蒸汽联合循环电站新建工程（一拖一）造价水平与上年相比基本持平。2011 年、2012 年燃气—蒸汽联合循环电站工程单位造价变化情况见表 4－9。

表 4－9　2011 年、2012 年燃气—蒸汽联合循环电站工程单位造价变化情况

机组容量和种类	单位造价（元/千瓦）		2012 年与上年比变化率（%）
	2011 年	2012 年	
2×30 万千瓦，9F 级纯凝	2 850	2 830	−0.70
2×18 万千瓦，9E 级	3 078	3 140	2.01

3. 清洁能源发电工程

由于水电工程受到容量等级、地理条件、功能划分等诸多因素的影响，工程单位造价差异性大、可比性差。2012 年水电工程造价为每千瓦 8 000 ~12 000 元。近些年，水电工程单位造价呈现逐渐上涨的趋势，主要原因：一是人工工资及消费价格水平上涨明显；二是优质的水电资源逐步减少，水电工程开发建设的整体难度加大；三是移民安置补偿标准大幅度提高，以及国家对环保日益重视和相关标准提高，都使得环保投资增长较多。

2012 年，陆上风电工程造价为每千瓦 6 500 ~9 000 元，海上风电工程造价为每

千瓦 10 000 ~15 000 元。与陆上风电相比，海上风电建设难度大，设备可靠性要求高，投资成本较高，造价达到了陆上风电的 1.5 倍左右。

2012 年，根据工程规模容量及发电型式不同，太阳能发电工程造价每千瓦 0.8 万 ~1.5 万元不等，较 2011 年有较大幅度的降低。其中设备购置费所占比重很大，为 65%~88%。

核电工程 2012 年造价为每千瓦 1.3 万 ~1.8 万元。其中设备购置费所占比重约为 41%。

垃圾发电工程 2012 年造价为每千瓦 4 万 ~5 万元。

（二）电网工程

1. 输电线路工程

2012 年，输电线路新建工程单位造价水平与上年相比，小幅波动、基本持平。其中，110 千伏 ~750 千伏交流架空线路工程单位造价略有下降，幅度在 0.87%~1.98%之间；±500 千伏直流架空线路工程单位造价下降 1.79%；交流电缆工程单位造价略有上涨，110 千伏和 220 千伏交流电缆工程的涨幅分别为 1.16%、0.93%。

架空线路工程单位造价下降，主要是受到水泥、钢材、铝材等材料价格下降的影响。导线价格主要由铝锭价格、相关加工费用及市场供求关系决定，2012 年，导线价格全年相对平稳，略有下降，每吨价格年初为 16 200 元，年终为 16 000 元，下降 1.23%；塔材价格主要由角钢、锌价格、相关加工费用及市场供求关系决定，2012 年，塔材每吨价格年初约为 7 800 元，年终约为 7 700 元，下降 1.28%。

2012 年，电缆工程的造价比上年略有上升。电缆工程与架空线路工程单位造价呈现相反的变化趋势，是因为受到 2012 年铜价格上涨的影响。2011 年、2012 年输电线路工程单位造价变化情况见表 4－10。

表 4－10　2011 年、2012 年输电线路工程单位造价变化情况

电压等级	单位造价（万元/千米）		2012 年与上年比变化率（%）
	2011 年	2012 年	
一、交流架空线路工程			
110 千伏	55.86	55.37	-0.87
220 千伏	75.33	74.18	-1.53
330 千伏	88.00	86.45	-1.76
500 千伏	179.81	176.69	-1.73
750 千伏	257.39	252.30	-1.98

续表

电压等级	单位造价（万元/千米）		2012 年与上年比变化率（%）
	2011 年	2012 年	
二、直流架空线路工程			
±500 千伏	176.49	173.33	-1.79
三、交流电缆工程			
110 千伏	563.32	569.85	1.16
220 千伏	1 507.30	1 521.32	0.93

2. 变电站工程

与 2011 年相比，2012 年新建变电站工程单位造价水平呈现下降趋势，下降幅度为 0.74%～12.79%，主要原因是设备价格下降。其中，主变价格全年下降幅度为 2.22%，地理信息系统（GIS）设备价格下降幅度约为 7.69%。2011 年、2012 年新建变电站工程单位造价变化情况见表 4－11。

表 4－11　2011 年、2012 年新建变电站工程单位造价变化情况

电压等级	变电站容量	断路器型式	单位造价（元/千伏安）		2012 年与上年比变化率（%）
			2011 年	2012 年	
110 千伏	1×4 万千伏安	国产 GIS 设备	279.39	276.51	-1.03
		SF6 断路器	301.43	298.78	-0.88
	2×5 万千伏安	国产 GIS 设备	344.84	341.49	-0.97
		SF6 断路器	416.05	412.97	-0.74
220 千伏	2×18 万千伏安	柱式断路器	259.60	251.36	-3.17
		GIS 组合电器	292.35	273.58	-6.42
330 千伏	1×24 万千伏安	柱式断路器	467.51	461.16	-1.36
		罐式断路器	473.49	467.11	-1.35
	1×36 万千伏安	GIS 组合电器	420.21	385.97	-8.15
500 千伏	1×75 万千伏安	柱式断路器	250.06	236.85	-5.28
		HGIS 组合电器	323.71	294.59	-9.00
	2×100 万千伏安	罐式断路器	165.34	149.16	-9.78
		GIS 组合电器	184.22	160.65	-12.79
750 千伏	1×210 万千伏安	罐式断路器	329.12	311.26	-5.43

与 2011 年相比，2012 年新建变电站工程各主要组成费用均呈现下降趋势。其中，建筑工程费下降 1.21%～3.05%；设备购置费下降 2.05%～3.8%；安装工程费下降 0.61%～2.61%；其他费用下降 0.31%～4.8%。2011 年、2012 年变电站工程各项费用变化率见图 4－2。

3. 换流站工程

2012 年，±500 千伏电压等级换流站工程单位造价水平与上年相比下降 2.93%～4.12%。其中，建筑工程费、安装工程费、设备购置费及其他费用的变化趋势与变

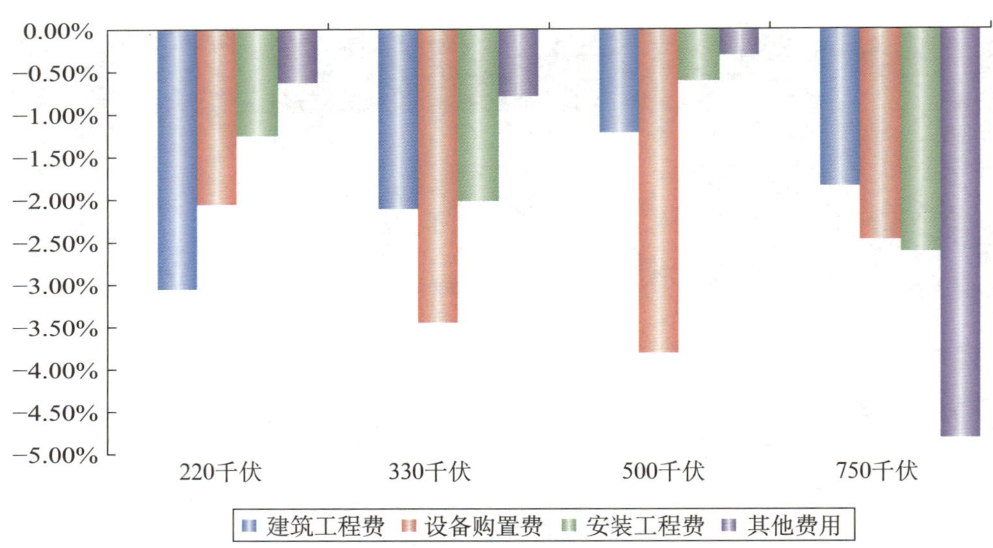

图 4－2　2011 年、2012 年变电站工程各项费用变化率

电站工程的变化趋势基本一致。2011 年、2012 年新建直流换流站工程单位造价变化情况见表 4－12。

表 4－12　2011 年、2012 年新建直流换流站工程单位造价变化情况

电压等级	变电站容量	断路器型式	单位造价（元/千瓦）		2012 年与上年比变化率（%）
			2011 年	2012 年	
±500 千伏	300 万千瓦	户内 GIS	610. 87	577. 60	-5. 45
		户外柱式断路器	585. 69	568. 51	-2. 93

五、电力优质工程

2012 年，电力行业有 35 项工程获国家优质工程奖（其中，4 项工程获国家优质工程金质奖、31 项工程获国家优质工程银质奖），4 项工程获中国建设工程鲁班奖，18 项工程获中国安装工程优质奖（中国安装之星），60 项工程获中国电力优质工程奖，6 项工程获中国电力优质工程奖（中小型），具体项目名单分别见附件 24 至附件 27。

第五章

电力生产与供应

一、电力生产与供应能力

（一）发电装机规模

1. 全国整体情况

2012 年，全国发电装机规模继续稳定增长，增速有所放缓。截至 2012 年底，全国全口径发电装机容量 114 676 万千瓦，比上年增长 7.9%，增速比上年下降 2.05 个百分点。其中，水电 24 947 万千瓦，比上年增长 7.1%；火电 81 968 万千瓦，比上年增长 6.7%；核电 1 257 万千瓦，与上年持平；并网风电容量 6 142 万千瓦，比上年增长 32.9%；并网太阳能发电 341 万千瓦，比上年增长 60.6%。核电、并网风电、并网太阳能发电占全国发电装机容量的比重为 6.7%，而水电、火电所占比重分别为 21.8%、71.5%。2012 年底全国全口径发电装机结构情况见图 5－1。

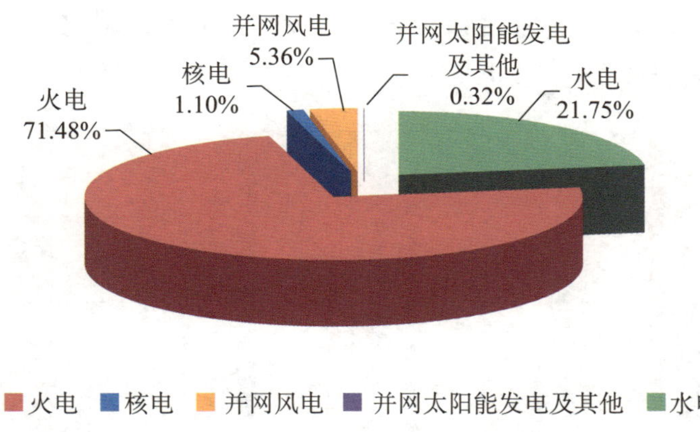

图 5－1　2012 年底全国全口径发电装机结构情况

截至 2012 年底，全国 6 000 千瓦及以上电厂发电装机容量 111 214 万千瓦，分类型容量结构见表 5－1。

表5－1　2012年底全国6 000千瓦及以上电厂发电设备容量结构

类　型		装机容量（万千瓦）	装机容量增速（%）
全国		111 214	8. 12
水电		22 043	7. 79
火电		81 426	6. 71
其中	燃煤发电	75 382	6. 28
	其中：煤矸石发电	1 574	21. 56
	燃油发电	301	-8. 08
	燃气发电	3 717	8. 84
	其他类型发电	2 025	24. 19
	其中：生物质发电	769	37. 54
核电		1 257	—
风电		6 142	32. 86
其他类型发电设备（主要为光伏发电）		347	50. 50

2. 分区域情况

截至2012年底，华北区域全口径发电设备容量25 122万千瓦，是装机容量最多的区域，比上年增加1 650万千瓦；华东、华中区域内全口径发电设备容量也均超过2. 3亿千瓦，分别比上年增加1 343万千瓦和2 314万千瓦，其中华中区域水电装机容量增加890万千瓦，是水电装机增加最多的区域；南方区域全口径发电设备容量2. 02亿千瓦，比上年增加1 482万千瓦，其中水电装机容量增加342万千瓦；西北区域全口径发电设备容量1. 19亿千瓦，比上年增长11. 16%，其中风电装机容量比上年增长31. 11%；东北区域全口径发电设备容量首次超过1亿千瓦。近两年各电网供电区域发电装机容量情况见图5－2。

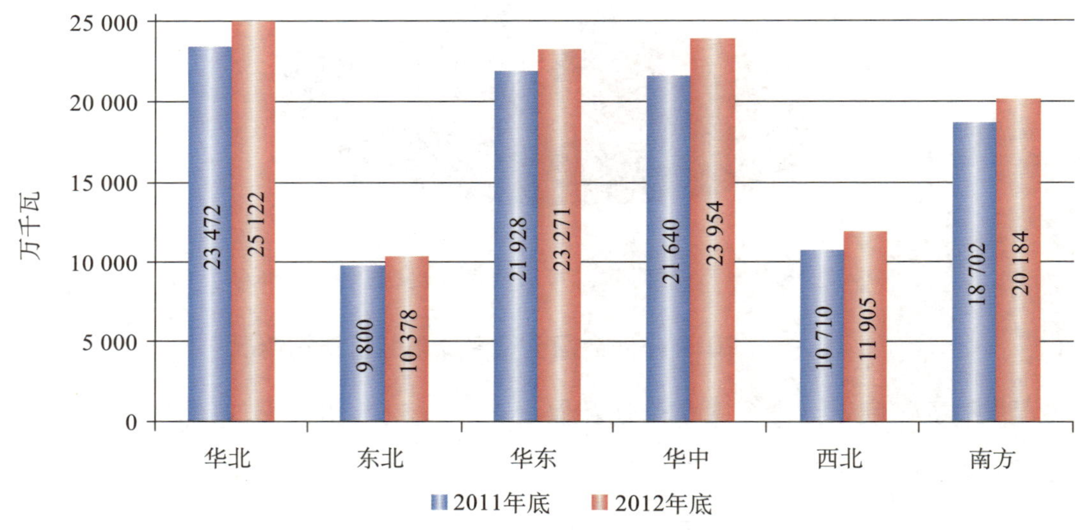

图5－2　2011年、2012年底各电网供电区域发电装机容量情况

3. 分省份情况

截至2012年底，全国有12个省份的全口径发电装机容量超过4 000万千瓦，这些省份均是用电大省或能源资源富集省份。其中，内蒙古、广东、江苏、山东全口径发电装机容量分别为7 840万千瓦、7 810万千瓦、7 544万千瓦和7 315万千瓦；浙江6 164万千瓦，湖北、河南、四川、山西超过5 000万千瓦，河北、云南、贵州超过4 000万千瓦。全口径发电装机容量低于1 000万千瓦的省份为北京、海南、西藏。

2012年，新疆、云南、海南三个省份的全口径发电装机容量增长率分别达到38.08%、19.21%和18.57%，居全国前列。陕西、浙江、广东、贵州全口径发电装机容量比上年增长均低于3%。2012年底全国各省份全口径发电装机容量情况见表5－2。

表5－2　2012年底全国各省份全口径发电装机容量情况

单位：万千瓦

地　区	合计	水电	火电	核电	风电	太阳能	其他	装机容量比上年增长（%）
全国总计	114 676	24 947	81 968	1 257	6 142	341.1	20.5	7.9
北京市	731	102	614		15			15.3
天津市	1 134	1	1 110		23	0.2		3.4
河北省	4 868	179	3 999		675		14.7	9.4
山西省	5 455	243	5 011		198	1.5	1.2	9.4
内蒙古自治区	7 840	108	6 019		1 693	20.5		4.5
辽宁省	3 807	272	3 058		476	1.0		12.0
吉林省	2 399	442	1 627		330			4.1
黑龙江省	2 173	97	1 752		323			4.1
上海市	2 146		2 118		27	0.7	0.8	9.2
江苏省	7 544	114	6 982	212	193	43.0		7.7
浙江省	6 164	984	4 705	433	40	1.2	0.7	1.7
安徽省	3 532	278	3 223		30	1.9	0.1	11.1
福建省	3 885	1 140	2 632		113	0.1		4.5
江西省	1 947	420	1 505		20	1.6		7.8
山东省	7 315	107.7	6 818		382	6.6		7.5
河南省	5 765	395	5 355		15			8.3
湖北省	5 787	3 595	2 174		17	1.2		8.9
湖南省	3 297	1 372	1 906		18.9			6.0
广东省	7 810	1 306	5 752	612	139	0.8	0.3	2.4
广西自治区	3 037	1 536	1 491		10			12.2
海南省	502	81	388		30	2.0		18.6
重庆市	1 340	611	724		5			3.4

续表

地　区	合计	水电	火电	核电	风电	太阳能	其他	装机容量比上年增长（%）
四川省	5 459	3 964	1 493		2			14.0
贵州省	4 010	1 728	2 186		96			2.8
云南省	4 825	3 306	1 385		131	3.0		19.2
西藏自治区	102	54	37			8.0	2.7	5.0
陕西省	2 494	250	2 227		15	2.1		1.4
甘肃省	2 916	730	1 551		597	38.2		6.2
青海省	1 470	1 101	230		2	136.3		3.3
宁夏自治区	1 972	43	1 640		236	53.1		6.7
新疆自治区	2 952	385	2 257		292	18.0		38.1

（二）全国行业统计调查范围内水电、火电机组容量等级结构情况

1. 全国行业统计调查范围内水电机组容量等级结构情况

截至 2012 年底，纳入行业 6 000 千瓦及以上机组统计调查范围的水电机组容量 20 377 万千瓦，占全国 6 000 千瓦及以上水电机组容量的 92. 44%。在调查范围内的水电机组中，单机 60 万千瓦及以上水电机组容量所占比重比上年提高 2. 24 个百分点；单机 30 万 ~60 万千瓦（不包含 60 万千瓦）、20 万 ~30 万千瓦（不包含 30 万千瓦）、10 万 ~20 万千瓦（不包含 20 万千瓦）、5 万 ~10 万千瓦（不包含 10 万千瓦）和 5 万千瓦以下水电机组比重分别比上年降低 0. 78、0. 03、0. 81、0. 55 和 0. 16 个百分点。2012 年底全国行业统计调查范围内的水电机组容量等级结构情况见图 5 – 3。

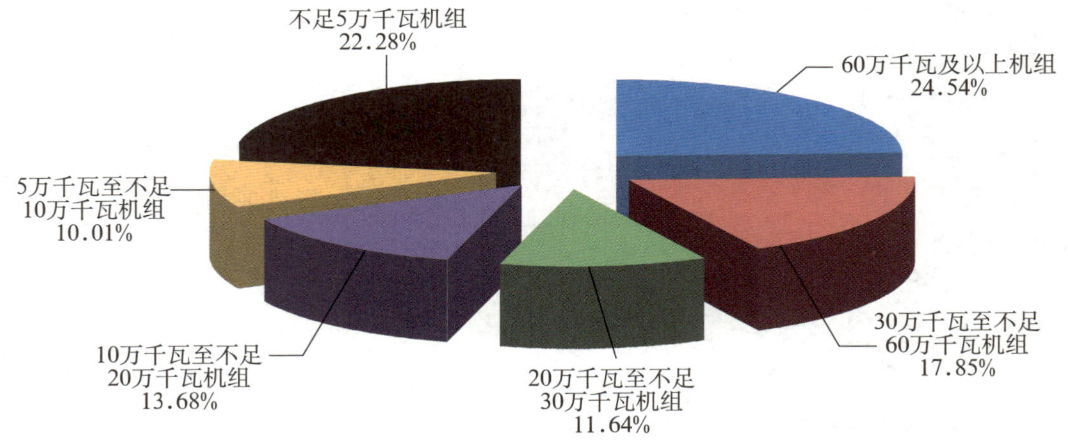

图 5 – 3　2012 年底全国行业统计调查范围内的水电机组容量等级结构情况图

2. 全国行业统计调查范围内火电机组容量等级结构情况

截至2012年底，纳入行业6 000千瓦及以上机组统计调查范围的火电机组容量80 302万千瓦，占全国6 000千瓦及以上火电机组容量的98.62%。调查范围内火电机组平均单机容量11.8万千瓦，比上年提高0.4万千瓦。在调查范围内的火电机组中，60万千瓦及以上火电机组容量所占比重达到40.15%，比上年提高1.28个百分点，比2005年提高28.47个百分点，反映大容量、高参数的火电机组自“十一五”以来得到迅速发展；单机30万~60万千瓦（不包含60万千瓦）、20万~30万千瓦（不包含30万千瓦）、10万~20万千瓦（不包含20万千瓦）和不足10万千瓦火电机组比重分别比上年降低0.15、0.53、0.33和0.28个百分点。全国行业统计调查范围内火电机组容量等级结构见表5－3。

表5－3　2012年底全国行业统计调查范围内火电机组容量等级结构

指标分类			计算单位	火电机组合计	占统计调查范围内火电容量比例（%）
6 000千瓦及以上机组		合计	台	6 805	100.00
			万千瓦	80 302	
其中	60万千瓦及以上机组	小计	台	488	40.15
			万千瓦	32 241	
	30万~60万千瓦机组（不含60万千瓦）	小计	台	882	35.42
			万千瓦	28 441	
	20万~30万千瓦机组（不含30万千瓦）	小计	台	250	6.49
			万千瓦	5 212	
	10万~20万千瓦机组（不含20万千瓦）	小计	台	475	7.80
			万千瓦	6 261	
	不足10万千瓦机组	小计	台	4 710	10.14
			万千瓦	8 146	

（三）部分大型发电企业情况

截至2012年底，在纳入中电联直报统计范围内的大型发电企业中，装机容量超过500万千瓦的企业共有19家，合计装机容量80 710万千瓦，占全国全口径装机容量的70.38%。截至2012年底，这19家发电企业拥有火电装机容量61 567万千瓦，占全国火电装机容量的75.11%。其拥有的水电、核电、风电、其他类型发电设备（绝大部分为并网太阳能发电）的装机规模合计为19 144万千瓦，其中，水电12 358万千瓦，占全国水电装机容量的49.54%；风电5 318万千瓦，占全国风电装机容量的86.58%；其他类型发电为211万千瓦，占全国其他类型发电容量的

58.31%。2012年底装机容量超过500万千瓦的大型发电企业装机容量及发电量情况见附件28。

截至2012年底，五大发电集团公司合计装机容量55 080万千瓦，比上年增长7.15%，占全国总装机容量的48.03%，比重较上年降低0.35个百分点。其中，水电装机容量7 822万千瓦，比上年增长8.10%，占全国水电装机容量的31.36%，比重比上年提高0.3个百分点；火电装机容量43 191万千瓦，比上年增长5.70%，占全国火电装机容量的52.69%，比重比上年降低0.49个百分点；风电装机容量3 906万千瓦，比上年增长21.61%，占全国风电装机容量的63.59%，比重比上年降低5.89个百分点。

五大发电集团公司中，中国华能集团公司发电设备容量13 508万千瓦，比上年增长7.74%；中国国电集团公司装机容量达到12 008万千瓦，比上年增长12.51%；中国大唐集团公司、中国华电集团公司、中国电力投资集团公司装机容量分别为11 377万千瓦、10 180万千瓦、8 007万千瓦，分别比上年增长2.46%、8.18%和4.26%。五大发电集团水电装机容量均超过1 100万千瓦。中国国电集团公司并网风电装机容量达到1 497万千瓦，中国华能、中国大唐集团公司风电并网装机容量超过800万千瓦。

其他发电企业中，神华集团有限责任公司装机容量为6 431万千瓦，比上年大幅度增长38.19%；华润电力控股公司、中国长江三峡集团公司、广东省粤电集团有限公司、浙江省能源集团有限公司、国投电力公司装机容量均超过2 200万千瓦；北京能源投资集团有限公司、中国广核集团有限公司装机容量超过1 000万千瓦。

（四）大型电厂情况

近几年，全国装机容量达到100万千瓦及以上的水电、核电厂及装机容量达到150万千瓦及以上的火电厂数量稳定增加。2012年底，全国装机容量最大的水电厂（站）是三峡水电厂（2 240万千瓦）；装机容量最大的火电厂是大唐集团托克托发电公司（480万千瓦）；装机容量最大的核电站是中核集团核电秦山联营有限公司（262万千瓦）。2012年底水电、火电装机容量分别排全国前十位的电厂见附件29。

截至2012年底，纳入中电联统计范围的大型电厂装机容量为33 807万千瓦，占全国全口径装机容量的29.48%，其中，水电10 554万千瓦，火电22 033万千瓦，核电1 220万千瓦。2012年底大型电厂装机和发电情况见表5－4。

表 5－4 2012 年底大型电厂装机和发电情况

类型	大型电厂数量（座）	期末设备容量（万千瓦）	发电量（亿千瓦时）	设备利用小时（小时）
合　计	151	33 807	15 208	4 704
水　电	48	10 554	3 394	3 398
火　电	97	22 033	10 859	5 143
核　电	6	1 220	955	7 828

（五）电网输送能力

1. 电网规模整体情况

2012 年底，全国电网 35 千伏及以上输电线路回路长度 148. 0 万千米，比上年底增长 4. 99%，其中 220 千伏及以上输电线路回路长度 50. 58 万千米，比上年底增长 6. 50%；全国电网 35 千伏及以上变电设备容量 44. 59 亿千伏安，比上年底增长 12. 03%，其中 220 千伏及以上变电设备容量 24. 97 亿千伏安，比上年底增长 12. 96%。2012 年底全国 35 千伏及以上输电线路回路长度及变电设备容量情况见表 5－5。

表 5－5 2012 年底全国 35 千伏及以上输电线路回路长度及变电设备容量情况

		输电线路回路长度		变电设备容量	
		长度（千米）	增长率（%）	容量（万千伏安）	增长率（%）
35 千伏及以上合计		1 479 963	4. 99	445 899	12. 03
220 千伏及以上全部电压等级		505 812	6. 50	249 688	12. 96
其中	1 000 千伏	639		1 800	
	±800 千伏	5 466	63. 96		
	750 千伏	10 088	0. 83	5 320	
	±600 千伏	1 400			
	500 千伏	146 250	4. 27	90 625	19. 09
	其中：±500 千伏	9 145			
	±400 千伏	1 051			
	330 千伏	22 701	1. 95	7 714	5. 81
	220 千伏	318 217	7. 51	144 228	10. 49

从分省份情况看，全国共有 11 个省份的 220 千伏及以上输电线路回路长度超过 2 万千米，分别是江苏、广东、四川、河北、内蒙古、山东、湖北、河南、云南、辽宁和浙江，其中江苏达到 3. 27 万千米，这些省份基本都是电力消费大省或电力输送、交换大省。全国共有 8 个省份的 220 千伏及以上变电设备容量超过 1 亿千伏安，分别是广东、江苏、浙江、山东、河北、河南、辽宁和四川，其中广东和江苏分别

达到 2. 45 亿千伏安和 2. 29 亿千伏安。

2. 跨区域电网及全国联网

2012 年，我国建成投产锦屏—苏南 ±800 千伏特高压直流工程、东北与华北直流背靠背扩建工程等重点跨区域输电联网工程，跨区域电网规模进一步扩大，电网大范围优化资源配置能力进一步增强。

截至 2012 年年底，华北电网通过 2012 年新投产的高岭直流背靠背扩建工程与东北电网联网。通过宁东—山东 ±660 直流与西北电网联网；同时，陕西府谷、锦界电厂通过 500 千伏交流线路以点对网方式接入河北南网，向华北电网送电。通过晋东南—荆门 1 000 千伏特高压交流扩建工程与华中电网联网，充分发挥南北水火互济能力。

华东电网是全国重要的受端电网，通过葛南直流、龙政直流、宜华直流、向上直流、三沪二回直流（林枫直流）以及 2012 年新投产的锦苏直流线路与华中电网联网，大规模接受三峡、葛洲坝及四川的水电。山西阳城电厂通过 500 千伏交流线路以点对网方式接入江苏电网，向华东电网送电。

华中电网位于全国电网的中心，通过晋东南—荆门特高压试验示范工程与华北电网联网，通过灵宝背靠背、德宝直流工程与西北电网联网，接受华北、西北煤电基地电力并实现水火互济。通过锦苏直流、葛沪直流、龙政直流等工程与华东电网联网，将三峡、葛洲坝及四川的水电送往华东负荷中心。通过江城（三广）直流与南方电网联网，将三峡水电送至广东负荷中心。

东北电网通过高岭直流背靠背扩建工程与华北电网联网。2012 年，黑河直流背靠背工程正式投入商业运营，东北电网与俄罗斯电网联网，提高了中俄两国之间电力交换规模，为口岸城市快速发展的电力需求提供了稳定可靠保障。

西北地区发电能源资源丰富，西北电网是我国重要的送端电网。西北电网通过灵宝背靠背工程、德宝直流工程与华中电网联网，向华中电网送电并实现水火互济。通过宁东—山东直流工程与华北电网联网，将宁东煤电基地电力送至山东负荷中心。通过青藏联网工程与藏中电网联网，从根本上解决了西藏电网长期缺电问题。

南方电网通过江城直流与华中电网联网，并接纳三峡水电送入。通过交流输电线路与香港、澳门联网，为香港、澳门特别行政区提供电力支撑。通过 220 千伏以及 110 千伏交流线路与越南、缅甸、老挝等东南亚国家边境地区实现电网互联和电力互供。湖南鲤鱼江电厂通过 500 千伏交流线路以点对网方式接入广东电网，向南方电网送电。在南方电网内部，建成多回交直流混合“西电东送”跨省输电通道，将云南、贵州的电力送往广东和广西负荷中心。

3. 跨区电力输送能力

2012 年，随着一批跨国跨区输电联网工程相继建成投运，电网跨区域输电和资源优化配置能力继续提高，在国家能源开发、输送和利用等能源产业体系中发挥着重要作用。

截至 2012 年底，国家电网公司跨区输电工程输电能力超过 5 100 万千瓦。其中，交直流联网工程跨区输电能力超过 4 250 万千瓦，跨区点对网送电能力超过 850 万千瓦。南方电网内部形成“八交五直”的“西电东送”主网架，输电能力超过 2 300 万千瓦；江城直流与南方电网联网输电能力 300 万千瓦，鲤鱼江—广东跨区点对网送电工程输电能力 180 万千瓦。

中国首项跨国直流联网工程 500 千伏中俄直流联网黑河背靠背换流站工程建成投运，我国内地与俄罗斯、越南、缅甸等周边国家和香港、澳门地区电力交换能力超过 200 万千瓦，电网境内外优化配置资源的功能逐步显现。

二、电力生产

（一）发电量

1. 全国总体情况

2012 年，全国全口径发电量 49 865 亿千瓦时，比上年增长 5. 41%。其中，水电 8 556 亿千瓦时，比上年增长 28. 06%；火电 39 255 亿千瓦时，比上年增长 0. 65%；核电 983 亿千瓦时，比上年增长 12. 75%；风电 1 030 亿千瓦时，比上年增长 39. 15%。2012 年全国电力生产基本情况见表 5－6。

表 5－6　2012 年全国电力生产基本情况

类　型	发电量（亿千瓦时）	比上年增长（%）	所占结构比例（%）	所占比例比上年提高（百分点）
合　计	49 865	5. 41	100. 00	
水　电	8 556	28. 06	17. 16	3. 04
火　电	39 255	0. 65	78. 72	–3. 73
核　电	983	12. 75	1. 97	0. 13
风　电	1 030	39. 15	2. 07	0. 50
其他类型发电	41	367. 82	0. 08	0. 07

分月来看，2012年上半年全国规模以上电厂发电量同比增速为3.7%，除2月份由于春节因素同比增速较高、3月份惯性冲高外，其余各月发电量[1]增速均不超过3%，并在6月份达到全年最底部。下半年发电量月度增速总体处于缓慢增长，第四季度各月发电量增速均高于6%，与宏观经济变化趋势相一致。2012年全国分月发电量及其增长率见图5-4。

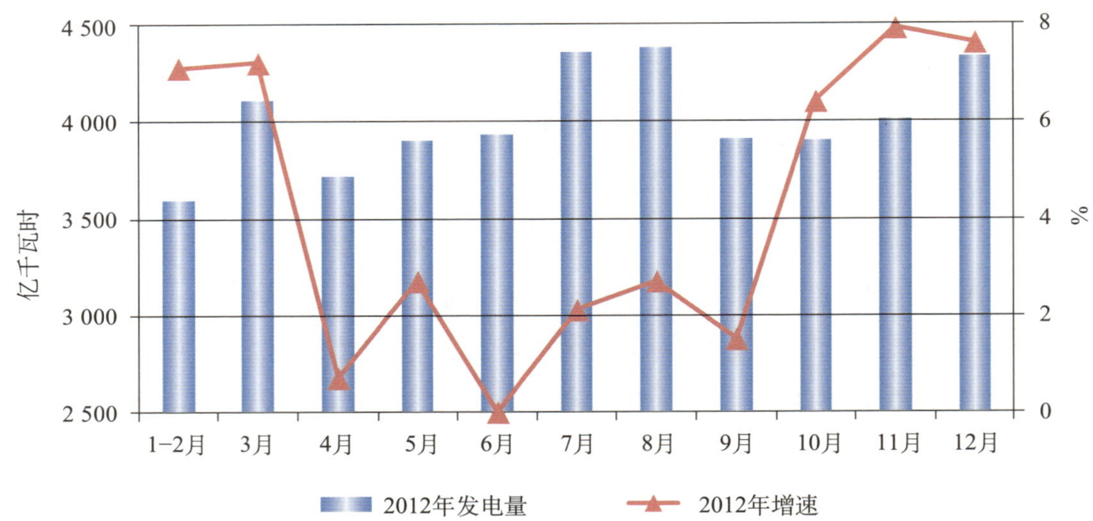

图5-4　2012年全国分月发电量及其增长率

注：1—2月数据为1—2月份合计发电量的单月平均数据。

2. 分省份情况

2012年，全口径发电量增速超过20%的省份有新疆（35.77%）、青海（20.78%），主要是由于上年基数小，增长率较高；负增长的省份有西藏、上海、天津、广东、河南。2012年全国各省份全口径发电量见表5-7。

表5-7　2012年全国各省份全口径发电量

地　区	发电量（亿千瓦时）					比上年增长（%）				
	合计	其　中				合计	其　中			
		水电	火电	核电	风电		水电	火电	核电	风电
全　国	49 865	8 556	39 255	983	1 030	5.41	28.06	0.65	12.75	39.15
北　京	293	7	283		3	10.30	59.00	9.56		1.07
天　津	587		582		5	-4.26	39.46	-4.82		230.54
河　北	2 316	10	2 178		126	2.97	13.23	1.23		41.75
山　西	2 535	44	2 454		36	8.13	26.35	6.87		174.39
内蒙古	3 344	29	3 029		284	6.69	58.52	4.86		25.05
辽　宁	1 488	64	1 345		79	4.53	54.53	2.22		19.25

[1] 本报告中月度发电量数据均采用国家统计局统计的规模以上电厂发电量数据。

续表

地区	发电量（亿千瓦时）					比上年增长（%）				
	合计	其中				合计	其中			
		水电	火电	核电	风电		水电	火电	核电	风电
吉　林	714	79	591		44	1.21	7.38	-0.17		10.13
黑龙江	842	18	772		51	0.87	15.12	-0.32		16.82
上　海	973		967		6	-5.19		-5.44		56.48
江　苏	4 158	12	3 943	162	37	5.73	-4.80	5.66	1.06	35.74
浙　江	2 847	220	2 273	346	8	2.03	40.80	-2.98	21.09	38.47
安　徽	1 808	36	1 767		5	9.25	27.49	8.81		85.70
福　建	1 623	476	1 118		28	2.76	66.96	-12.07		27.87
江　西	760	146	610		3	2.33	94.38	-8.25		47.55
山　东	3 306	1	3 241		63	4.20	8.26	3.58		49.50
河　南	2 597	128	2 465		3	-0.06	30.65	-1.33		92.84
湖　北	2 245	1 380	863		2	6.82	18.25	-7.50		30.50
湖　南	1 214	446	765		3	0.80	46.67	-14.97		445.17
广　东	3 644	298	2 848	474	24	-1.41	42.44	-6.50	11.56	49.75
广　西	1 172	524	647		1	11.45	26.34	1.63		790.92
海　南	211	24	182		5	11.77	-5.42	15.30		-10.16
重　庆	547	210	336		1	2.49	44.49	-13.25		-18.13
四　川	2 129	1 545	584		0	14.67	22.57	-2.06		136.57
贵　州	1 610	560	1 046		5	13.74	42.45	2.30		762.02
云　南	1 748	1 240	480		28	12.39	22.86	-10.49		187.59
西　藏	21	15	5			-6.88	-11.03	-0.66		
陕　西	1 233	81	1 149		3	4.54	-14.05	5.97		187.27
甘　肃	1 107	344	666		94	3.66	22.27	-6.84		32.02
青　海	592	458	120		0.2	20.78	24.79	-1.88		439.08
宁　夏	1 013	19	952		33	1.38	14.35	-1.51		152.06
新　疆	1 188	140	998		49	35.77	14.61	37.57		74.66

3. 水力发电情况

2012 年，全国全口径水电发电量 8 556 亿千瓦时，比上年增长 28.06%，增速比上年提高 30.77 个百分点；占全部发电量的 17.16%，比上年提高 3.04 个百分点。分月来看，除第一季度外，其余各月同比均保持高速增长。2012 年全国分月水电发电生产情况见图 5－5。

2012 年，全国 30 个有水电设备的省份中，有 15 个省份的全口径水电发电量超过 100 亿千瓦时，这些水电生产大省的水电发电量合计 8 116 亿千瓦时，占全国水电发电量的 94.86%。与上年相比，这些水电生产大省中，江西增长 94.38%；福建增长 66.96%；湖南、重庆、贵州、广东、浙江增长均超过 40%；河南、广西、青海、云南、四川、甘肃增长均超过 20%。水电装机最多的湖北增长 18.25%。

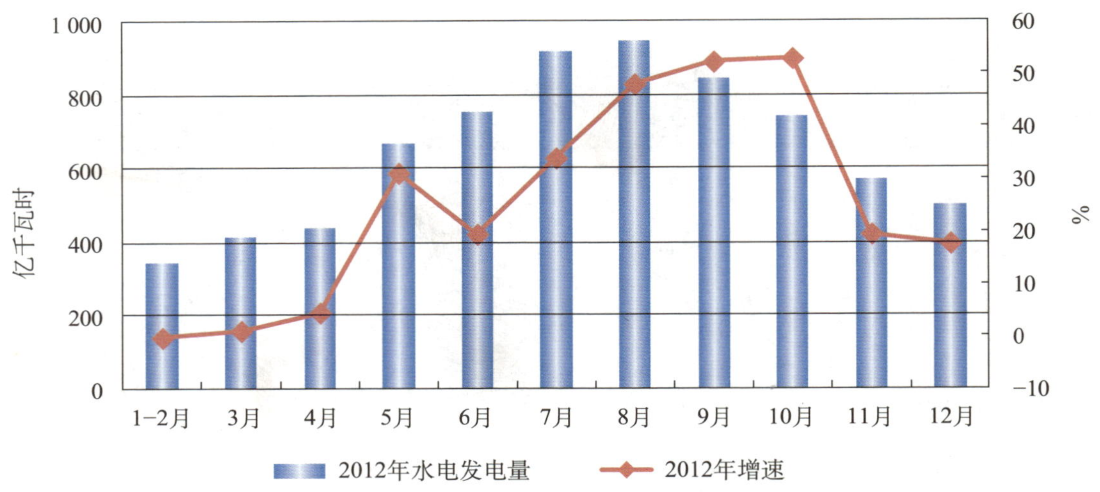

图 5－5　2012 年全国分月水电发电生产情况

注：1—2 月数据为 1—2 月份合计发电量的单月平均数据。

4. 火力发电情况

2012 年，全国全口径火电发电量 39 255 亿千瓦时，比上年增长 0. 65%，增速比上年降低 13. 51 个百分点；占全部发电量的比重为 78. 72%，比上年降低 3. 73 个百分点。分季度看，前三季度火电发电量增速总体呈现逐月下降的趋势，各季度增速分别为 7. 00%、2. 60%、－0. 2%，第四季度火电发电量增速回升至 0. 6%。2012 年全国分月火电发电生产情况见图 5－6。

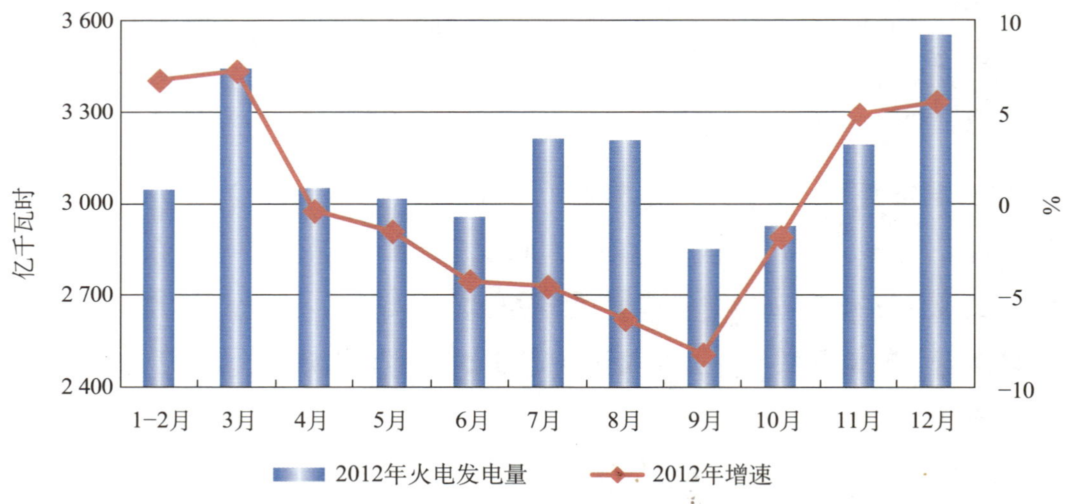

图 5－6　2012 年全国分月火电发电生产情况

注：1—2 月数据为 1—2 月份合计发电量的单月平均数据。

从分省情况看，2012 年，全口径火电发电量超过 2 000 亿千瓦时的省份有江苏（3 943 亿千瓦时）、山东（3 241 亿千瓦时）、内蒙古（3 029 亿千瓦时）、广东

(2 848 亿千瓦时)、河南 (2 465 亿千瓦时)、山西 (2 454 亿千瓦时)、浙江 (2 273 亿千瓦时) 和河北 (2 178 亿千瓦时)，低于 500 亿千瓦时的省份有云南 (480 亿千瓦时)、重庆 (336 亿千瓦时)、北京 (283 亿千瓦时)、海南 (182 亿千瓦时)、青海 (120 亿千瓦时) 和西藏 (5 亿千瓦时)。

2012 年全口径火电发电量增速高于 10% 的省份仅有新疆 (37. 57%)、海南 (15. 30%)，有 18 个省份火电发电量负增长，其中降幅超过 10% 的省份有云南 (−10. 49%)、福建 (−12. 07%)、重庆 (−13. 25%)、湖南 (−14. 97%)。

(二) 发电设备平均利用小时

1. 全国总体情况

2012 年，全国 6 000 千瓦及以上电厂发电设备利用小时 4 579 小时，比上年降低 151 小时。其中，水电 3 591 小时，比上年大幅度提高 572 小时；火电 4 982 小时，比上年降低 323 小时；核电 7 855 小时；风电 1 929 小时。2012 年分类型发电设备累计平均利用小时数变化情况见表 5 – 8。

表 5 – 8　2012 年分类型发电设备累计平均利用小时数变化情况

单位：小时

		2012 年	比上年增加
发电设备累计平均利用小时数		4 579	−151
其中	水电	3 591	572
	火电	4 982	−323
	核电	7 855	96
	风电	1 929	54

根据中电联对主要发电企业火电机组调查统计分析，2012 年各等级火电机组利用率均比上年有所降低。其中，百万千瓦机组 5 400 小时，比上年降低 632 小时；60 万 ~100 万千瓦 (不含 100 万千瓦) 机组 5 122 小时，比上年降低 514 小时；30 万 ~60 万千瓦 (不含 60 万千瓦) 机组 4 525 小时，比上年降低 732 小时；20 万 ~ 30 万千瓦 (不含 30 万千瓦) 机组 4 451 小时，比上年降低 543 小时；10 万 ~20 万千瓦 (不含 20 万千瓦) 机组 4 601 小时，比上年降低 155 小时。0. 6 万 ~10 万千瓦 (不含 10 万千瓦) 机组 4 776 小时，比上年降低 372 小时。2012 年全国主要发电企业火电机组按容量等级发电设备利用小时情况见图 5 – 7。

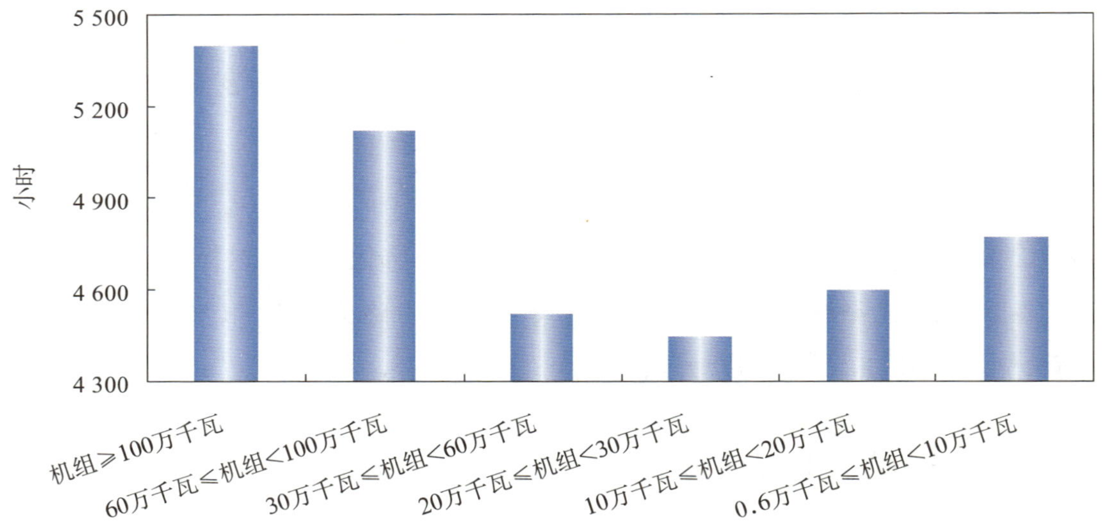

图 5－7　2012 年全国主要发电企业火电机组按容量等级发电设备利用小时情况

2. 分省份情况

分省份来看，2012 年，全国只有 5 个省份的发电设备利用小时比上年有所提高，分别为贵州（提高 438 小时）、青海（提高 354 小时）、海南（提高 199 小时）、陕西（提高 46 小时）、四川（提高 9 小时）。

2012 年发电设备利用小时比上年下降超过 300 小时的省份有福建（－304 小时）、广东（－307 小时）、上海（－360 小时）、湖南（－362 小时）、河南（－457 小时）、宁夏（－725 小时）、西藏（－968 小时）。2012 年全国各省份发电设备利用小时情况见表 5－9。

表 5－9　2012 年全国各省份发电设备利用小时情况

单位：小时

地　区	利用小时数	比上年增加	地　区	利用小时数	比上年增加
全　国	4 579	－151	河　南	4 724	－457
北　京	3 982	－178	湖　北	4 120	－59
天　津	5 265	－260	湖　南	3 814	－362
河　北	5 014	－187	广　东	4 958	－307
山　西	4 790	－280	广　西	3 982	－45
内蒙古	4 389	－18	海　南	4 735	199
辽　宁	4 119	－292	重　庆	4 220	－274
吉　林	3 126	－243	四　川	4 259	9
黑龙江	3 962	－97	贵　州	4 189	438
上　海	4 551	－360	云　南	4 012	－65
江　苏	5 617	－61	西　藏	2 100	－968
浙　江	5 004	－189	陕　西	4 978	46
安　徽	5 299	－161	甘　肃	3 891	－266
福　建	4 258	－304	青　海	4 151	354
江　西	4 319	－185	宁　夏	5 344	－725
山　东	4 749	－70	新　疆	5 145	－53

3. 水电设备利用小时

2012 年，全国 6 000 千瓦及以上水电设备平均利用小时 3 591 小时，比上年提高 571 小时。在水电装机容量较多的省份中，水电设备利用小时均比上年提高。其中，福建、江西、广西提高超过 1 000 小时，湖南、浙江提高超过 900 小时，贵州、青海提高超过 700 小时，湖北及云南提高超过 500 小时。2012 年部分省份水电设备平均利用小时统计见表 5 – 10。

表 5 – 10　2012 年部分省份水电设备平均利用小时

单位：小时

地　区	水电设备利用小时数	比上年增加
全　国	3 591	571
福　建	4 171	1 685
江　西	3 345	1 520
湖　南	3 216	925
青　海	4 191	770
浙　江	2 515	962
广　东	3 989	320
湖　北	3 321	515
广　西	3 077	1 068
贵　州	3 617	819
重　庆	4 923	781
甘　肃	4 352	236
四　川	4 125	312
云　南	3 591	571

4. 火电设备利用小时

2012 年，全国 6 000 千瓦及以上火电设备平均利用小时 4 982 小时，比上年降低 323 小时。全国仅有海南、陕西及内蒙古三省份正增长，分别提高 310 小时、125 小时、27 小时。在各省份中，湖南以 –1 176 小时领降全国，降低 900 小时以上的有广西（–919 小时）、福建（–928 小时）、重庆（–944 小时）；降低 600 小时以上的有广东（–644 小时）、湖北（–687 小时）、青海（–747 小时）及云南（–856 小时）；其余火电大省除山东降低 29 小时、江苏降低 51 小时外，降幅均超过 100 小时。

5. 风电设备利用小时

2012 年，全国 6 000 千瓦及以上风电设备平均利用小时 1 929 小时，比上年提高 54 小时。2012 年底风电装机超过 100 万千瓦的 14 个省份中，风电设备平均利用小时超过 2 000 小时的省份有福建（2 794 小时）、云南（2 760 小时）、新疆（2 584 小时）、河北（2 255 小时）、江苏（2 112 小时）、广东（2 109 小时）、宁夏（2 047 小时）；东北三省利用小时数较上年下降了 170 ~190 小时，山东降低 43 小时。占全国风电装机容量近三成的内蒙古 2012 年利用小时数比上年提高 105 小时。

（三）发电燃料

2012 年，全国煤炭产能继续释放，进口量增加较多，煤炭市场需求下滑，电煤供需总体平衡，价格回落。根据国家统计局统计，2012 年，全国规模以上企业原煤产量 36. 50 亿吨，比上年增加 1. 30 亿吨。根据海关统计，全年累计进口原煤 2. 89 亿吨，净进口 2. 80 亿吨，比上年增加 0. 72 亿吨。考虑国内生产和净进口数量，全年国内原煤供应总量 39. 30 亿吨，比上年增加 2. 42 亿吨。

2012 年，受电力消费需求放缓以及水电多发影响，全国 6 000 千瓦及以上电厂发电消耗原煤 17. 90 亿吨，比上年减少 1. 87%；6 000 千瓦及以上电厂供热消耗原煤 1. 84 亿吨，比上年增长 1. 01%。全年 6 000 千瓦及以上电厂发电生产及供热消耗原煤 19. 74 亿吨，比上年减少 1. 61%。

全国重点电厂耗煤量比上年有所减少。根据中能公司统计，2012 年，全国重点发电企业累计耗煤量 13. 1 亿吨，比上年下降 4. 2%，日均耗煤 357 万吨。分月份看，1 月份受春节因素影响，日均耗煤量 361 万吨，环比明显减少；2 月份日均耗煤量回升到 402 万吨，但 3 月份以后日均耗煤量逐月递减，5、6 月份分别降至 334 万和 332 万吨的相对低位，同比分别减少 6. 4% 和 8. 3%；迎峰度夏期间的 7、8 月份日均耗煤量回升至 356 万和 347 万吨，但已分别同比减少 11. 2% 和 14. 1%；9、10 月份日均耗煤量均仅为 311 万吨，为 2010 年 11 月以来的月度最低水平；11、12 月份，随着水电进入枯水期、电力消费增速回升以及 12 月份多数地区的气温偏低，日均耗煤量分别回升至 371 万和 414 万吨，12 月份的日均耗煤量达到 2012 年月度最高水平，但仍低于上年同期。2012 年全国重点电厂各月耗煤量情况见图 5 – 8。

重点电厂电煤库存总体维持相对高位。第一季度重点电厂电煤库存维持较高水平，全国仅河南、山西、贵州、云南等少数省份在局部时段有少量机组出现缺煤停机，受春节期间日均耗煤量下降影响，1 月份库存可用天数达到 22 天，2、3 月份，随着电力消费需求逐渐回升，重点电厂电煤库存有所回落；第二季度，由于耗煤量

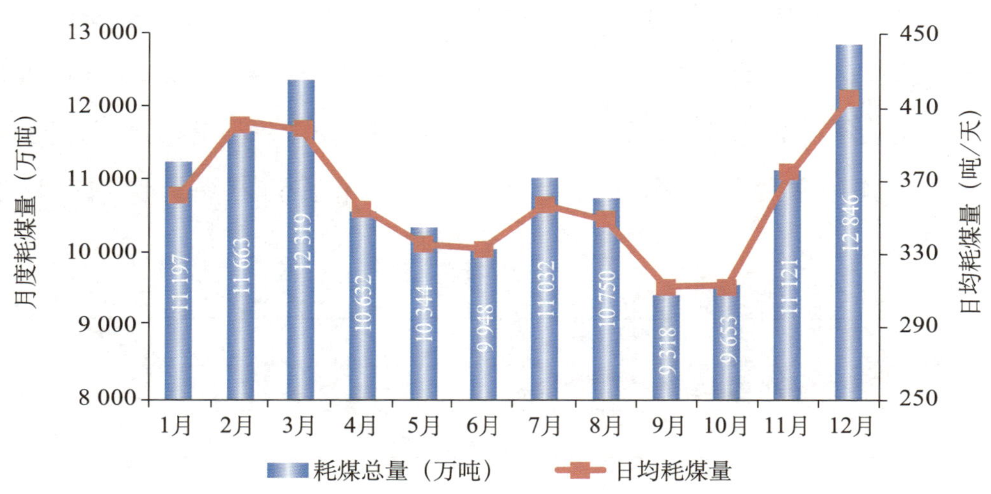

图 5－8　2012 年全国重点电厂各月耗煤量情况统计图

逐月下滑，供煤量大于耗煤量，重点电厂电煤库存逐月递增，截至 6 月底全国重点电厂电煤库存达到 9 125 万吨，可用 27 天；迎峰度夏期间耗煤量有所增加，以及火电企业为了缓解资金压力，加强了电煤去库存，7、8 月份电煤库存有所减少，但 9、10 月份由于电厂耗煤量迅速减少，导致电煤库存回升，9、10 月底全国重点电厂电煤库存可用天数均达到 29 天，为近几年来的高水平；11、12 月份，随着耗煤量的逐渐回升，重点电厂电煤库存持续减少，截至 12 月底，全国重点电厂电煤库存 8 113 万吨，可用 19 天。2012 年分月全国重点电厂电煤库存情况见图 5－9。

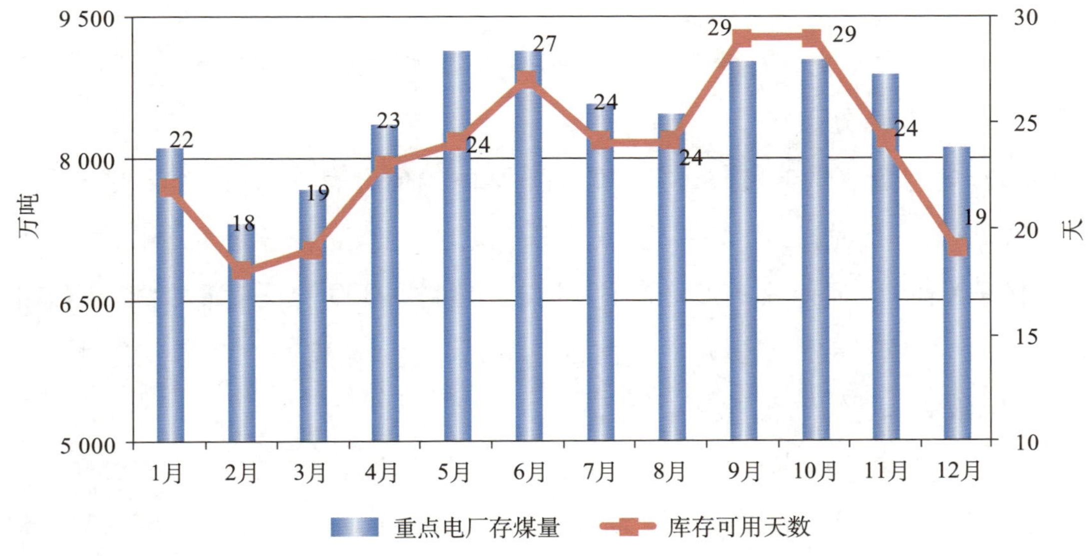

图 5－9　2012 年分月全国重点电厂电煤库存情况

市场电煤价格回落。由于煤炭市场需求下滑而供应量充足，上半年煤炭价格总体处于下行趋势，6、7 月份市场煤价下降较多，如秦皇岛港 5 500 大卡山西优混煤炭平仓价每吨从年初的 800 ~810 元，降至 7 月底的 620 ~630 元，8 月份至年底市场煤炭价格总体平稳。2012 年秦皇岛 5 500 大卡市场动力煤周价格变动情况见图 5 – 10。

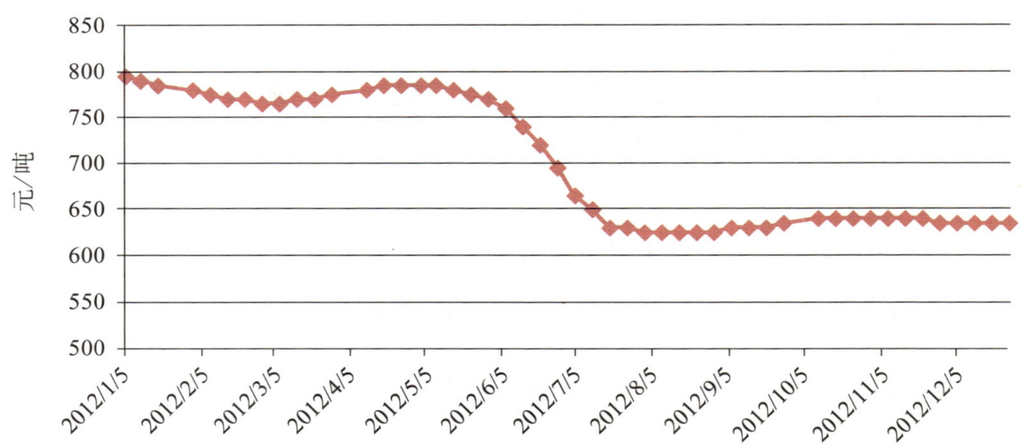

图 5 – 10　2012 年秦皇岛 5 500 大卡市场动力煤周价格变动情况图

三、电力供应

（一）供电情况

2012 年，全国电力企业供电量 44 798 亿千瓦时，比上年增长 4.75%，增速比上年降低 6.73 个百分点。

2012 年电力企业供电量超过 2 000 亿千瓦时的省份有广东（4 413 亿千瓦时）、江苏（4 085 亿千瓦时）、山东（3 504 亿千瓦时）、浙江（2 909 亿千瓦时）、河北（2 810 亿千瓦时）、河南（2 505 亿千瓦时）；超过 1 000 亿千瓦时的省份有四川、辽宁、云南、福建、山西、贵州、内蒙古、湖北、上海、安徽、湖南、广西。其中，江苏首次突破 4 000 亿千瓦时。

2012 年电力企业供电量增速超过全国供电量增速（4.75%）的省份有 15 个，其中增速超过 10% 的省份为新疆（40.73%）、西藏（17.52%）、海南（14.07%）、安徽（12.43%）、贵州（11.73%）。电力企业供电量增速为负的省份为云南（-12.20%）、重庆（-0.45%）、内蒙古（-0.14%）。

（二）跨区送电情况

2012 年，全国跨区送电量完成 2 018 亿千瓦时，比上年增长 20.18%。西北电网区域全年送出电量 465 亿千瓦时，比上年增长 9.09%。其中，西北送山东完成 270 亿千瓦时；西北通过德宝直流送四川 91 亿千瓦时，比上年增长 5.46%；西北通过灵宝变送华中 91 亿千瓦时，增长 25.40%。东北送华北 109 亿千瓦时，增长 8.76%；华东通过龙政直流送华中 14 亿千瓦时，比上年下降 42.54%；华中送出电量为 879 亿千瓦时，比上年增长 37.99%，其中，送华东电量为 537 亿千瓦时，比上年增长 48.17%，送南方电网 262 亿千瓦时，比上年增长 6.04%，送西北 35 亿千瓦时，比上年增长 146.50%，送华北 46 亿千瓦时，比上年增长 231.92%。华北送出电量 273 亿千瓦时，比上年增长 27.89%，其中，送华中 103 亿千瓦时，比上年增长 85.42%，送华东 170 亿千瓦时，比上年增长 7.68%。三峡电厂送出电量 972 亿千瓦时，比上年增长 25.66%。2012 年部分跨区域送电情况见表 5-11。

表 5-11　2012 年部分跨区域送电情况

		送电量（亿千瓦时）	比上年增长（%）
全国合计		2 018	20.18
其中	华北送华东（阳城送江苏）	170	7.68
	华北送华中（特高压）	103	85.42
	东北送华北	109	8.76
	华东送华中	14	-42.54
	华中送华东	537	48.17
	华中送南网	262	6.04
	华中送西北	35	146.50
	华中送华北	46	231.92
	西北送华中	91	25.40
	西北送四川（德宝线）	91	5.46
	西北送山东	270	5.32
	贵州送重庆	30	-9.27
	贵州送湖南	65	21.91

2006—2012 年跨区送电量及增长情况见图 5-11。

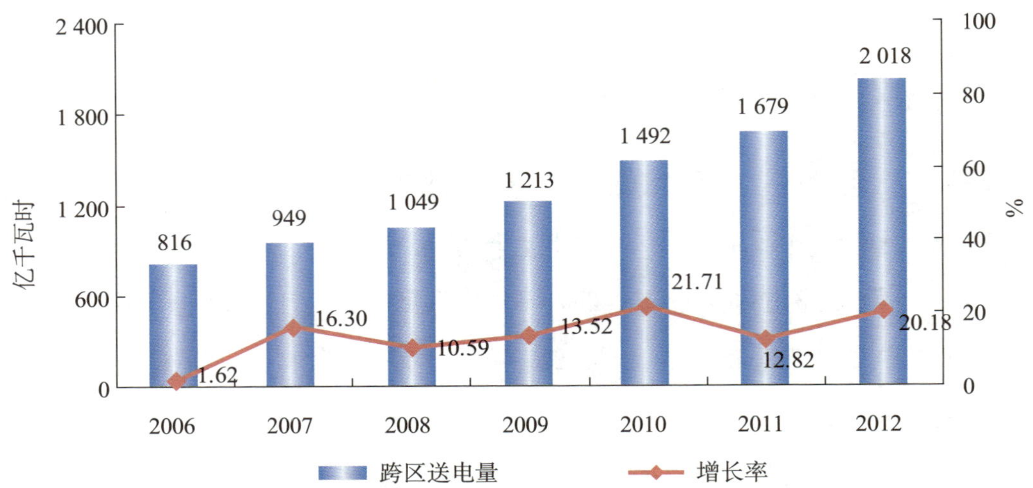

图 5－11　2006—2012 年跨区送电量及增长情况

（三）区域内“西电东送”情况

2012 年，南方电网“西电东送”完成 1 243 亿千瓦时，比上年增长 28.26%。其中，送广东完成 1 127 亿千瓦时，比上年增长 25.63%；送广西完成 116 亿千瓦时，比上年增长 61.20%。

2012 年，京津唐电网累计受入电量 369 亿千瓦时，比上年增长 1.92%。京津唐电网分别向河北、山东电网输出电量 22 亿千瓦时和 222 亿千瓦时，分别增长 59.24% 和 1.10%。

（四）跨省份电量输出情况

2012 年，全国跨省份输出电量 7 170 亿千瓦时，比上年增长 14.58%。送出电量超过 100 亿千瓦时的省份有 17 个，其中，内蒙古送出 1 337 亿千瓦时，比上年增长 4.77%；湖北送出 913 亿千瓦时，比上年增长 17.08%；山西送出 800 亿千瓦时，比上年增长 15.18%；贵州送出 564 亿千瓦时，比上年增长 56.88%；安徽送出 454 亿千瓦时，比上年增长 4.28%；云南送出 452 亿千瓦时，比上年增长 20.01%；四川送出 394 亿千瓦时，比上年增长 93.99%；宁夏送出 349 亿千瓦时，比上年增长 5.20%。送出电量合计规模超过 100 亿千瓦时的省份情况见图 5－12。

2012 年省份间（省份与区域间）送出电量超过 100 亿千瓦时的情况见表 5－12。

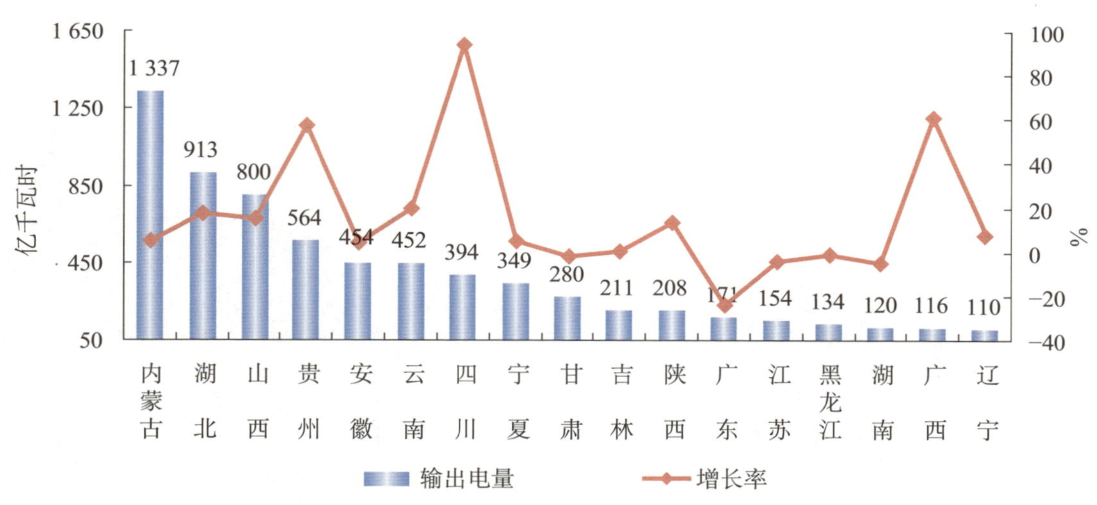

图 5－12　2012 年送出电量超过 100 亿千瓦时的省份情况

表 5－12　2012 年省份间（省份与区域间）送出电量超过 100 亿千瓦时的情况

输出地区	输入地区	送出电量（亿千瓦时）	比上年增长（%）
内蒙古	华　北	897	8. 32
贵　州	广　东	436	63. 47
内蒙古	东　北	428	−0. 98
云　南	广　东	419	29. 58
山　西	河　北	308	24. 70
湖　北	上　海	249	16. 43
安　徽	浙　江	232	9. 06
安　徽	江　苏	222	−0. 28
吉　林	辽　宁	206	−0. 95
山　西	江　苏	170	7. 68
四　川	重　庆	168	28. 76
山　西	北　京	158	−13. 84
湖　北	广　东	156	10. 85
湖　北	湖　南	152	7. 44
黑龙江	吉　林	130	−1. 23
广　东	香　港	118	4. 42
甘　肃	陕　西	112	−2. 60
湖　南	广　东	106	0. 13
山　西	特高压送出	103	92. 83

2012 年送出电量超过 100 亿千瓦时的省份送出电量占本省发电量比例情况见图 5－13。其中，湖北依托三峡电站，送出比例为各省份中最高，达 40. 7%；吉林

是区域电网电量调剂的支撑点，送出比例也比较高，达29.5%。

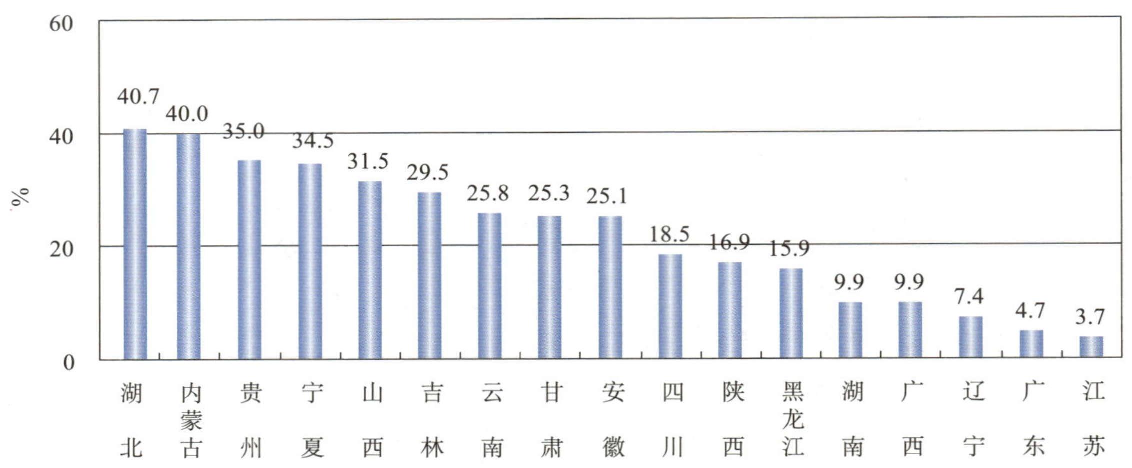

图5－13　2012年送出电量超过100亿千瓦时的省份送出电量占本省发电量比例情况

（五）境内外电力交换

2012年，全国电力进出口电量合计247亿千瓦时，比上年下降4.20%。其中，全年进口电量64亿千瓦时，比上年下降3.50%，广东购香港电量18亿千瓦时，比上年下降37.86%；云南购缅甸电量19亿千瓦时，比上年下降20.10%；黑龙江购俄罗斯电量完成26亿千瓦时，比上年增长111.03%。全年出口电量183亿千瓦时，比上年下降4.44%。其中，云南向越南送电完成24亿千瓦时，比上年下降45.31%；广东送香港、广东送澳门电量分别完成113亿千瓦时和39亿千瓦时，分别比上年增长0.07%和21.82%。

四、售电情况

2012年，全国各省份电网企业累计完成售电量41 781亿千瓦时，比上年增长4.50%，增速比全国电力企业供电量增速低0.25个百分点，比上年电力企业售电量增速降低8.12个百分点。售电量超过1 000亿千瓦时的省份共有18个，比上年增加2个。其中，广东售电量4 152亿千瓦时，江苏售电量3 799亿千瓦时，山东售电量3 287亿千瓦时，安徽、广西售电量首次超过1 000亿千瓦时。这18个省份合计售电量占全国合计售电量的81.86%。2012年售电量超过1 000亿千瓦时的省份售电量情况见表5－13。

表 5－13 2012 年全国售电量超过 1 000 亿千瓦时省份售电量情况

地 区	售电量（亿千瓦时）	比上年增长（%）
广 东	4 152	2. 40
江 苏	3 799	8. 25
山 东	3 287	5. 34
浙 江	2 788	2. 94
河 北	2 620	2. 11
河 南	2 376	2. 34
辽 宁	1 548	2. 29
四 川	1 535	3. 33
云 南	1 469	-11. 50
福 建	1 350	2. 74
山 西	1 347	6. 48
贵 州	1 279	12. 00
内蒙古	1 251	0. 40
湖 北	1 182	5. 16
上 海	1 096	1. 08
安 徽	1 068	12. 68
湖 南	1 041	1. 31
广 西	1 017	8. 99

2012 年，售电量增速增长超过全国水平（4. 50%）的省份有 16 个，其中增速超过 10% 的省份为新疆（40. 80%）、西藏（16. 55%）、海南（14. 48%）、安徽（12. 68%）、贵州（12. 00%）。售电量增速为负的省份为云南（－11. 50%）和重庆（－0. 77%）。

五、供电服务

2012 年，电网企业以提高客户满意度为最终目标，进一步提升服务意识，全面履行社会责任，全力推进普遍服务，大力开展优质服务和延伸服务，积极开展服务提升专项活动，加强农村供电服务，为促进经济社会持续、健康发展作出了新的努力。

国家电网公司建设“平台统一、数据集中、技术先进、安全可靠”的国家电网 95598 统一客户服务平台，整合数据资源，实现客户请求统一接入、集中处理，全方位支撑 95598 传统业务和电动汽车、节能服务、电子商务等新型业务运营与发展，持续提升 95598 客户服务能力和运营水平。积极落实中央关于加快农村发展的工作

部署，始终将农村电网改造升级和解决无电地区用电问题作为工作要务，大力推进西藏无电地区电力建设工程，努力解决新疆、四川、青海等地区新增无电户的用电问题。全年共投入资金 29.4 亿元，使 11.5 万户无电户、49.4 万人口告别煤油灯进入电气化时代。其中，在西藏地区解决无电户通电问题 23 000 户，又有 5 个县接入国家电网，累计接入国家电网的县达到 37 个，为无电地区经济社会发展和社会主义新农村建设创造了条件。

南方电网公司深化以客户为中心的电力核心价值观，提高精细化和人性化服务水平。以第三方满意度测评为契机，建立全方位服务机制，2012 年，全网第三方客户满意度总分为 77 分，比上年提高 2 分。强化客户停电基础管理工作，编制《客户停电管理考核办法》和《推进县级供电企业开展客户停电管理工作方案》，优化客户停电时间管理，缩短停电时间。制定《关于加强业扩配套项目管理的指导意见》，加强业扩标准化管理，规范电力市场。整合五省份资源，推进客户服务一体化工作，共形成业扩、抄核收、客户服务和客户停电管理一体化制度 30 项、流程 77 项、作业指导书 35 种、作业表单 85 种。稳妥推进用户资产接收工作，延伸优质服务，广州、中山、柳州、昆明、遵义、海口等供电局紧密围绕文化诊断和服务专项建设，先后开展了服务文化诊断访谈 60 余次，对近 500 名员工进行问卷调查；举办服务文化建设骨干培训班 16 期，共有 840 名营销服务人员参加培训。认真贯彻国家电监会关于“提高居民用电服务质量专项行动”的有关要求，深入开展为民服务创先争优活动，共有 49 个地市供电局、341 个县局同步启动为民服务创先争优社会活动日活动，共成立为民服务队 3 168 支。深入群众了解需求，切实解决广大用户生活、生产中的实际用电问题。以窗口服务优质到位、业务流程高效到位、故障抢修快捷到位、缴费方式方便到位“四到位”促进客户满意度提升。发布为民服务十项承诺，对保障性住房用电工程开展专项工作，设立绿色通道，最大限度缩短工程建设和客户用电办理时间。全面提升农村供电服务，支持农村经济社会发展。2012 年，解决了 8.18 万户、36 万人无电人口的用电问题，提前实现南方电网供电区域内全面实现电网覆盖范围内“户户通电”的目标。着力提升农村供电能力和供电质量，完成农网建设与改造投资 242 亿元，农村供电可靠率达到 99.62%，农村居民端电压合格率达到 94.48%，农电企业综合线损率全部降到 12% 以下。农村供电服务水平显著提高，农村供电服务营业窗口覆盖 80% 以上的乡镇和 1/3 以上的行政村，农村供电服务承诺兑现率达到 100%，“95598”服务热线全面覆盖农村地区。

陕西省地方电力（集团）公司秉承“以服务为第一产品”的理念，致力提高供电服务水平。细分客户群体，实施差异化服务，满足客户个性化需求。开展了居民用电服务质量大提升专项行动，制订专项行动实施方案，组织召开全系统视频启动会和专项行动座谈会，制定验收标准和考核细则，组织对各基层单位进行抽查和指导，在解决低电压难题、方便客户缴费等工作方面成效显著。开展以“用心服务，让行动比口号更精彩”为主题的第七个供电服务宣传月活动。发布《2011 年供电服务报告》，公布了 2011 年度客户平均停电次数、停电时间，下达了 2012 年客户平均停电次数、停电时间控制指标。供电所、计量所、呼叫中心全部实现规范化、标准化建设，并新建示范化供电所 16 家、示范化计量所 8 家、示范化呼叫中心 2 家。9—10 月开展了为期一个月的重大客户供电服务暗访，征求大客户对集团公司大客户供电服务、供电质量、供电行为三个方面的意见和建议。聘请社会行风监督员，定期开展行风评议，客户满意度不断提升。

第六章 电力安全生产和可靠性

一、电力安全生产

2012 年，电力行业各单位认真贯彻落实党中央、国务院关于加强安全生产工作的总体部署，扎实开展电力行业“安全生产年”活动，全面加强安全生产和监督管理工作，在全国电力建设依然保持较大规模、电力系统结构更加复杂、电网控制难度日益增大、自然灾害频发多发的情况下，保持了全国电力安全生产形势总体稳定。

2012 年，全国没有发生重大以上电力人身伤亡责任事故，没有发生重大以上电力安全事故，没有发生较大以上电力设备事故，没有发生电力系统水电站大坝垮坝、漫坝以及对社会造成重大影响的事故。

（一）事故基本情况

2012 年，全国发生电力人身伤亡责任事故 49 起，死亡 86 人，与上年相比，事故起数增加 5 起，死亡人数增加 18 人。其中，电力生产人身伤亡事故 33 起，死亡 39 人，与上年相比，事故起数增加 3 起，死亡人数增加 1 人；电力建设人身伤亡事故 16 起，死亡 47 人，与上年相比，事故起数增加 2 起，死亡人数增加 17 人。2012 年，全国发生较大以上电力人身伤亡事故 10 起，死亡 42 人，与上年相比，事故起数增加 5 起，死亡人数增加 20 人。

2012 年，自然灾害引发电力人身伤亡事故 5 起，死亡（失踪）65 人，与上年相比，事故起数增加 4 起，死亡（失踪）人数增加 50 人。发生境外较大以上人身伤亡事故 1 起，死亡 6 人。

2012 年，发生电力安全事故 1 起、自然灾害导致的电力安全事故 1 起，两起事故均为较大电力安全事故；发生直接经济损失 100 万元以上的一般设备事故 6 起；发生电力安全事件 33 起。

2012 年全国电力行业发生的事故简况见附件 30。

（二）事故分析

2012 年电力事故和电力安全事件有以下特点：

（1）电力人身伤亡责任事故起数和死亡人数均比上年增加。电力人身伤亡责任事故起数和死亡人数比上年分别上升 11% 和 26%，其中，电力生产人身伤亡责任事故起数和死亡人数同比分别上升 10% 和 3%，电力建设人身伤亡责任事故起数和死亡人数同比分别上升 14% 和 57%。

（2）因高处坠落、触电、坍塌导致的人身伤亡事故多发，事故起数分别占人身伤亡事故总起数的 24%、24%、22%，死亡人数分别占人身伤亡事故死亡总人数的 21%、17%、34%。

（3）设备制造质量和施工安装质量问题是引发设备事故的主要原因。直接经济损失在 100 万元以上的 6 起一般设备事故中，有 4 起是由于制造和施工安装质量不良造成的，占设备事故总数的 67%。

（4）造成影响居民供电供热的事故事件时有发生。全年发生构成电力安全事件的停电事件 12 起，影响用户 47.4 万户；发生影响居民供热的电力安全事故 1 起，影响用户 7 万户。

事故给人民生命和国家财产造成了重大的损失，并产生一定社会影响。事故反映出事故单位在安全生产责任落实、生产现场管理、安全费用投入、安全培训等方面存在着薄弱环节和突出问题。

二、电力可靠性

2012 年，全国发电设备、输变电设施、直流输电系统、城市和农村用户供电的可靠性运行水平稳步提高。

（一）发电机组运行可靠性

1. 2012 年参与可靠性指标统计评价的发电机组装机容量构成

2012 年纳入可靠性统计的发电机组（火电 10 万千瓦及以上、水电 4 万千瓦及以上和核电机组）共计 2 434 台，装机容量之和为 77 132.38 万千瓦，分别比上年增加271台和9 546.43万千瓦。其中，火电机组1 690台（含84台燃气轮机组），装机容量之和为62 104.60万千瓦，占总装机容量的80.52%；水电机组729台，装机容量之和为13 782.76万千瓦，占总装机容量的17.87%；核电机组15台，装机容量之和为1 245.02万千瓦，占总装机容量的1.61%。

2. 火电机组运行可靠性指标

2012年纳入可靠性统计的10万千瓦及以上燃煤发电机组共计1 606台，比上年增加172台；运行系数为79.89%，比上年下降3.36个百分点；等效可用系数为92.93%，比上年上升0.13个百分点；等效强迫停运率为0.55%，与上一年持平；非计划停运次数每台年为0.6次，比上年减少0.11次。

2012年纳入可靠性统计的10万千瓦及以上各容量常规火电机组主要运行可靠性指标见表6－1。

表6－1　2012年纳入可靠性统计的10万千瓦及以上各容量常规火电机组主要运行可靠性指标

机组容量分类（万千瓦）	统计台数（台）	运行系数（%）	等效可用系数（%）	等效强迫停运率（%）	非计划停运次数（次/台年）
10～19.9	227	76.03	93.77	0.55	0.50
20～29.9	201	71.33	93.90	0.45	0.48
30～39.9	725	78.69	93.06	0.52	0.53
50	8	83.98	93.14	0.11	0.87
60～69.9	392	81.88	92.79	0.65	0.80
70	8	84.00	93.66	0.79	0.88
80	2	59.27	94.67	0.06	0.50
90	2	81.89	88.75	0.03	0.50
100	41	86.06	91.44	0.23	0.80
全部	1 606	79.89	92.93	0.55	0.60

3. 水电机组运行可靠性指标

2012年纳入可靠性统计的4万千瓦及以上水电机组共计718台，比上年增加77台；运行系数为50.71%，比上年上升5.82个百分点；等效可用系数为92.47%，比上年上升0.25个百分点；等效强迫停运率为0.07%，比上年减少0.11个百分点；非计划停运次数每台年为0.34次，比上年减少0.11次。

2012年纳入可靠性统计的4万千瓦及以上各容量等级水电机组主要运行可靠性指标见表6－2。

表6－2 2012年纳入可靠性统计的4万千瓦及以上各容量水电机组主要运行可靠性指标

指标分类	统计台数（台）	运行系数（%）	等效可用系数（%）	等效强迫停运率（%）	非计划停运次数（次/台年）
水电轴流机组	136	61.29	92.18	0.05	0.26
4万~9.9万千瓦	65	53.46	92.57	0.09	0.43
10万~19.9万千瓦	63	65.92	91.94	0.01	0.08
20万~29.9万千瓦	7	68.27	91.55	0.00	0.28
30万千瓦及以上	1	36.79	94.16	0.71	1.00
水电混流机组	510	55.24	92.93	0.05	0.12
4万~9.9万千瓦	220	54.80	92.77	0.00	0.06
10万~19.9万千瓦	104	48.86	91.68	0.01	0.15
20万~29.9万千瓦	64	52.98	94.18	0.21	0.17
30万千瓦及以上	122	57.31	92.95	0.03	0.15
抽水蓄能机组	72	16.15	90.01	0.62	2.04
4万~9.9万千瓦	7	22.42	91.04	2.15	1.00
10万~19.9万千瓦	6	18.95	93.79	0.00	0.00
20万~29.9万千瓦	17	13.01	92.67	0.03	0.23
30万千瓦及以上	42	16.73	88.85	0.74	3.23
全部	718	50.71	92.47	0.07	0.34

（二）火电机组主要辅助设备运行可靠性

2012年纳入可靠性统计的20万千瓦及以上容量的火电机组共有1 379台，机组五种主要辅助设备磨煤机、给水泵组、送风机、引风机、高压加热器（以下顺序同此）的台数分别为5 014、2 934、2 104、2 112、3 150台，比2011年分别增加191、64、71、55、108台。2012年纳入可靠性统计的20万千瓦及以上容量火电机组五种辅助设备的主要可靠性指标见表6－3。

表6－3 2012年纳入可靠性统计的20万千瓦及以上容量火电机组五种辅助设备的主要可靠性指标

辅助设备分类	运行系数 SF（%）	可用系数 AF（%）	非计划停运率 UOR（%）	非计划停运小时（小时/台年）	计划停运小时（小时/台年）
磨煤机	64.89	93.95	0.23	13.36	516.43
给水泵组	52.82	94.96	0.15	6.80	435.12
送风机	79.03	94.78	0.01	0.70	456.42
引风机	78.91	94.86	0.03	2.22	447.72
高压加热器	78.56	94.88	0.11	7.81	440.76

（三）输变电设施运行可靠性

2012 年全国 220 千伏及以上电压等级架空线路、变压器、断路器等 13 类输变电设施的可靠性指标均维持在较高水平。截至 2012 年底，纳入可靠性统计的 220 千伏及以上电压等级架空线路总里程达到 510 726 千米，变压器、断路器总数量分别达到 11 779 台和 37 534 台。架空线路、变压器、断路器三类主要设施的可用系数分别为 99.813%、99.853%、99.965%，较 2011 年分别提高 0.114、0.066 和 0.024 个百分点。2012 年纳入可靠性统计的 220 千伏及以上电压等级架空线路、变压器、断路器主要运行可靠性指标见表 6－4，纳入可靠性统计的 220 千伏及以上电压等级 13 类输变电设施主要运行可靠性指标完成情况见表 6－5。

表 6－4　2012 年纳入可靠性统计的 220 千伏及以上电压等级架空线路、变压器、断路器主要运行可靠性指标

设施类型	电压等级（千伏）	统计数量 *1	强迫停运率 *2	可用系数（%）	非计划停运次数（次）	非计划停运时间 *3	计划停运次数（次）	计划停运时间 *3
架空线路	220	3 003.618	0.048	99.979	187	0.11	748	1.71
	330	229.971	0.052	99.964	21	0.08	59	3.10
	500	1 565.165	0.081	99.549	135	12.02	330	27.46
	660	16.466	0.000	97.717	0	0.00	2	199.99
	750	97.767	0.000	99.944	0	0.00	19	4.93
	800	68.338	0.044	98.372	3	7.75	13	134.84
	1 000	6.410	0.156	99.455	1	0.77	2	46.94
变压器	220	82.341	0.097	99.877	12	0.15	823	10.58
	330	3.111	0.643	99.951	3	0.04	23	4.25
	500	30.431	0.132	99.779	12	0.22	435	19.14
	660	0.060	0.000	100.000	0	0.00	0	0.00
	750	1.309	0.764	99.874	3	3.94	15	7.13
	800	0.050	0.000	100.000	0	0.00	0	0.00
	1 000	0.140	0.000	99.194	0	0.00	9	70.57
断路器	220	295.586	0.037	99.973	28	0.02	2 055	2.37
	330	14.224	0.141	99.988	5	0.40	89	0.67
	500	60.893	0.334	99.918	39	0.11	830	7.05
	750	1.706	1.172	99.977	2	0.16	23	1.82
	1 000	0.040	0.000	99.862	0	0.00	3	12.09

注：*1 架空线路、电缆线路单位为百千米年，其他设备单位为百台（段）年。
*2 架空线路、电缆线路单位为次/(百千米·年)，其他设备单位为次/〔百台（段）·年〕。
*3 架空线路、电缆线路单位为小时/(百千米·年)，其他设备单位为小时/〔台（段）·年〕。

表6－5　2012年纳入可靠性统计的220千伏及以上电压等级13类输变电设施主要运行可靠性指标

类　别	可用系数（%）	强迫停运率	非计划停运时间	计划停运时间
架空线路	99. 813	0. 057	3. 95	12. 45
变压器	99. 853	0. 128	0. 21	12. 65
电抗器	99. 821	0. 205	0. 24	15. 42
断路器	99. 965	0. 092	0. 05	3. 03
电流互感器	99. 973	0. 012	0. 01	2. 37
电压互感器	99. 969	0. 033	0. 09	2. 60
隔离开关	99. 983	0. 010	0. 01	1. 48
避雷器	99. 972	0. 006	0	2. 42
耦合电容器	99. 978	0	0	1. 91
阻波器	99. 982	0	0	1. 59
电缆线路	99. 990	0	0	0. 91
组合电器	99. 994	0. 015	0. 02	0. 49
母线	99. 974	0. 020	0. 01	2. 23

注：强迫停运率单位：架空线路、电缆线路为次/（百千米·年），其他设备为次/〔百台（段）·年〕；非停、计停时间单位：架空线路、电缆线路为小时/（百千米·年），其他设备为小时/〔台（段）·年〕。

（四）直流输电系统运行可靠性

2012年，全国全年在运的15个直流输电系统全部纳入可靠性统计，合计能量可用率、能量利用率分别为95. 581%、47. 87%，较上年全年在运的13个系统合计值分别提高0. 504个百分点、9. 92个百分点；强迫能量不可用率为0. 174%，较上年全年在运的13个系统合计值下降0. 012个百分点。2012年，全国直流输电系统总计强迫停运18次，其中包括单极强迫停运16次、复奉直流阀组强迫停运2次。灵宝、高岭两家背靠背换流站和宜华直流输电系统全年未发生强迫停运。2012年纳入可靠性统计的直流输电系统可靠性指标见表6－6。

表6－6　2012年纳入可靠性统计的直流输电系统可靠性指标

直流输电系统	能量可用率（%）	能量利用率（%）	强迫能量不可用率（%）	强迫停运次数（次）
葛　南	93. 639	53. 99	1. 323	1
天　广	97. 084	54. 24	0. 009	2
龙　政	97. 482	37. 45	0. 069	2
高　肇	99. 315	39. 81	0. 002	1
江　城	96. 542	59. 23	0. 005	1
宜　华	96. 025	46. 77	0. 000	0
兴　安	96. 494	49. 34	0. 012	2
德　宝	96. 771	47. 77	0. 169	1

续表

直流输电系统	能量可用率（%）	能量利用率（%）	强迫能量不可用率（%）	强迫停运次数（次）
伊　穆	93.904	54.32	1.216	1
银　东	97.113	79.87	0.015	1
林　枫	94.224	26.63	0.372	1
楚　穗	96.256	48.14	0.089	2
复　奉	91.063	21.47	0.038	3
灵　宝	98.016	90.97	0.000	0
高　岭	94.222	73.34	0.000	0
全国合计	95.581	47.87	0.174	18

（五）用户供电可靠性

2012 年全国共 405 个地市级供电企业及所辖 2 240 个县级供电企业开展了用户供电可靠性统计。2012 年全国城市 10（6、20）千伏供电系统总用户数达到 1 774 324 户，线路总长度为 699 406 千米，城市电缆化率为 44.98%，架空线路绝缘化率为 50.01%，配电变压器总台数为 2 060 215 台，配电变压器总容量 969 609 957 千伏安，平均供电可靠率为 99.949%，比 2011 年提高了 0.029 个百分点。用户年平均停电时间 4.53 小时，比上年减少 2.48 小时。

2012 年全国农村 10（6、20）千伏供电系统总用户数达到 5 595 001 户，线路总长度为 3 745 284 千米，绝缘化率为 16.66%，配电变压器总台数为 6 068 935 台，配电变压器总容量 1 215 914 857 千伏安，全国农村用户供电可靠率为 99.839%，比 2011 年提高了 0.049 个百分点。用户年平均停电时间 14.17 小时，比上年减少 4.26 小时。

2012 年各区域电网城市、农村 10（6、20）千伏供电系统用户供电可靠性指标见表 6－7。2012 年各省份电力公司城市、农村用户供电可靠性指标见附件 31。

表 6－7　2012 年各区域电网城市、农村 10（6、20）千伏供电系统用户供电可靠性指标

区　域		用户供电可靠率（%）		用户平均停电时间（小时/户）	
		城市	农村	城市	农村
国家电网	华北电网	99.966	99.895	3.00	9.17
	东北电网	99.936	99.804	5.61	17.11
	华东电网	99.973	99.889	2.38	9.73
	华中电网	99.946	99.854	4.71	12.72
	西北电网	99.921	99.803	6.94	17.26
南方电网		99.921	99.703	6.98	25.74

注：“城市”统计范围为市中心＋市区＋城镇；“农村”统计范围为城镇＋农村。

第七章

电力消费

一、电力供需形势

2012 年，由于电力消费需求增长放缓，且迎峰度夏期间大范围降雨偏多、大部份地区没有出现持续高温天气，导致空调负荷没有完全释放；同时，电力装机稳步增长、来水较好水电多发、电煤供应保障较好等，全国电力供需总体平衡，其中，华北、华东、华中区域电力供需平衡，东北和西北区域电力供应能力富余，南方区域电力供需前紧后松、总体平衡。

2012 年，分区域来看，华北区域电力供需基本平衡，蒙西电网电力供应有一定富余，11、12 月份，由于气温偏低、供暖负荷增加，北京、河北南网电力供需偏紧。东北区域电力供应富余较多，机组开机运行不足问题较为突出。华东区域由于水电增发、外来电增加以及空调制冷用电负荷增长放缓，电力供需基本平衡，供需形势比上年明显缓和。华中区域由于水电增发、电煤供应保障较好，区域电力供需平衡略有盈余，重庆第一季度电力供需偏紧，河南迎峰度夏期间电力供需偏紧。西北区域电力供应平衡有余，青海电网电力供需平衡、水电外送电量增加较多，西藏电网电力供应较为紧张。南方区域电力供需前紧后松、总体平衡，前四个月因来水偏枯导致水电出力下降等因素，电力供应有一定缺口，最大错峰负荷 653 万千瓦，累计错峰电量 36 亿千瓦时，5 月份以后电力供需总体平衡，云南丰水期电力供应能力富余较多。

二、电力消费

2012 年，全国电力消费需求增长放缓，全国全社会用电量增速较上年回落，第一产业、第二产业、第三产业用电量增速较上年都有回落，城乡居民生活用电量增速较上年略有提高，轻工业用电量增速（除 1－2、12 月份外）总体高于重工业增速。

（一）用电规模

2012 年，全国全社会用电量 49 657 亿千瓦时，比上年增长 5.6%，增速较 2011 年回落 6.37 个百分点。2006—2012 年全社会用电量及其增速情况见图 7－1。

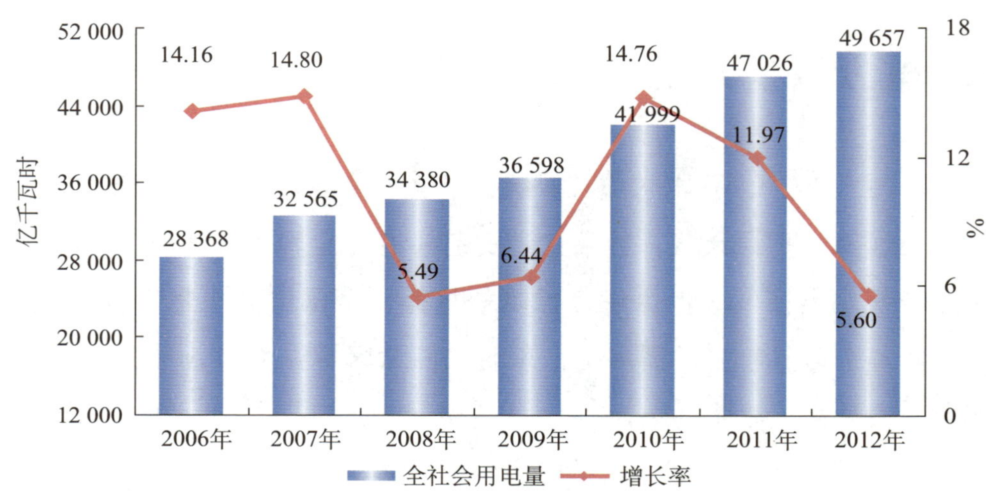

图 7－1　2006—2011 年全社会用电量及其增速情况

分季度看，各季度全国全社会用电量同比分别增长 6.80%、4.32%、3.60% 和 7.90%。分月看，各月用电量规模基本稳定在 3 800 亿 ~4 000 亿千瓦时之间（迎峰度夏期间的 7、8 月份接近 4 550 亿千瓦时），2012 年 1 月份增速为 −5.82%，2 月份增速最高 22.90%，其他月份用电量增速都是个位数。2011—2012 年分月全社会用电量及其增速情况见图 7－2。

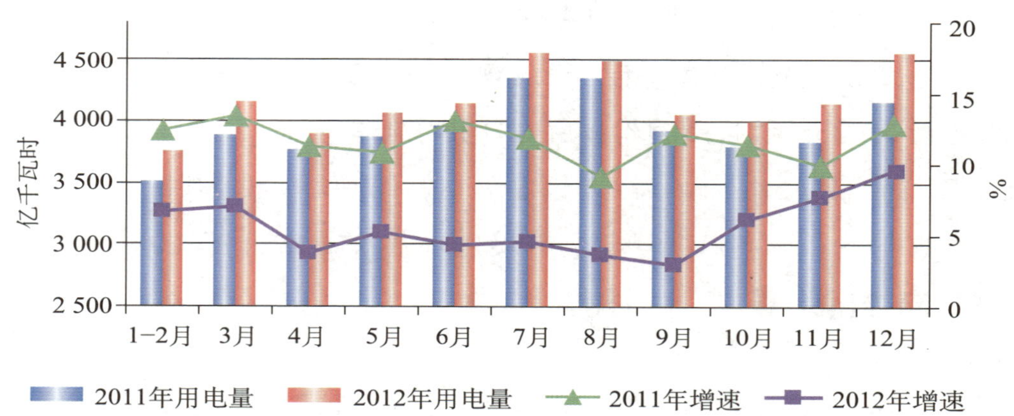

图 7－2　2011—2012 年分月全社会用电量及其增速情况

注：本报告出现在图中 1—2 月用电量显示的是 1—2 月合计用电量的平均值；1—2 月增速显示的是 1—2 月合计用电量增速，下同。

（二）用电结构

2012 年，迎峰度夏和迎峰度冬期间全国大部分地区未出现极端恶劣天气，用电最高负荷增长较低，居民用电较上年略有提高，城乡居民生活用电量和第一产业用电量占全社会用电量的比重分别比 2011 年提高 0. 59 和降低 0. 13 个百分点。而第二产业用电量所占比重为 73. 97%，比上年降低 1. 07 个百分点。2012 年全国电力消费结构见图 7－3。

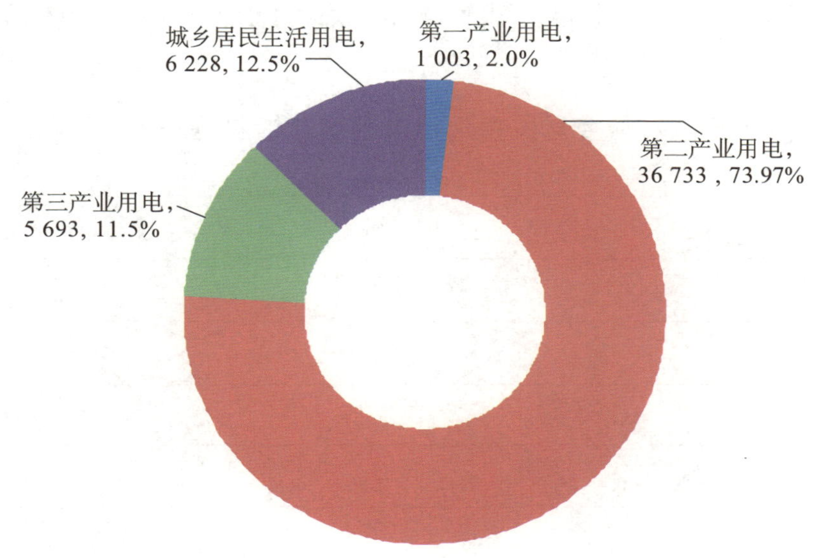

图 7－3　2012 年全国电力消费结构（亿千瓦时）

1. 各产业及居民用电

2012 年，第一产业用电量 1 003 亿千瓦时，比上年下降 1. 12%。分季度看，第一、第二、第四季度分别下降 2. 95%、1. 33%、4. 19%，第三季度增长 2. 23%。

2012 年，第二产业用电量 36 733 亿千瓦时，比上年增长 4. 11%，低于全社会用电量增速 1. 49 个百分点；对全社会用电量增长的贡献率为 55. 09%，比 2011 年降低 21. 23 个百分点，但仍是带动全社会用电量快速增长的最大动力。分季度看，各季度分别增长 4. 51%、2. 91%、1. 61% 和 7. 53%。

2012 年，第三产业用电量 5 693 亿千瓦时，比上年增长 11. 52%，高于全社会用电量增速 5. 92 个百分点；对全社会用电量增长的贡献率为 22. 32%，比上年提高 9. 83 个百分点，反映出第三产业有较强的增长活力。其中，交通运输、仓储和邮政业增长 7. 75%，信息传输、计算机服务和软件业增长 14. 17%，商业、住宿和餐饮业增长 12.62%，金融、房地产、商务服务业增长 11.23%。分季度看，各季度分别增长 12.95%、11.28%、9.94% 和 12.18%。

2012 年，全国城乡居民生活用电量 6 228 亿千瓦时，比上年增长 10.79%，高全社会用电量增速 5.19 个百分点；对全社会用电量增长的贡献率为 23.02%，比上年提高 12.55 个百分点。分季度看，各季度城乡居民生活用电量分别增长 15.49%、9.32%、9.67% 和 8.36%。2012 年，城镇和乡村居民生活用电量分别比上年增长 11.25% 和 10.18%，城镇居民生活用电量增速比乡村居民生活用电量增速高 1.07 个百分点，城镇居民生活用电量占城乡居民生活用电量的比重为 57.20%，比上年提高 0.23 个百分点。

2012 年分月各产业和城乡居民生活用电量增速情况见图 7－4。

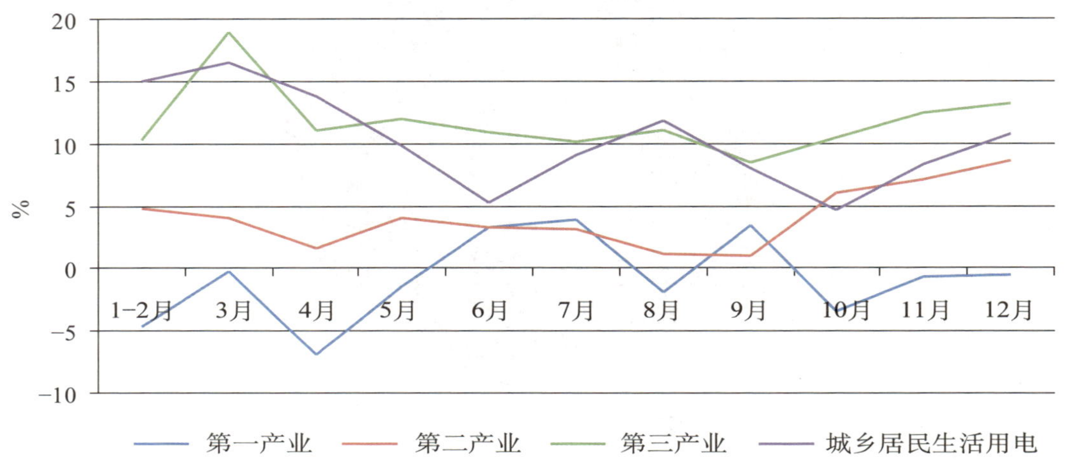

图 7－4　2012 年分月各产业及城乡居民生活用电量增速情况

2012 年各产业和城乡居民生活用电量增长情况见表 7－1。

表 7－1　2012 年各产业和城乡居民生活用电量增长情况

	用电量（亿千瓦时）	增长率		比　重		增长贡献率	
		2012 年（%）	比上年提高（百分点）	2012 年（%）	比上年提高（百分点）	2012 年（%）	比上年提高（百分点）
全社会	49 657	5.60	回落 6.37	100.00	—		
第一产业	1 003	−1.12	回落 4.85	2.02	降低 0.13	−0.43	降低 1.15
第二产业	36 733	4.11	回落 8.09	73.97	降低 1.07	55.09	降低 21.23
第三产业	5 693	11.52	回落 2.51	11.46	提高 0.61	22.32	提高 9.83
城乡居民生活	6 228	10.79	提高 0.46	12.54	提高 0.59	23.02	提高 12.55

2. 工业及重点行业用电

2012 年，全国工业用电量 36 122 亿千瓦时，比上年增长 4. 07%，略低于全社会用电量增速；占全社会用电量的比重为 72. 74%，比上年降低 1. 08 个百分点；对全社会用电量增长的贡献率为 53. 58%，比上年降低 20. 98 个百分点。2011—2012 年分月工业用电量及其增速情况见图 7 – 5。

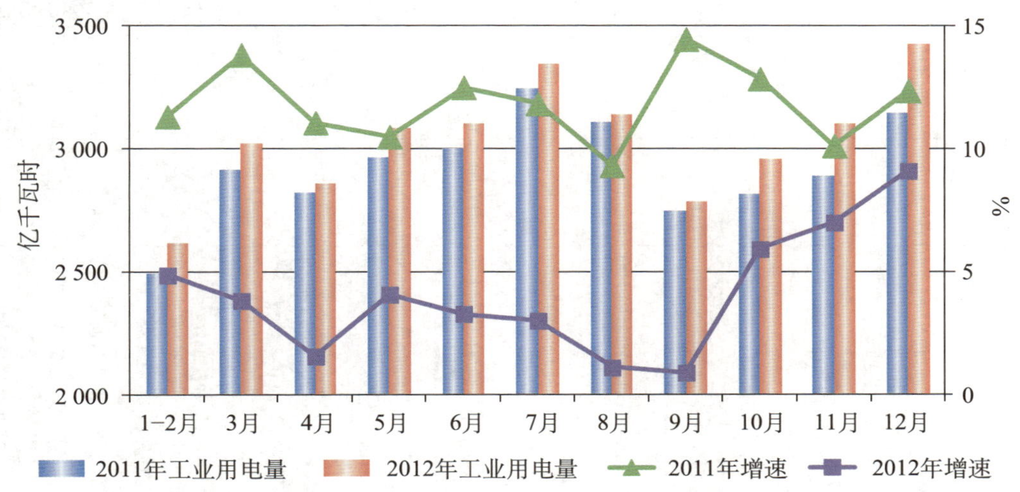

图 7 – 5　2011—2012 年分月工业用电量及其增速情况

2012 年，全国轻、重工业用电量分别为 6 114 亿千瓦时和 30 008 亿千瓦时，分别比上年增长 4. 96% 和 3. 89%，这是自 2006 年以来轻工业用电量增速首次超过重工业用电量增速；2012 年轻、重工业用电量的增速分别比上年下降 4. 29 个百分点和 8. 81 个百分点；轻工业用电量占工业用电量的比重比上年提高 0. 15 个百分点。2012 年分月轻、重工业用电量增速情况见图 7 – 6。

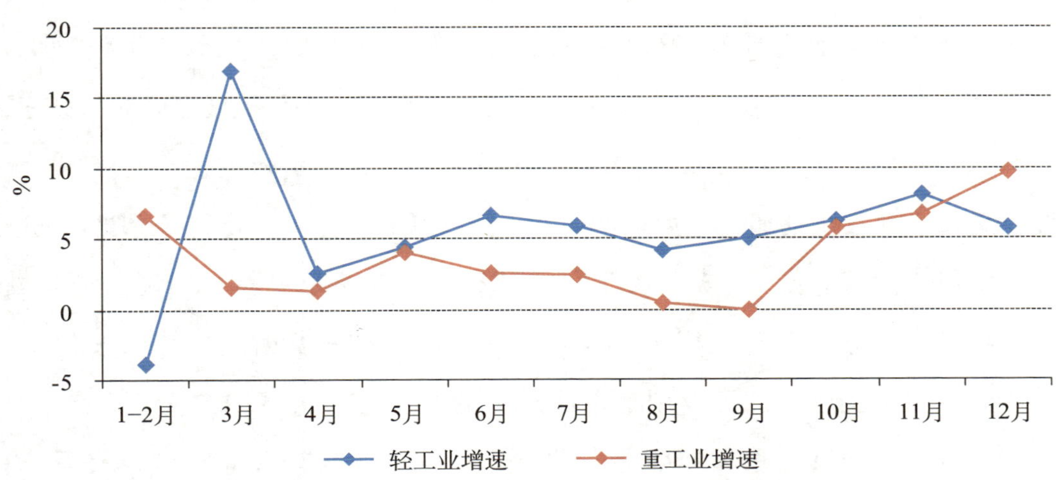

图 7 – 6　2012 年分月轻、重工业用电量增速情况

2012 年，重点行业用电增速放缓。全年化学原料及化学制品制造业、非金属矿物制品业、黑色金属冶炼及压延加工业、有色金属冶炼及压延加工业四大重点行业用电量合计 15 662 亿千瓦时，比上年增长 2.57%，增速比上年降低 10.97 个百分点；占全社会用电量的 31.54%，比上年降低 0.94 个百分点；对全社会用电量增长的贡献率为 14.92%，比上年降低 21.31 个百分点。分月来看，12 月份四大重点行业用电量 1 394 亿千瓦时，是四大重点行业用电量最多的月份。2012 年分月四大行业用电量情况见图 7－7。

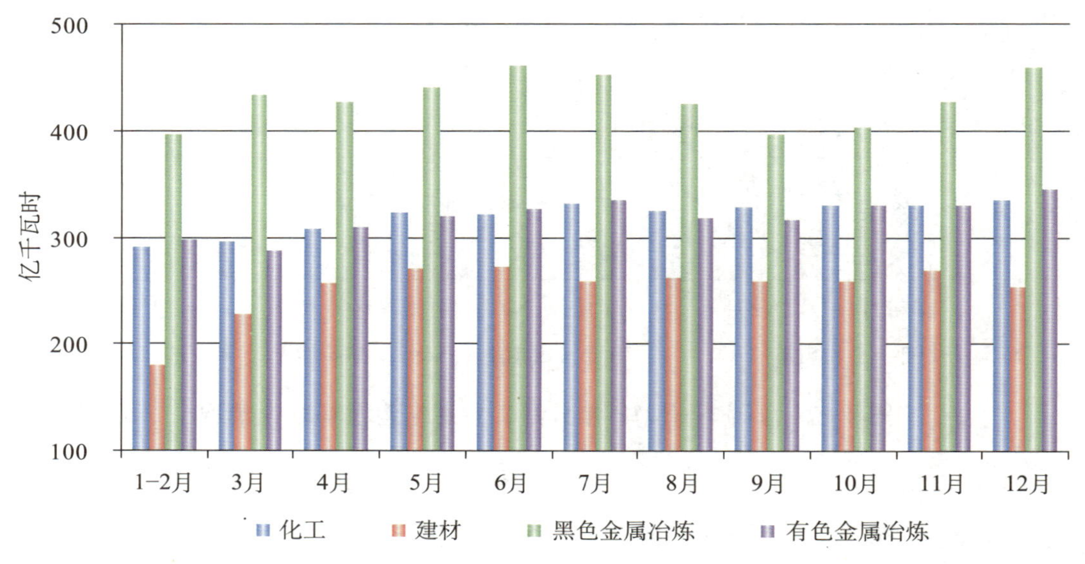

图 7－7　2012 年分月四大行业用电量情况

化学原料及化学制品制造业用电量 3 766 亿千瓦时，比上年增长 8.77%。分月来看，2 月份为最小值 289 亿千瓦时，12 月份达到最大值 335 亿千瓦时。

非金属矿物制品业用电量 2 948 亿千瓦时，比上年增长 0.41%，远低于全社会用电量增速。分季度看，第一、第二季度同比分别下降 1.95%、0.09%；第三、第四季度同比分别增长 1.05%、2.13%。增速逐季上升，由负转为正。

黑色金属冶炼及压延加工业用电量 5 113 亿千瓦时，比上年下降 3.72%。分季度看，各季度用电量同比分别下降 5.42%、2.59%、7.79%和增长 1.14%。分月看，1 月份为最小值 388 亿千瓦时，12 月份达到最大值 460 亿千瓦时。

有色金属冶炼及压延加工业用电量 3 835 亿千瓦时，比上年增长 7.72%。分季度看，各季度同比分别增长 6.70%、7.33%、5.10%和 11.70%；分月来看，有色金属冶炼行业用电量自 2011 年 5 月份开始连续 20 个月稳定在 300 亿千瓦时左右，

2012 年 12 月份达到最大值 346 亿千瓦时。

除上述四大重点行业外，2012 年，纺织业用电量 1 455 亿千瓦时，比上年增长 5.50%；交通运输、电气、电子设备制造业用电量 2 035 亿千瓦时，比上年增长 5.09%；金属制品业用电量 1 398 亿千瓦时，比上年增长 8.47%；通用及专用设备制造业用电量 1 084 亿千瓦时，比上年下降 1.25%。

（三）分省份用电

2012 年，在全国各省份中，全社会用电量增速高于全国平均水平（5.60%）的省份共有 13 个，分别是新疆（37.23%）、西藏（16.80%）、海南（12.83%）、安徽（11.46%）、贵州（10.87%）、云南（9.28%）、陕西（8.58%）、内蒙古（8.19%）、甘肃（7.70%）、青海（7.41%）、山西（6.99%）、江苏（6.99%）、北京（6.40%）。西部地区除宁夏外其他省份全社会用电量增速均高于全国平均水平。社会用电量增速低于 2% 的省份有重庆（1.59%）、吉林（1.09%）、上海（1.03%）。

2012 年，全国有广东、江苏、山东、浙江、河北、河南和内蒙古七省份用电量超过 2 000 亿千瓦时，七省份合计用电量 24 048 亿千瓦时，比上年增长 4.82%，比全国全社会用电量增速低 0.78 个百分点，除江苏和内蒙古外的其他五省份的用电量增速均低于全国平均水平；七省份合计用电量占全国全社会用电量的 48.43%，比上年降低 0.36 个百分点；对全国用电量增长的贡献率为 42.01%，比上年提高 2.47 个百分点。2012 年分省用电量及其增长情况见表 7－2。

表 7－2　2012 年分省全社会用电量及其增长情况

地　区	用电量（亿千瓦时）	比上年增长（±%）
全　国	49 657	5.60
北　京	874	6.40
天　津	722	3.93
河　北	3 078	3.11
山　西	1 766	6.99
内蒙古	2 017	8.19
辽　宁	1 900	2.06
吉　林	637	1.09
黑龙江	828	3.25
上　海	1 353	1.03
江　苏	4 581	6.99

续表

地　区	用电量（亿千瓦时）	比上年增长（±%）
浙　江	3 211	3.00
安　徽	1 361	11.46
福　建	1 579	4.20
江　西	868	3.90
山　东	3 795	4.38
河　南	2 748	3.33
湖　北	1 508	3.94
湖　南	1 347	4.10
广　东	4 619	5.01
广　西	1 154	3.74
海　南	210	12.83
重　庆	723	1.59
四　川	1 831	4.53
贵　州	1 047	10.87
云　南	1 316	9.28
西　藏	28	16.80
陕　西	1 067	8.58
甘　肃	995	7.70
青　海	602	7.41
宁　夏	742	2.38
新　疆	1 151	37.23

（四）统调最高用电负荷

根据国家电力调度通信中心统计，2012 年，全国电网统调最高用电负荷（即最高发受电电力，下同）比上年增长 4.87%，增速比上年回落 3.97 个百分点；日均统调用电量（即发受电电量，下同）比上年增长 4.26%，低于统调最高用电负荷增速 0.61 个百分点，增速比上年回落 7.28 个百分点。分区域电网来看，华中、南方、华北、华东区域统调最高用电负荷增速分别比上年回落 6.63、2.82、1.94 和 1.02 个百分点，而西北和东北区域统调最高用电负荷增速分别比上年提高 12.87 和 5.04 个百分点；各区域统调用电量增速均比上年有所回落，其中华中、华北区域回落幅度分别 10.52、8.91 个百分点，其他区域回落幅度均超过 5 个百分点。2012 年分区域统调最高负荷及增长情况见表 7－3。

表 7－3　2012 年分区域统调最高用电负荷及增长情况

电网名称	统调最高用电负荷（万千瓦）		统调用电量（亿千瓦时）		统调最高发电负荷（万千瓦）	
	2012 年	比上年增长（%）	2012 年	日均比上年增长（%）	2012 年	比上年增长（%）
全国合计	67 140	4.87	42 847	4.26	67 470	3.94
华　北	16 528	4.91	10 357	3.34	16 256	8.86
华　东	17 700	4.84	10 618	5.11	17 512	3.12
华　中	13 063	6.64	7 662	2.19	12 575	1.70
东　北	4 556	9.16	3 083	3.84	5 155	9.54
西　北	5 292	20.86	3 598	11.49	6 395	13.64
南　方	11 966	5.68	7 502	3.65	11 639	6.58

注：摘自国家电力调度通信中心旬报。

（五）电力消费弹性系数

经国家统计局初步测算，2012 年，全国国内生产总值 519 322 亿元，按可比价格计算，比上年增长 7.8%，增速比上年放缓 1.5 个百分点。2012 年，全国电力消费弹性系数为 0.72，比上年降低 0.57 个百分点，小于 1。2000—2012 年全国电力消费弹性系数见图 7－8。

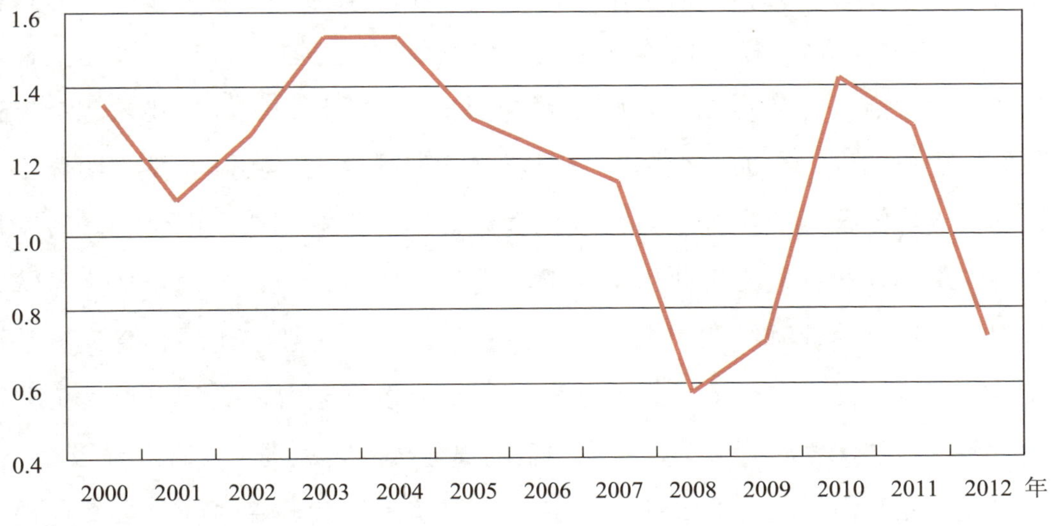

图 7－8　2000—2012 年全国电力消费弹性系数

三、电力需求侧管理

2012 年，在各级政府部门的大力推动及广大电力企业紧密合作、密切配合下，电力需求侧管理在缓解局部地区、局部时段电力供需紧张局面、保障供应，促进电力供需平衡和节能减排方面发挥了重要作用。

（一）政府开展的电力需求侧管理工作

进一步完善政策，充分发挥政策在推进电力需求侧管理中的作用。2012 年 8 月 6 日下发的《国务院关于印发节能减排“十二五”规划的通知》（国发〔2012〕40 号）要求“强化电力需求侧管理，开展城市综合试点。加快建立电能管理服务平台，充分运用电力负荷管理系统，完善鼓励电网企业积极参与电力需求侧管理的考核与奖惩机制”。2012 年 7 月 16 日，财政部、国家发展改革委联合印发的《电力需求侧管理城市综合试点工作中央财政奖励资金管理暂行办法》（财建〔2012〕367 号）规定，中央财政将安排专项资金，按实施效果对以城市为单位开展电力需求侧管理综合试点工作给予适当奖励。奖励资金支持范围包括：建设电能服务管理平台；实施能效电厂；推广移峰填谷技术，开展电力需求响应；相关科学研究、宣传培训、审核评估等。在奖励资金奖励标准方面，对通过实施能效电厂和移峰填谷技术等实现的永久性节约电力负荷和转移高峰电力负荷，东部地区每千瓦奖励 440 元，中西部地区每千瓦奖励 550 元；河北唐山、江苏苏州和广东佛山三城市被确定为首批试点城市。2012 年 7 月 30 日下发的《工业和信息化部关于在北京市开展工业领域电力需求侧管理试点工作的通知》（工信厅运行函〔2012〕610 号）要求北京市选择具备条件的工业园区、企业，编制电力需求侧管理试点工作实施方案，明确工作任务和目标，指导园区企业实施电力需求侧管理，确定工业调整用电结构、转变用电方式的工作路径；引导建立工业用电全流程信息化监测系统，主动查找用电薄弱环节，科学设计用电管理系统和用电流程再造；鼓励园区企业应用现代管理方法、信息化技术等手段，优化内部电力资源配置，实现以较低电力消费创造更多工业增加值产出，形成科学、有序、节约、智能用电的良好格局，促进工业转型升级。

强化舆论宣传引导。国家发展改革委通过经济运行会、媒体通气会、电视电话会、新闻发布会等多种形式，加强与主流媒体的沟通，积极宣传节能减排、合理控制能源消费总量的政策导向；及时发布供需形势，强调和督促节约用电，特别强调不能拉限老百姓用电，同时严格控制“两高”企业和产能过剩行业用电，压减不合理用电需求；进一步提高对加快转变发展方式和调整经济结构重要性、紧迫性的认识，促进了电力需求侧管理政策的落实。

开展工业园区电力需求侧管理试点工作。工业与信息化部运行监测协调局与中电联签署了“工业领域电力需求侧管理战略合作协议”，共同组建了工业领域电力需求侧管理促进中心，并正式启动全国省级 185 家工业园区的电力需求侧管理试点工作。

（二）企业开展的电力需求侧管理工作

2012 年，电网企业认真履行电力需求侧管理工作实施主体的职责，有序推进各项工作，取得了新的成绩。

国家电网公司通过积极推进节能服务体系建设，强化有序用电管理，提高需求侧管理水平。印发《国家电网公司节约电力电量指标管理办法（试行）》，明确落实各省份电力公司指标考核目标，2012 年公司实现节约电力电量分别为 274.1 万千瓦和 96.6 亿千瓦时，分别完成目标的 153% 和 137%。拓展能效服务网络覆盖范围，加快推动社会节能，累计组建能效服务活动小组 510 个，吸纳用电企业 5 250 家，开展能效讲座交流和能源审计 2 408 次。组织开展人员培训，提高节能技术人员业务能力。2012 年开展资格类和业务类培训 810 次，累计培训 15 830 人次。积极配合国家发展改革委编制出版《有序用电工作指南》，争取有利政策，增强了地方政府与电网企业有序用电管理的协调性，降低电网企业实施有序用电风险和压力。编制落实有序用电方案。按照优先保障居民生活用电，重点控制高耗能、高排放和产能过剩企业用电的要求，组织编制 2012 年度有序用电方案并报政府批准，根据用户和供需变化滚动调整，2012 年夏季有序用电方案规模达到 52.5 万户、1.52 亿千瓦，2012 年冬—2013 年春有序用电方案规模达到 50.8 万户、1.41 亿千瓦，全部做到定用户、定负荷、定线路。

中国南方电网有限责任公司从提高电网运行效率、推进办公节能以及实施客户节能服务等方面入手，深化需求侧管理，扎实推进各项工作。加强电网改造及经济运行管理，增强自身节能。加强节能发电调度计划管理和运行调控，提高化石能源利用效率。提供客户节能服务，促进客户节能。建立网、省、地三级节约用电服务中心。完善节能宣传、节能培训、节能诊断、项目管理等方面的管理制度。建立大客户定期走访制度，深入了解用电大户的生产工艺、流程、用电特性、生产特性、产品单耗、产品市场情况及实施节能改造的潜力。利用南网综合能源公司平台和各级节能服务中心，实施需求侧管理，累计为 3 179 家企业开展节能诊断，在电机节能、无功补偿、大型节能电器推广应用、工业窑炉节能等领域为33家企业实施了合同能源管理项目，推动客户侧节约电量7.54亿千瓦时。积极配合广东省LED照明产品推广工作，全年累计实施LED节能照明改造项目10个，推广使用LED照明产品5万余盏。节能展示中心、科学用电示范点接待参观、咨询人员共计25万人次，组织客户节能技术培训160期，培训人员达7 500人次。全年电力需求侧管理实现节约电量22.46亿千瓦时，完成计划指标18.89亿千瓦时的118.9%。

陕西地方电力集团公司制定了《陕西省地方电力（集团）有限公司电力需求侧管理实施办法》，不断深入推进需求侧管理工作。在省、市、县三级分公司设立了专兼职需求侧管理岗位，并在市级分公司成立了需求侧管理小组；建立走访客户的常态机制，把握各类客户用电特性及变化，对供电区域内用电大户的生产工艺、流程、用电特性、生产特性、产品单耗、产品市场情况及实施需求侧管理的潜力进行摸底，同时向客户宣传推广使用节能设备，提高客户的终端用电效率；充分发挥峰谷分时电价手段的调整作用，引导工矿企业、高载能行业进行错峰、避峰用电，同时积极引导商业、服务行业客户，采用节能产品，调整和转移商业用电空调负荷，均收到了较好效果。并实现了省发展改革委下达的需求侧管理节约电力电量指标。

第八章 电 价

一、电价政策

2012 年，政府有关部门相继出台了一系列文件，以进一步发挥电价调控政策对转变经济发展方式、调整产业结构、促进节能减排的重要作用。

（一）继续实施并不断完善煤电价格联动机制

2012 年 12 月 31 日下发的《国家发展改革委关于贯彻落实国务院办公厅关于深化电煤市场化改革的指导意见做好产运需衔接工作的通知》（发改运行〔2012〕4103 号），就贯彻落实《国务院办公厅关于深化电煤市场化改革的指导意见》（国办发〔2012〕57 号）精神，深入推进电煤市场化改革，指导做好产运需衔接工作，提高供应保障水平，促进经济持续健康发展，提出具体意见。要求继续实施并不断完善煤电价格联动机制，当电煤价格波动幅度超过 5% 时，以年度为周期，相应调整上网电价，同时将电力企业消纳煤价波动的比例由 30% 调整为 10%。在电煤价格出现非正常波动时，依据价格法有关规定采取临时干预措施。要进一步清理和取消不合理收费，严肃查处乱涨价、乱收费以及串通涨价等违法违规行为。

（二）解除电煤临时价格干预措施

为进一步深化煤炭市场化改革，充分发挥市场配置资源的基础性作用，2012 年 12 月 18 日下发的《国家发展改革委关于解除发电用煤临时价格干预措施的通知》（发改价格〔2012〕3956 号）决定解除自 2012 年 1 月 1 日起实施的电煤临时价格干预措施。具体内容包括：

（1）解除电煤临时价格干预措施。决定从 2013 年 1 月 1 日起，解除对电煤的临时价格干预措施，即取消《国家发展改革委关于加强发电用煤价格调控的通知》（发改电〔2011〕299 号）中对合同电煤价格涨幅和市场交易电煤最高限价的有关规定，电煤由供需双方自主协商定价。

（2）进一步做好煤炭价格监测工作。解除对电煤临时价格干预措施后，各省级价格主管部门要进一步加强煤炭价格监测工作，特别是电煤价格监测，进一步完善电煤生产经营情况监测制度，建立电煤价格监测、预警制度。山西、内蒙古、陕西等主要产煤省份价格主管部门要按月监测主要煤炭生产企业的电煤结算价格、产量、热值、成本等情况。

（3）切实加强电煤市场监管。各省级价格主管部门要继续加强对电煤市场的监管，切实做好对煤炭生产、销售过程中各类违规设立的涉煤基金和收费项目的清理整顿工作，并开展监督检查。地方各级政府不得采取行政手段不正当干预企业煤炭供销等经营活动。严禁企业之间达成价格垄断协议控制煤价；不得采取降低热值、降低煤质、以次充好等手段变相涨价；不得哄抬煤炭价格。对煤炭经营中的价格违法行为，各级价格主管部门将依法予以严肃查处。

（三）完善脱硝电价政策

为加快燃煤机组脱硝设施建设，提高发电企业脱硝积极性，减少氮氧化物排放，促进环境保护，国家发展改革委决定进一步加大脱硝电价政策试行力度。2012 年 12 月 28 日下发的《国家发展改革委关于扩大脱硝电价政策试点范围有关问题的通知》（发改价格〔2012〕4095 号）规定：

（1）扩大脱硝电价试点范围。自 2013 年 1 月 1 日起，将脱硝电价试点范围由现行 14 个省（自治区、直辖市）的部分燃煤发电机组，扩大为全国所有燃煤发电机组。燃煤发电机组安装脱硝设施、具备在线监测功能且运行正常的，持国家或省级环保部门出具的脱硝设施验收合格文件，报省级价格主管部门审核后，执行脱硝电价。脱硝电价标准为每千瓦时 8 厘钱。

（2）脱硝电价资金暂由电网企业垫付。发电企业执行脱硝电价后，电网企业增加的购电资金暂由其垫付，今后择机在销售电价中予以解决。

（3）加强对脱硝电价政策执行的监管。各省、自治区、直辖市价格主管部门要及时对已安装脱硝设施的燃煤机组执行脱硝电价，调动发电企业脱硝积极性；会同有关部门加强对发电企业脱硝设施运行情况的监管，督促发电企业提高脱硝效率。

（四）出台可再生能源电价附加补助资金管理办法

2012 年 3 月 14 日下发的《财政部、国家发展改革委、国家能源局关于印发

〈可再生能源电价附加补助资金管理暂行办法〉的通知》(财建〔2012〕102号)规定了申请可再生能源电价附加补助资金的项目必须符合的条件，明确了可再生能源电价附加补助标准：可再生能源发电项目上网电量的补助标准根据可再生能源上网电价、脱硫燃煤机组标杆电价等因素确定；专为可再生能源发电项目接入电网系统而发生的工程投资和运行维护费用，按上网电量给予适当补助，每千瓦时补助标准为50千米以内0.01元，50~100千米0.02元，100千米及以上0.03元；国家投资或者补贴建设的公共可再生能源独立电力系统执行同一地区分类销售电价，其合理的运行和管理费用超出销售电价的部分，通过可再生能源电价附加给予适当补助，补助标准暂定为每年每千瓦0.4万元。

(五) 继续实施可再生能源电价补贴和配额交易

根据《可再生能源发电价格和费用分摊管理试行办法》(发改价格〔2006〕7号)和《可再生能源电价附加收入调配暂行办法》(发改价格〔2007〕44号),《国家发展改革委、国家电监会关于可再生能源电价补贴和配额交易方案(2010年10月—2011年4月)的通知》(发改价格〔2012〕3762号)明确了2010年10月—2011年4月可再生能源电价附加补贴的项目和金额、配额交易与电费结算和有关要求。

(六) 完善垃圾焚烧发电价格政策

为引导垃圾焚烧发电产业健康发展，促进资源节约和环境保护，2012年3月28日下发的《国家发展改革委关于完善垃圾焚烧发电价格政策的通知》(发改价格〔2012〕801号)规定：

(1) 进一步规范垃圾焚烧发电价格政策。自2012年4月1日起，以生活垃圾为原料的垃圾焚烧发电项目，均先按其入厂垃圾处理量折算成上网电量进行结算，每吨生活垃圾折算上网电量暂定为280千瓦时，并执行全国统一垃圾发电标杆电价每千瓦时0.65元(含税，下同)；其余上网电量执行当地同类燃煤发电机组上网电价。

(2) 完善垃圾焚烧发电费用分摊制度。垃圾焚烧发电上网电价高出当地脱硫燃煤机组标杆上网电价的部分实行两级分摊。其中，当地省级电网负担每千瓦时0.10元，电网企业由此增加的购电成本通过销售电价予以疏导；其余部分纳入全国征收的可再生能源电价附加解决。

(3) 切实加强垃圾焚烧发电价格监管。

1）省级价格主管部门依据垃圾发电项目核准文件、垃圾处理合同，以及当地有关部门支付垃圾处理费的银行转账单等，定期对垃圾处理量进行核实。电网企业依据省级价格主管部门核定的垃圾发电上网电量和常规能源发电上网电量支付电费。

2）当以垃圾处理量折算的上网电量低于实际上网电量的50%时，视为常规发电项目，不得享受垃圾发电价格补贴；当折算上网电量高于实际上网电量的50%且低于实际上网电量时，以折算的上网电量作为垃圾发电上网电量；当折算上网电量高于实际上网电量时，以实际上网电量作为垃圾发电上网电量。

3）各级价格主管部门要加强对垃圾焚烧发电上网电价执行和电价附加补贴结算的监管，做好垃圾处理量、上网电量及电价补贴的统计核查工作，确保上网电价政策执行到位。各发电企业和电网企业必须真实、完整地记载和保存垃圾焚烧发电项目上网电量、价格、补贴金额和垃圾处理量等资料，接受有关部门监督检查。

4）对虚报垃圾处理量、不据实核定垃圾处理量和上网电量等行为，将予以严肃查处，取消相关垃圾焚烧发电企业电价补贴，并依法追究有关人员责任。

5）电网企业应按照《可再生能源法》和有关规定，承担垃圾焚烧发电项目接入系统的建设和管理责任。

（七）核定跨区输电价格

2012年2月，国家电监会发出通知，经国家发展改革委核准，核定灵宝背靠背工程输电价格为每千千瓦时45元，暂按单一制电量电价执行；核定德宝直流工程输电价格为每千千瓦时44.14元，暂按两部制电价执行，容量电价与电量电价之比为30%：70%。其中容量电价为每千瓦·年70.64元，容量电费由联网双方共同承担，四川省电力公司承担70%，陕西省电力公司承担30%；电量电价为每千千瓦时31元，由购电方承担；核定灵宝背靠背、德宝直流工程的输电损耗率，灵宝背靠背工程暂定为1%，德宝直流工程暂定为3%。实际运行中超出或低于核定值的部分均由国家电网公司承担。上述电价自2012年2月15日起执行。

二、电价水平

（一）上网电价

2012年，国家发展改革委没有调整上网电价，各省份燃煤机组标杆电价见表8－1。

表 8－1 2012 年各省份燃煤机组标杆电价一览表

单位：元/千瓦时

区 域	2012 年 12 月 1 日起标杆电价	
	含脱硫	2012 年累计加价
一、华北电网		
北 京	0.400 2	0.000
天 津	0.411 8	0.000
河北北网	0.424 3	0.000
河北南网	0.430 0	0.000
山 东	0.446 9	0.000
山 西	0.385 7	0.000
内蒙古西部	0.310 9	0.000
二、华东电网		
上 海	0.477 3	0.000
浙 江	0.482 0	0.000
江 苏	0.455 0	0.000
安 徽	0.436 0	0.000
福 建	0.444 8	0.000
三、华中电网		
湖 北	0.478 0	0.000
河 南	0.439 2	0.000
湖 南	0.501 4	0.000
江 西	0.485 2	0.000
四 川	0.448 7	0.000
重 庆	0.449 1	0.000
四、东北电网		
辽 宁	0.414 2	0.000
吉 林	0.405 7	0.000
黑龙江	0.404 9	0.000
内蒙古东部	0.317 9	0.000
五、西北电网		
陕 西	0.397 4	0.000
甘 肃	0.334 3	0.000
青 海	0.354 0	0.000
宁 夏	0.288 6	0.000
新 疆	0.250 0	0.000
六、南方电网		
广 东	0.521 0	0.000
广 西	0.477 2	0.000
云 南	0.360 6	0.000
贵 州	0.382 5	0.000
海 南	0.490 3	0.000

注：数据来源于国家发展改革委。

（二）输配电价和销售电价

2012 年主要电网企业输配电环节电价（不含线损）情况见表 8－2。

表 8－2　2012 年全国电网企业输配环节电价情况

电网企业		销售电价（元/千千瓦时）	输配环节电价（元/千千瓦时）	输配环节电价占销售电价的比例（%）
国家电网公司		622.59	182.28	29
其中	华北电网区域	628.25	162.44	26
	东北电网区域	605.36	186.55	31
	西北电网区域	436.21	126.99	29
	华东电网区域	681.06	188.28	28
	华中电网区域	596.88	167.92	28
南方电网公司		675.09	214.83	31.82

注：1. 销售电价不含基金和附加。
2. 输配环节电价不含线损。

2012 年各省份平均销售电价及平均居民电价情况见表 8－3。

表 8－3　2012 年各省份平均销售电价及平均居民电价情况

地　区	平均销售电价（元/千千瓦时）	与上年相比变化（%）	居民电价（元/千千瓦时）	与上年相比变化（%）
北　京	733.14	3.2	480.12	1.4
天　津	681.95	4.9	491.78	0.8
华北直属	587.29	19.2	487.67	0.0
河北（南网）	638.60	13.2	489.28	0.8
山　西	514.39	7.7	472.26	1.9
山　东	660.30	7.2	531.16	0.5
内蒙古东部	504.89	15.4	485.65	2.1
辽　宁	627.20	4.0	501.16	0.7
吉　林	617.53	5.0	528.68	1.3
黑龙江	572.70	5.2	479.52	4.6
陕　西	539.39	6.8	500.92	0.6
甘　肃	428.88	6.9	498.05	3.0
青　海	371.43	6.3	379.11	6.1
宁　夏	409.95	2.7	455.11	1.0
新　疆	433.45	-4.5	528.42	5.4
上　海	753.70	5.8	552.59	1.9
浙　江	757.52	19.6	557.68	0.9
江　苏	629.97	4.1	510.28	1.3
安　徽	582.19	5.3	556.39	1.1
福　建	639.32	7.2	524.16	4.4

续表

地 区	平均销售电价（元/千千瓦时）	与上年相比变化（%）	居民电价（元/千千瓦时）	与上年相比变化（%）
湖 北	654.27	7.5	575.79	2.1
河 南	539.77	7.1	557.12	2.0
湖 南	626.72	6.5	541.99	2.5
江 西	658.06	10.7	610.2	1.8
四 川	502.29	-0.7	517.32	1.5
重 庆	658.20	17.3	527.62	1.9
西 藏	596.19	-0.7	490.47	0.3
广 东	759.89	2.28	662.58	1.80
广 西	570.17	6.12	552.29	2.51
云 南	459.32	0.47	461.48	0.65
贵 州	509.45	4.66	465.19	3.93
海 南	743.09	3.88	616.1	2.60

注：1. 平均销售电价含税，不含政府性基金和附加。
2. 平均居民电价为到户价。

2012 年全国主要电网企业平均购电价格及平均销售电价情况见表 8－4。

表 8－4 2012 年全国主要电网企业平均购电价格及平均销售电价情况

单位：元/千千瓦时

电网企业	购电价	销售电价	政府性基金和附加
国家电网公司	413.31	622.59	36.81
南方电网公司	423.08	675.09	40.93

第九章

环境保护与资源节约

一、资源节约

（一）供电煤耗

1. 全国情况

2012 年，全国火电机组供电标准煤耗每千瓦时 325 克，比上年降低 4 克。

2005—2012 年我国火电机组供电标准煤耗变化情况见图 9－1。

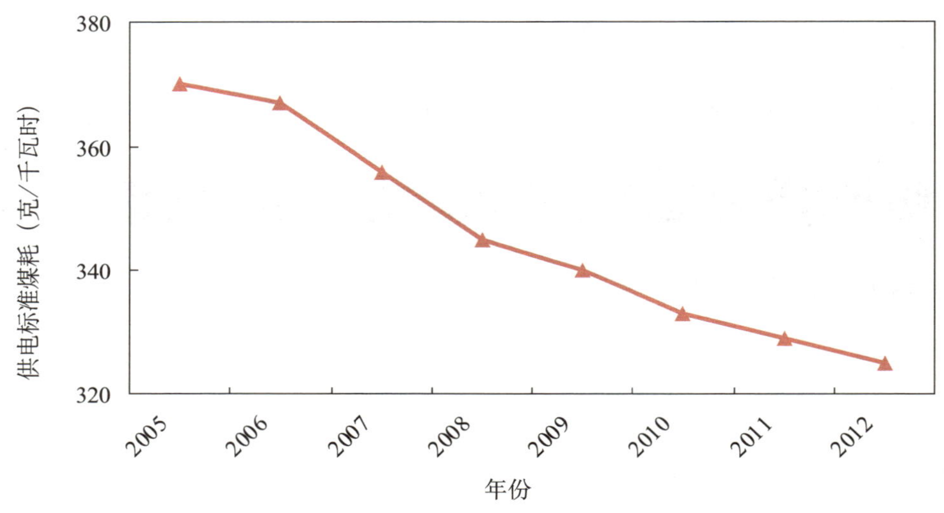

图 9－1　2005—2012 年我国火电机组供电标准煤耗变化情况

2. 各省份情况

2012 年，除吉林和青海外，全国各省份火电机组供电煤耗均较上年有所降低，其中，新疆、四川、北京、山东、西藏和宁夏降低幅度较大，每千瓦时超过 10 克；全国有 13 个省份火电机组供电煤耗低于全国平均值，其中，北京由于燃气和供热机组较多，每千瓦时供电煤耗低于全国平均值 65 克，上海、福建和浙江低于全国平均值超过 20 克。

2012 年各省份供电标准煤耗情况见表 9－1。

表 9－1　2012 年各省份供电标准煤耗情况一览表

单位：克/千瓦时

地　区	2012 年供电标准煤耗	与 2011 年供电煤耗比较	与 2012 年全国平均值比较
全　国	325	-4	0
北　京	260	-14	-65
天　津	323	-2	-2
河　北	332	-4	7
山　西	340	-4	15
内蒙古	339	-8	14
辽　宁	326	-6	1
吉　林	324	1	-1
黑龙江	344	-2	19
上　海	303	-5	-22
江　苏	311	-7	-14
浙　江	305	-2	-20
安　徽	313	-4	-12
福　建	304	-2	-21
江　西	318	-5	-7
山　东	329	-10	4
河　南	317	-3	-8
湖　北	320	-4	-5
湖　南	328	-4	3
广　东	317	-2	-8
广　西	326	-5	1
海　南	314	-3	-11
重　庆	354	—	29
四　川	335	-17	10
贵　州	335	-4	10
云　南	339	-4	14
西　藏	355	-10	30
陕　西	333	-4	8
甘　肃	334	-1	9
青　海	356	2	31
宁　夏	330	-10	5
新　疆	372	-24	47

3. 主要发电集团公司情况

2012 年，中电联统计调查的 27 家主要电力企业中，涉及火电的电力企业 24 家，火电装机容量 6.3 亿千瓦，占全国火电装机容量的 76.9%，平均供电煤耗为每千瓦时 319 克，比全国平均值低 6 克。

2012 年 24 家涉及火电的电力企业供电标准煤耗情况见表 9－2。

表 9－2　2012 年 24 家涉及火电的电力企业供电标准煤耗情况

单位：克/千瓦时

单位名称	2012 年供电煤耗	与全国平均水平比较
中国华能集团公司	317	−8
中国大唐集团公司	319	−6
中国华电集团公司	317	−8
中国国电集团公司	315	−10
中国电力投资集团公司	318	−7
广东省粤电集团有限公司	318	−7
中国神华集团有限责任公司	326	1
华润电力控股股份有限公司	321	−4
国投电力控股股份有限公司	312	−13
浙江省能源集团有限公司	311	−14
河北省建设投资公司	334	9
江苏省国信资产管理集团有限公司	311	−14
深圳市能源集团有限公司	308	−17
中国广核集团有限公司	387	62
北京能源投资（集团）有限公司	324	−1
申能（集团）有限公司	291	−34
安徽省能源集团公司	318	−7
广州发展集团有限公司	314	−11
江西省投资集团公司	312	−13
新力能源开发有限公司	319	−6
湖北省能源集团有限公司	327	2
宁夏发电集团公司	339	14
山西国际电力集团有限公司	348	23
甘肃省电力投资集团公司	343	18

4. 对部分大型发电企业火电机组调查统计情况

2012 年，纳入中电联统计调查范围内的 24 家大型发电企业不同容量等级火电机组供电标准煤耗情况见表 9－3。

表 9－3　2012 年 24 家大型发电企业不同容量等级火电机组供电标准煤耗情况

容量等级（万千瓦）	台数（台）	总装机容量（万千瓦）	供电标准煤耗（克/千瓦时）
全部机组	1 842	62 314	319
机组≥100	58	5 837	292
60≤机组＜100	397	24 721	313
30≤机组＜60	740	23 898	322
20≤机组＜30	201	4 204	342
10≤机组＜20	223	3 025	348
0.6≤机组＜10	223	629	381

注：不含境外及个别年末新投产机组。

（二）发电厂用电率

1. 全国情况

2012 年，全国发电厂用电率 5. 1%，比上年下降 0. 29 个百分点。其中，水电 0. 3%，比上年下降 0. 06 个百分点；火电 6. 1%，比上年下降 0. 13 个百分点。

2005—2012 年全国发电厂用电率变化情况见图 9 – 2。

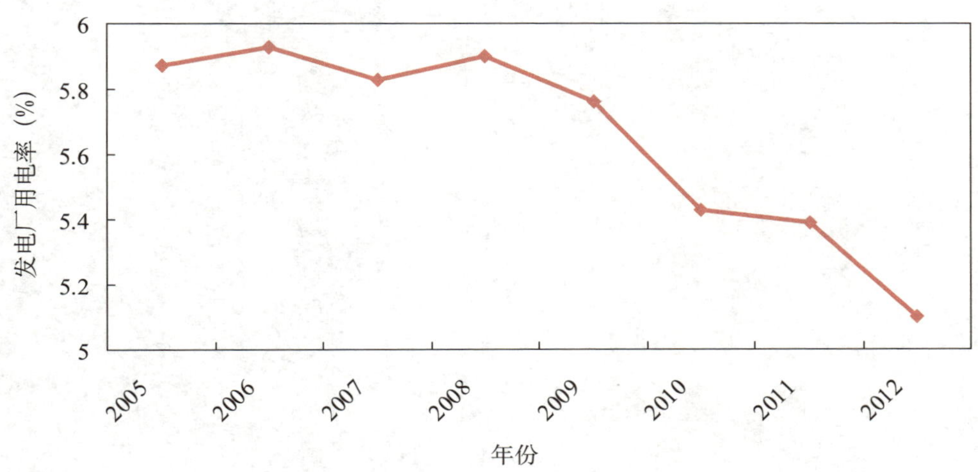

图 9 – 2　2005—2012 年全国发电厂用电率变化情况

2. 各省份情况

2012 年，全国有 16 个省份发电厂用电率低于全国平均值，23 个省份发电厂用电率均较上年有所降低，西藏、山东、贵州较上年降低超过 1 个百分点。

2012 年各省份发电厂用电率及与 2011 年对比情况见表 9 – 4。

表 9 – 4　2011 年、2012 年各省份发电厂用电率对比情况

单位：%

地　区	2012 年发电厂用电率			2011 年发电厂用电率		
	总平均值	水电	火电	总平均值	水电	火电
全　国	5. 10	0. 33	6. 08	5. 39	0. 36	6. 23
北　京	5. 25	0. 81	5. 38	5. 89	0. 88	6. 04
天　津	6. 29	0. 00	6. 32	6. 36	—	6. 37
河　北	6. 34	1. 63	6. 36	6. 46	1. 54	6. 49
山　西	7. 38	0. 29	7. 58	7. 73	0. 46	7. 85
内蒙古	6. 84	0. 42	7. 43	7. 14	0. 56	7. 64
辽　宁	6. 46	1. 48	6. 94	6. 64	1. 89	6. 99
吉　林	6. 47	0. 68	7. 50	6. 62	0. 62	7. 64
黑龙江	6. 19	1. 38	6. 61	6. 52	1. 36	6. 92

续表

地　区	2012 年发电厂用电率			2011 年发电厂用电率		
	总平均值	水电	火电	总平均值	水电	火电
上　海	4.53	0.00	4.54	4.61	—	4.61
江　苏	4.99	1.54	4.95	5.17	1.29	5.12
浙　江	4.85	0.44	4.94	4.81	0.55	4.92
安　徽	4.83	0.56	4.86	4.95	0.56	4.99
福　建	4.09	0.18	4.67	4.12	0.12	4.73
江　西	4.84	0.64	5.38	5.29	0.84	5.58
山　东	5.71	0.00	5.71	6.77	—	6.77
河　南	5.71	0.42	5.96	5.69	0.49	5.88
湖　北	2.05	0.11	5.40	2.58	0.13	5.78
湖　南	4.28	0.50	6.01	4.87	0.61	6.00
广　东	5.34	0.58	5.78	5.25	0.61	5.60
广　西	3.74	0.42	6.70	3.94	0.45	6.56
海　南	6.91	0.43	7.62	6.91	0.36	7.78
重　庆	5.32	0.48	8.03	—	—	—
四　川	2.05	0.22	5.95	2.80	0.30	7.30
贵　州	4.98	0.16	7.21	6.00	0.30	7.30
云　南	2.43	0.21	7.52	3.01	0.27	7.66
西　藏	1.96	1.55	3.21	3.12	1.79	3.56
陕　西	6.80	0.67	7.11	6.80	0.48	7.21
甘　肃	4.59	1.33	6.51	5.04	0.91	6.80
青　海	2.10	0.62	7.85	2.30	0.70	7.20
宁　夏	0.00	0.00	0.00	—	—	—
新　疆	7.05	0.35	8.12	7.00	0.40	8.20

3. 主要发电集团公司情况

2012 年，中电联统计调查的 27 家主要电力企业厂用电率情况见表 9－5。

表 9－5　2012 年 27 家主要电力企业厂用电率情况

单位名称	2012 年发电厂用电率（%）			与全国平均水平比较（百分点）		
	总平均值	水电	火电	总平均值	水电	火电
中国华能集团公司	4.83	0.20	5.40	－0.27	－0.13	－0.68
中国大唐集团公司	4.78	0.27	5.47	－0.32	－0.06	－0.61
中国华电集团公司	5.18	0.19	5.98	0.08	－0.14	－0.10
中国国电集团公司	5.05	0.26	5.59	－0.05	－0.07	－0.49
中国电力投资集团公司	5.11	0.26	6.44	0.01	－0.07	0.36
广东省粤电集团有限公司	5.49	0.18	5.74	0.39	－0.15	－0.34
中国长江三峡集团公司	0.11	0.11		－4.99	－0.22	
中国神华集团有限责任公司	6.61	0.52	6.69	1.51	0.19	0.61
华润电力控股股份有限公司	5.35		5.35	0.25		－0.73
国投电力控股股份有限公司	3.54	0.19	5.11	－1.56	－0.14	－0.97
浙江省能源集团有限公司	5.01	0.39	5.09	－0.09	0.06	－0.99

续表

单位名称	2012 年发电厂用电率（%）			与全国平均水平比较（百分点）		
	总平均值	水电	火电	总平均值	水电	火电
河北省建设投资公司	5. 82		6. 28	0. 72		0. 20
中国核工业集团	6. 32			1. 22		
江苏省国信资产管理集团有限公司	4. 66	1. 54	4. 70	-0. 44	1. 21	-1. 38
深圳市能源集团有限公司	5. 37		5. 40	0. 27		-0. 68
中国广核集团有限公司	4. 15	0. 44	8. 27	-0. 95	0. 11	2. 19
北京能源投资（集团）有限公司	6. 24	0. 68	6. 63	1. 14	0. 35	0. 55
申能（集团）有限公司	4. 05		4. 05	-1. 05		-2. 03
安徽省能源集团公司	5. 12		5. 12	0. 02		-0. 96
广州发展集团有限公司	5. 23		5. 23	0. 13		-0. 85
江西省投资集团公司	4. 59	0. 96	4. 78	-0. 51	0. 63	-1. 30
新力能源开发有限公司	4. 70		4. 70	-0. 40		-1. 38
湖北省能源集团有限公司	3. 69	0. 33	6. 62	-1. 41	0. 00	0. 54
宁夏发电集团公司	7. 24		8. 04	2. 14		1. 96
山西国际电力集团有限公司	6. 38	0. 46	7. 06	1. 28	0. 13	0. 98
甘肃省电力投资集团公司	4. 14	0. 79	7. 53	-0. 96	0. 46	1. 45
万家寨水利枢纽	0. 16	0. 16		-4. 94	-0. 17	

（三）线损率

1. 全国情况

2012 年，全国线路损失率为 6. 74%，比上年上升 0. 22 个百分点。

2005—2012 年全国线损率变化情况见图 9－3。

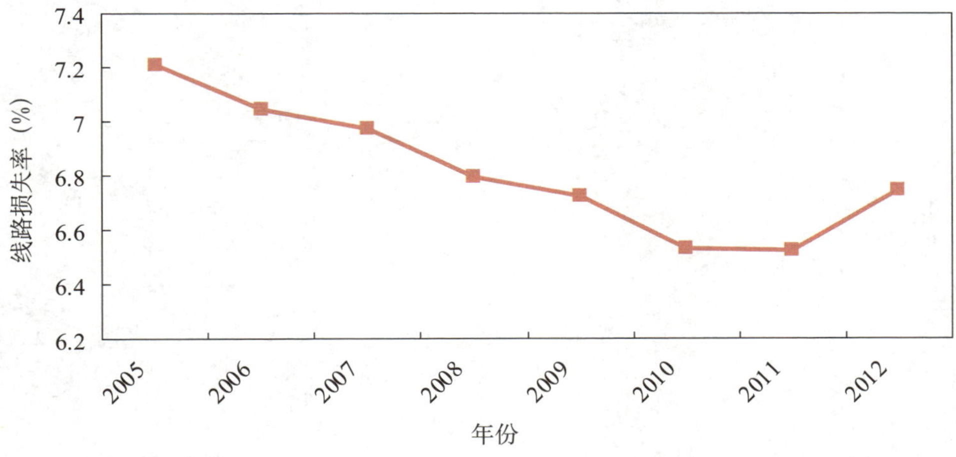

图 9－3　2005—2012 年全国线损率变化情况

2. 各省份情况

2012 年各省份线损率情况见表 9－6。

表 9－6　2012 年各省份线损率情况

地　区	2012 年线损率（%）	与全国平均水平比较（百分点）
全　国	6.74	0.00
北　京	6.49	−0.25
天　津	6.57	−0.17
河　北	6.76	0.02
山　西	6.22	−0.52
内蒙古	4.92	−1.82
辽　宁	6.01	−0.73
吉　林	5.34	−1.40
黑龙江	7.04	0.30
上　海	6.15	−0.59
江　苏	6.99	0.25
浙　江	4.16	−2.58
安　徽	8.55	1.81
福　建	6.49	−0.25
江　西	7.06	0.32
山　东	6.21	−0.53
河　南	5.15	−1.59
湖　北	7.08	0.34
湖　南	8.82	2.08
广　东	5.91	−0.83
广　西	7.21	0.47
海　南	7.98	1.24
重　庆	7.48	0.74
四　川	9.42	2.68
贵　州	5.09	−1.65
云　南	6.15	−0.59
西　藏	13.45	6.71
陕　西	7.17	0.43
甘　肃	4.87	−1.87
青　海	3.46	−3.28
宁　夏	4.08	−2.66
新　疆	8.10	1.36

二、火力发电厂的污染物排放与控制

（一）大气污染物排放与控制

1. 烟尘

2012 年，全国电力烟尘年排放量约为 151 万吨，比上年下降 2.6%；每千瓦时火电发电量烟尘排放量为 0.39 克，比上年下降 1.7%。截至 2012 年底，电除尘器的应用比例约为 90%，布袋除尘器（含电袋）的应用比例约为 10%。

2001—2012 年全国火力发电厂烟尘排放情况见图 9－4。

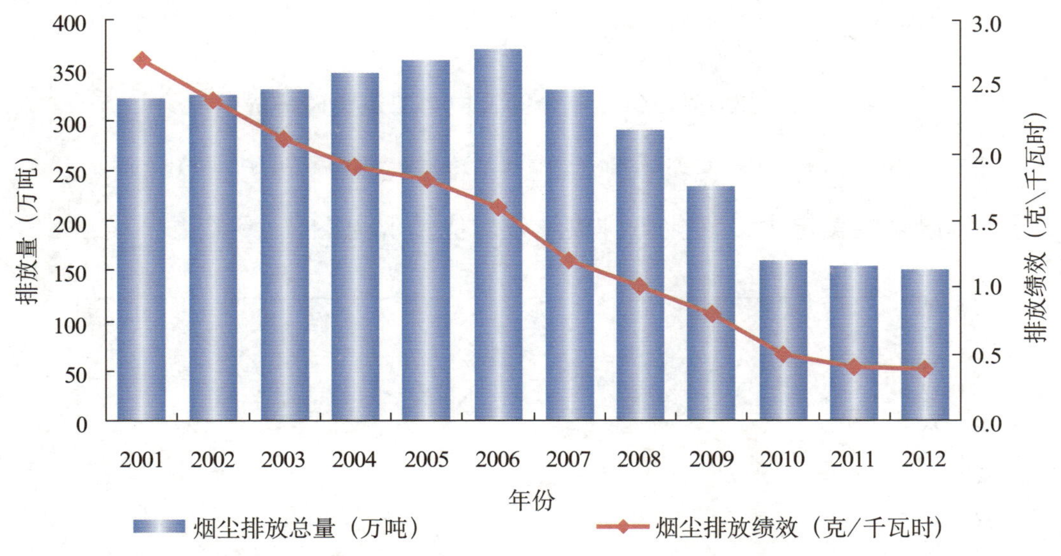

图 9－4　2001—2011 年全国火力发电厂烟尘排放情况

注：烟尘排放量来源于电力行业统计分析，统计范围为全国装机容量 6 000 千瓦及以上火电厂。

2. 二氧化硫

（1）二氧化硫排放情况。

2012 年，全国二氧化硫排放 2 117.6 万吨，比上年下降 4.5%；电力二氧化硫排放 883 万吨，比上年下降 3.3%；电力二氧化硫排放量约占全国二氧化硫排放量的 41.7%。2012 年，每千瓦时火电发电量二氧化硫排放量为 2.26 克，比上年下降 0.08 克，好于美国 2011 年水平（美国 2011 年单位煤电发电量二氧化硫排放绩效为每千瓦时 2.8 克）。

2005—2012 年全国及电力二氧化硫排放情况见图 9－5。

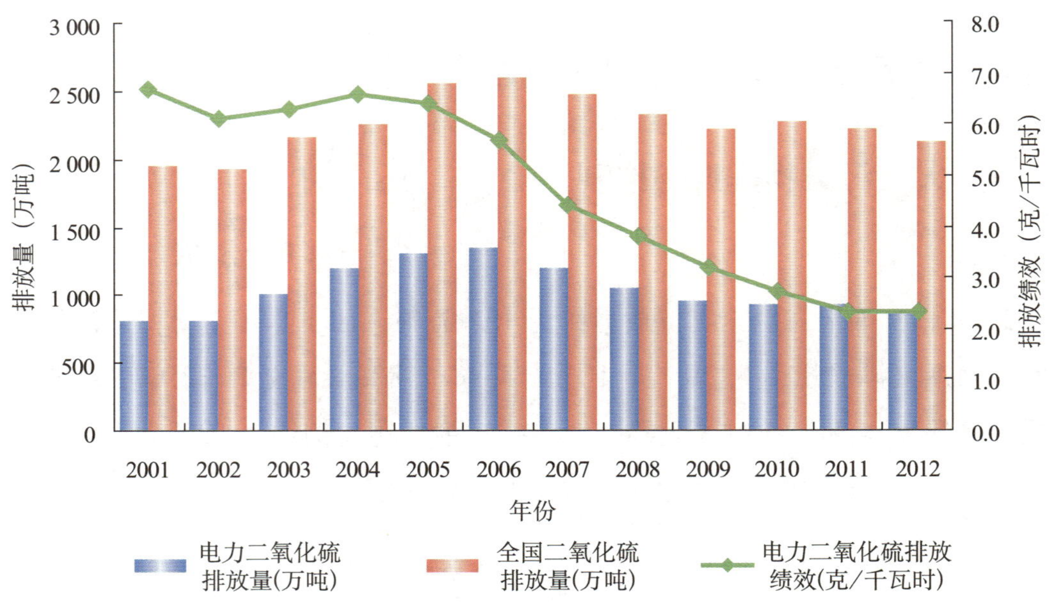

图 9－5　2005—2012 年全国及电力二氧化硫排放情况

注：全国二氧化硫数据来源于全国环境状况公报，电力二氧化硫排放量数据来源于电力行业统计分析。

2005 年以来中美电力二氧化硫排放绩效对比情况见图 9－6。

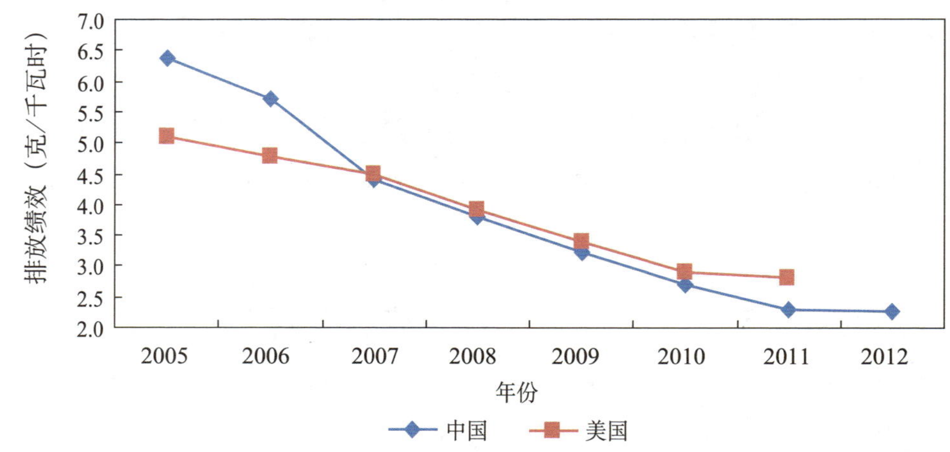

图 9－6　2005 年以来中美电力二氧化硫排放绩效对比

注：中国为单位火电发电量二氧化硫排放量，美国为单位煤电发电量二氧化硫排放量。

（2）二氧化硫治理情况。

2012 年新投运火电厂烟气脱硫机组总容量约 4 500 万千瓦；截至 2012 年底，累计已投运火电厂烟气脱硫机组总容量约 6.8 亿千瓦，占全国现役燃煤机组容量的 90%（比美国 2011 年高 30 个百分点），比 2011 年提高 1 个百分点。如果考虑具有脱硫作用的循环流化床锅炉、减去计划关停机组，全国脱硫机组占煤电机组比例接近 100%。

从脱硫机组技术采用方式看，截至 2012 年底，石灰石—石膏湿法占 92%（含电石渣法等），海水法占 3%，烟气循环流化床法占 2%，氨法占 2%，其他占 1%。截至 2012 年底，已签订火电厂烟气脱硫特许经营合同的机组容量 8 389.5 万千瓦，其中，已投运机组容量 7 645.5 万千瓦。

2005—2012 年全国烟气脱硫机组投运情况见图 9－7；中美烟气脱硫机组发展情况对比见图 9－8。2012 年底前主要脱硫公司已投运的脱硫工程容量见附件 32。

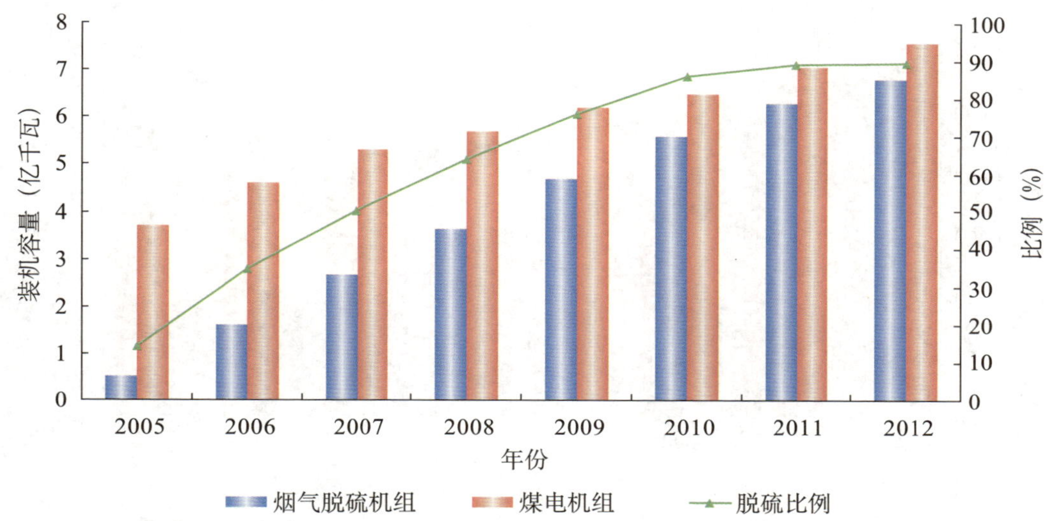

图 9－7　2005—2012 年全国烟气脱硫机组投运情况

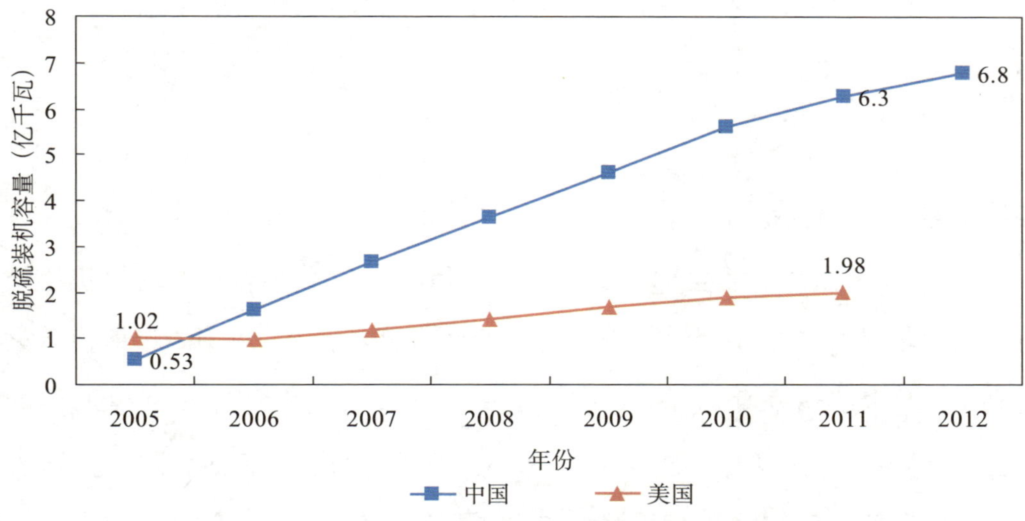

图 9－8　中美烟气脱硫机组建设情况对比

3. 氮氧化物

（1）氮氧化物排放情况。

随着火电等行业氮氧化物治理列入国家“十二五”规划纲要，电力行业氮氧化物的控制力度不断加大。2012 年，电力行业扭转了氮氧化物排放量逐年增加的局面，实现了排放量下降，全年电力氮氧化物排放 948 万吨，比 2011 年下降 5.5%；火电发电量氮氧化物排放量为每千瓦时 2.4 克，比上年下降约 0.2 克。

2005—2012 年全国及电力氮氧化物排放情况见图 9－9。

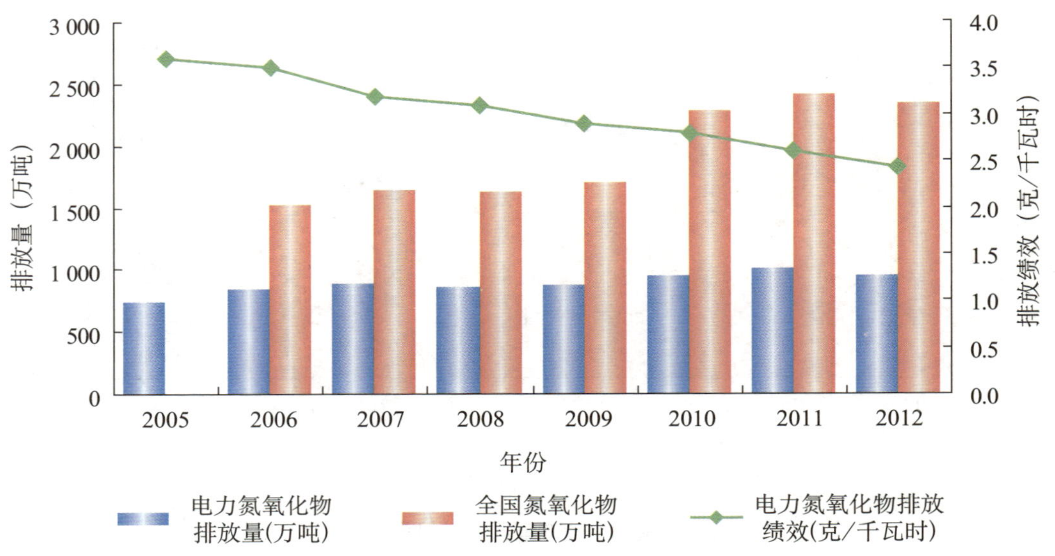

图 9－9　2005—2012 年全国及电力氮氧化物排放情况

注：全国氮氧化物排放量来源于全国环境状况公报、环境统计年报；电力氮氧化物排放量来源于电力行业统计分析，统计范围为全国装机容量 6 000 千瓦及以上火电厂。

（2）氮氧化物治理情况。

2012 年，新建燃煤机组全部按要求同步采用了低氮燃烧方式，现役机组结合检修进行低氮燃烧技术改造，烟气脱硝装置开始了大规模建设。2012 年新投运火电厂烟气脱硝机组容量约 9 000 万千瓦，其中，采用选择性催化还原法（SCR）的脱硝机组容量占当年投运脱硝机组总容量的 98%。截至 2012 年底，全国已投运火电厂烟气脱硝机组总容量超过 2.3 亿千瓦，占全国现役火电机组容量的 28.1%。规划和在建的烟气脱硝机组超过 5 亿千瓦。

截至 2012 年底，已签订火电厂烟气脱硝特许经营合同的机组容量 750 万千瓦，其中，已投运机组容量570万千瓦。

2005—2012年全国火电厂烟气脱硝机组投运情况见图9－10。

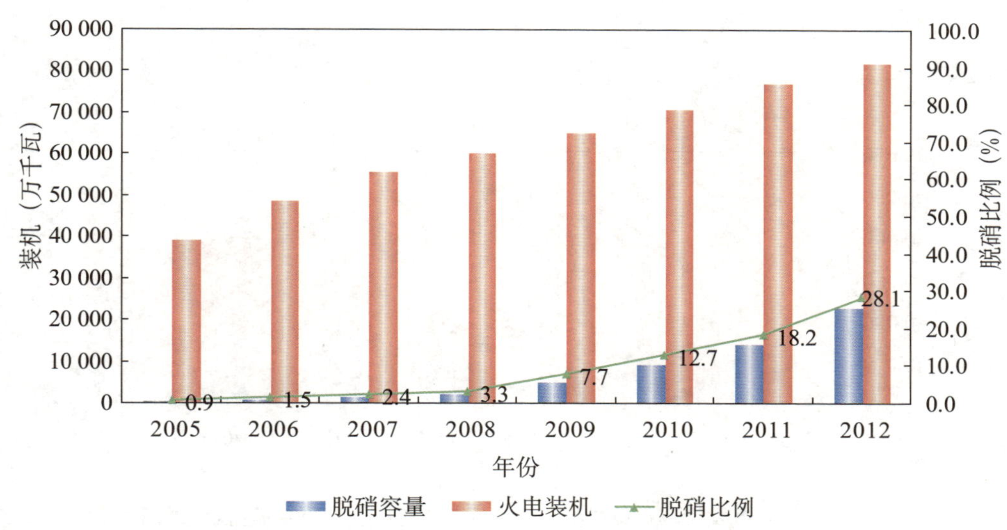

图9－10　2005—2012年全国火电厂烟气脱硝机组投运情况

2012年底前主要脱硝公司已签订合同和投运的脱硝工程容量见附件33、附件34。

（二）火电厂废水排放与控制

2012年，全国火电厂每千瓦时发电量耗水量2.15千克，比上年降低0.19千克；每千瓦时发电量废水排放量0.10千克，比上年降低0.13千克。

（三）固体废弃物排放与综合利用

2012年，全国燃煤电厂发电和供热消耗原煤约19.7亿吨，产生粉煤灰约5.4亿吨，与上年持平，是2005年的1.8倍；综合利用率约为67%。2012年，电力行业产生脱硫石膏约6 800万吨，与上年持平；综合利用率约为72%，比上年提高1个百分点。

三、应对气候变化

以2005年为基准年，2006—2012年，电力行业通过发展非化石能源、降低供电煤耗和降低线损率等措施累计减排二氧化碳 35.6 亿吨，碳减排量逐年提高。其中，供电煤耗的降低对电力行业减排贡献最大，约 52%；发展非化石能源贡献率约 46%。

以 2005 年为基准年，各年二氧化碳减排情况见图 9－11。

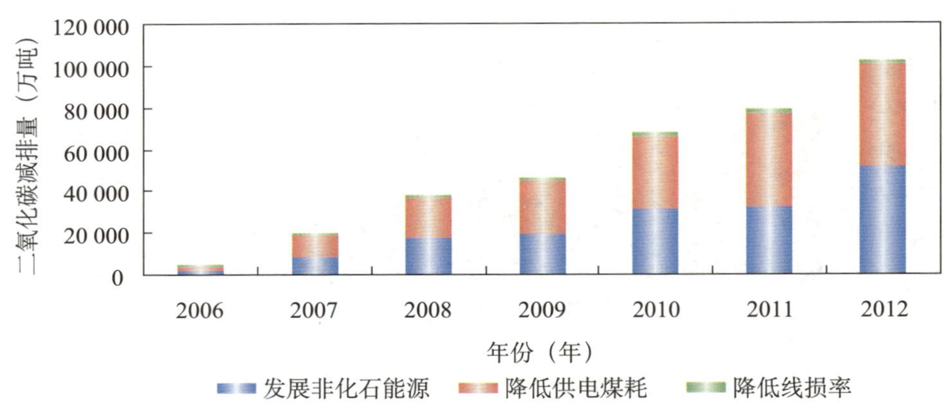

图 9－11　以 2005 年为基准年各年二氧化碳减排情况

以 2005 年为基准年，2006—2012 年各项措施二氧化碳累计减排贡献见图 9－12。

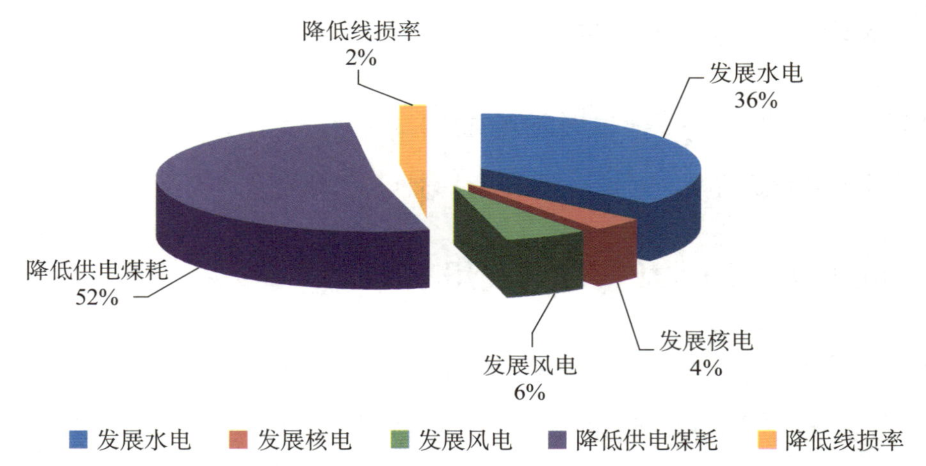

图 9－12　以 2005 年为基准年 2006—2012 年各项措施二氧化碳累计减排贡献

四、发电机组能耗对标

根据《全国火电燃煤机组能效水平对标管理办法》和《全国火电燃煤机组竞赛

评比管理办法》，中电联组织开展了2012年度全国火电60万千瓦及以上机组能效对标工作。2012年度全国100万千瓦超超临界火电机组能效指标见附件35，60万千瓦级超超临界火电机组能效指标见附件36，60万千瓦级超临界火电机组能效指标见附件37。

第十章

电力科技

一、部分电力企业科技资源配置情况

（一）企业科技投入

据对国家电网公司、中国南方电网有限责任公司、中国华能集团公司、中国大唐集团公司、中国华电集团公司、中国国电集团公司、中国电力投资集团公司、中国核工业集团公司、中国长江三峡集团公司、神华集团有限责任公司、国家核电技术有限公司、广东省粤电集团有限公司、中国电力建设集团有限公司、中国能源建设集团有限公司等14家大型电力企业年度统计数据分析显示，2012年14家大型电力企业科技投入金额466.59亿元，占营业收入的1.21%。科技投入中，自筹技术开发费投入376.5亿元，占科技投入总额的80.69%。

（二）企业所属科研机构及人力情况

2012年，14家大型电力企业共有科研机构140家，科研机构职工76 196人，占年末企业从业人员总数的2.33%；从职称结构来看，高级、中级和无高中级职称的大学本科及以上学历人员分别为18 793人、24 671人和32 732人，分别占科研机构职工总人数的24.66%、32.38%和42.96%。

2012年，14家大型电力企业共有研发机构611家，其中，国家重点实验室7家、国家实验室15家、国家工程实验室3家、国家工程技术研究中心8家、国家级企业技术中心15个、省部级认定的研发机构99家。

二、科技成果

2012年，电力企业获得国家科学技术进步奖9项（其中，特等奖1项，二等奖8项）（见附件38）；获得中国电力科学技术奖89项（其中，一等奖7项，二等奖

24项，三等奖58项）（见附件39）。

2012年，14家大型电力企业的国内专利申请量和授权量分别为14 880项和10 405项，其中，发明专利申请量和授权量分别为5 989项和1 608项；累计发表论文11 348篇，其中SCI、EI和ISTP收录论文分别为234篇、1 431篇和145篇，占论文发表总篇数的比重分别为2.06%、12.61%和1.28%。

（一）电网领域

1. 输变电技术成果

特高压交流输电关键技术、成套设备及工程应用。该项目联合国内科研、设计、制造单位和高校等100余家，产学研用协同攻关，在电压控制、外绝缘配置、电磁环境控制、成套设备研制、系统集成、试验能力等六大方面实现创新突破，掌握了特高压交流输电核心技术，研制成功全套设备，建成世界上电压等级最高、输电能力最强的交流输电工程。依托项目，我国建立了完整的特高压技术标准体系，包含七大类77项标准，输变电装备制造业实现全面升级，在国际电工领域的影响力和话语权大幅提升，首次实现了中国创造和中国引领。

电力系统接地基础理论、关键技术及工程应用。该项目研究内容涵盖接地基础理论、分析方法、降阻技术、安全性能检测及推广应用等方面。项目组制订了国家标准GB/T 50065—2011《交流电气装置的接地设计规范》，接地计算方法的研究成果被写入国际大电网会议（CIGRE）制定的国际导则C4.501《数值电磁分析方法：在冲击现象分析中的应用及与电路方法的比较》。项目成果已在国内外100余项接地系统设计和降阻工程中应用，包括我国的交直流特高压输变电工程和青藏铁路供电系统，奥运场馆的防雷工程，以及澳门电厂及韩国、刚果输电系统等，取得了显著的经济效益。

舟山与大陆联网海域架空输电线路大跨越的研究与实施。该项目依托舟山与大陆联网工程开展设计、制造、施工、运行维护和试验技术集成创新研究。舟山与大陆联网道螺头水道大跨越工程规模位居国际前列：跨越塔全高370米，世界第一；跨越档距2 756米，耐张段长度6 215米，亚洲第一。

架空输电线路杆塔基础设计理论优化、软件开发与应用。该项目研究了架空输电线路杆塔基础上拔、倾覆力作用下的破坏机理及其荷载、位移特性，建立了基础抗拔、抗倾覆承载力计算理论与方法，修正、补充了《架空送电线路基础设计技术规定》中基础抗拔和抗倾覆设计方法与参数。自主研发了以输电线路工程为对象，集地基参数数据库查询和调用、地脚螺栓标准化绘图、设计成果管理与多种方式输出于一体的架空输电线路杆塔基础设计软件。

交流输电线路对金属管线影响及防护的研究。通过研究，得出了交流线路在各种运行工况下对油气管道的电磁影响规律、水平及与油气管道间的最小接近距离和最大平行长度，并提出了便于工程应用的管道最大对地电压简化计算公式，给出了防护措施的效果和适用性。研制了我国第一套油气管道泄漏电流测量系统。项目在特高压交流线路对输油输气管道的电磁影响及防护措施的研究方面达到国际领先水平，成功解决了晋东南—荆门 1 000 千伏交流线路、皖电东送 1 000 千伏交流线路等工程对油气管道的电磁影响问题，节省工程投资约 1 亿元。

高海拔 ±800 千伏特高压直流外绝缘特性研究及应用。该项目对海拔 2 100 米条件下特高压 ±800 千伏直流输电工程全尺寸外绝缘特性进行了系统研究，成功解决了关键技术问题。研究成果已用于楚雄—穗东、糯扎渡—广东、向家坝—上海和锦屏—苏南 ±800 千伏特高压直流输电工程，工程投运后运行情况良好，节约了工程投资。

±800 千伏直流输电系统设计和设备标准体系研究。该项目研究形成了 ±800 千伏直流输电设备和设计标准体系，形成了具有自主知识产权的 ±800 千伏直流输电设计、设备技术标准，编制完成国家标准送审稿和报批稿 20 项，其中绝缘子标准中的部分内容已推荐至国际电工委员会标准并被采纳。该项目成果已经应用于云广工程，填补了国内外特高压直流输电设计和设备标准领域的空白。

柔性直流输电在海上钻井平台供电系统中的技术研发与应用。该项目在国内首次实现了柔性直流输电系统在实际工程中的应用，实现了从基础理论、实验验证到实际装置开发和工程示范的转变。项目所研发的 ±10 千伏/0. 4 万千瓦柔性直流输电系统是我国首次自主研发成功并投入使用的新型直流输电系统，具有较强的工程示范意义。

大电网设备智能化广域监测诊断关键技术研究及应用。该项目研究大电网设备智能化广域监测与诊断关键技术，完成了全国最大规模的在线监测应用示范，成功建设具有国际领先水平的设备智能化广域监测诊断系统，实现了对全网设备的状态全景可视、风险实时预警、缺陷智能诊断、寿命动态评估、隐患全局挖掘和运维精准管控。该项目为智能电网建设、大电网事故防御和电网资产全生命周期精益化管理奠定了坚实的技术基础。

2. 智能电网技术成果

电力系统广域监测分析与控制系统的研发及应用。通过构建电力系统广域监测分析与控制体系，在广域空间中进行电网安全稳定各道防线内控制决策的自适应优化，在控制时机上进行各类控制措施决策的协调优化，实现电网安全稳定的实时预警、辅助决策，以及闭环的自适应紧急控制和校正控制。成果已应用于国调、南网总调及华东、华北、西北、江苏、四川等23个省级以上调度中心，防御范围覆盖了中国电网的2/3。项目成果有效提高了电网的输电效率，并在应对灾害性气候和严重的电网故障中发挥了重要作用，显著提升了电网安全防御技术水平。

大型风电并网规划与试验检测关键技术研究及应用。围绕风电并网运行中亟待解决的突出问题，针对区域风电消纳能力，风电功率预测系统和风电调度计划系统开发，以及风电试验及检测能力的建设等一系列关键问题开展研究。建成了世界一流的风电试验基地，具备了风力发电机组并网检测能力，为风电机组制造企业技术研发、样机测试、型式认证、并网检测环节提供了试验条件。多项成果在全国十几个网省公司、上百个风电场推广应用，完成了150余个风电测试项目。项目成果从风电接入的各个层面推动了风电行业的技术进步和知识产权国有化，提高了风电利用效率，推动了风电机组技术改进，促进了风电与电网的和谐发展。

一体化电网调度技术支持系统关键技术研发与应用。通过自主创新研发了具有国际领先水平和自主知识产权的新一代一体化电网调度技术支持系统，在基于统一平台和四大类应用的一体化系统体系架构、大电网综合智能分析与告警、面向特高压同步大电网的网络分析和在线稳定分析、多级多时间尺度调度计划的一体化决策与安全校核等方面达到国际领先水平。项目研究成果的应用有效提高了电网对清洁能源的消纳水平，降低了系统建设成本，并带动了国产设备相关产业、行业的技术进步和升级。

基于全景数据平台的智能变电站自动化系统关键技术研究与工程应用。制定了设备、系统、工程设计、运行等方面的标准和规范；构建了电力系统稳态、动态、暂态等数据的变电站全景数据平台，提出变电站协同互动等多项关键技术；研制了智能变电站自动化系统，研究了智能变电站仿真调试测试方法，建立了智能变电站系统仿真测试平台，实现了智能高级应用、仿真测试调试等功能，为 35 千伏 ~750 千伏变电站提供完整的智能化解决方案；通过建设示范工程，引导和促进智能变电站的发展，提高电网安全稳定运行水平及供电可靠性。成果已成功应用于延安 750 千伏洛川变等近 200 座智能变电站。

交直流混联电网安全稳定关键技术研究与工程应用。该项目提出了交直流混联系统交互影响的评价方法，揭示了直流系统影响电网多形态稳定性的机理，制定了多直流落点优化选择决策方法，突破了网/源/直流的综合协调优化运行控制的关键技术，成功研制了适应交直流复杂大电网的快速解列装置，构建了交直流混联电网规划与运行决策系统，形成了一套完整的交直流混联电网评估、规划、控制、决策、防御的一体化技术体系。交直流混联电网规划与运行决策系统已成功应用于西南水电多直流送出、华东多直流馈入的互联电网，保障了向家坝—上海特高压直流输电工程调试和投运初期电网的安全稳定运行，提高了川电东送规模。

兆瓦级电池储能站关键技术研究及应用。项目通过自主创新，研究并掌握了大容量锂离子电池储能站集成设计技术，研究成果完全拥有自主知识产权，为大容量电池储能站的设计、建设和运行提供了技术支撑。该项目成果已经全面应用至项目示范工程，世界首座兆瓦级调峰调频锂离子电池储能站——深圳宝清电池储能站，验证了储能在电网中所起的能量日常存储、动态系统调节和快速备用电源三大作用，效益显著，起到了很好的示范效应。

3. 其他技术研发成果

电源集中送出电网振荡扰动定位及振荡解列控制技术的研究与实施。该项目深入分析了电网发生功率振荡特别是小水电诱发低频振荡的机理，研发了低频振荡源定位技术，提出了基于广域信息的低频振荡监测与振荡源定位判据和控制策略，研制了基于广域量测信息的振荡解列系统。该项目成果基于广域量测信息的振荡解列系统已在云南电网工程实施。经一年多试运行，系统运行情况良好，对电网扰动响应正确。

高级量测体系下计量终端智能化关键技术研究与应用。该项目开发了适应智能电网高级量测体系（AMI）且覆盖厂站、专变、公变（台区）及居民用户所有计量点的远程终端智能化关键技术，解决了计量终端的技术标准编制、设计实现、大规模数据通信、智能仿真测试、故障远程诊断等系列问题，实现了用户停电时间统计分析、电能质量监测、远程预付费（控制）、窃电监测等智能功能。

（二）电源领域

1. 火电科技成果

抗燃油分子极性吸附再生净化装置的研发及应用。根据磷酸酯抗燃油劣化产物分子具有极性的特点，采用极性分子吸附连续再生净化原理，开发了以物理化学吸附与机械过滤相结合的新一代抗燃油在线再生净化装置，获得了一项实用新型专利。该装置从根本上解决了抗燃油运行中出现的所有油质问题（包括可快速降低油的酸值至新油水平，解决现有抗燃油再生装置无法解决的运行抗燃油电阻率降低、颜色加深、有油泥析出等系列问题），以及调速系统的电化学腐蚀问题，避免由于电化学腐蚀问题频繁更换伺服阀、甚至引起非计划停机的事故发生，保障了机组的安全运行。该成果达到国际领先技术水平。目前，该成果已在三门峡华阳电厂、华能岳阳电厂、华电包头电厂、大唐托克托电厂、华能玉环电厂、国电开远电厂等 150 多家电厂的 400 余台发电机组上成功应用，取得了显著的经济效益。

600℃超超临界锅炉关键材料特性研究及工程应用。在 600℃超超临界锅炉关键材料特性研究及应用领域，取得“高温蒸汽氧化试验装置”等 3 项发明专利和“金属管内压蠕变试验装置”等 2 项实用新型专利，编制了《电站锅炉管内压蠕变试验方法》（DL/T 369—2010）、《火电厂金属材料高温蒸汽氧化试验方法》（DL/T 1162—2012）等 2 项电力行业标准。该技术是国内首次对 600℃等级超超临界锅炉关键材料的系统研究，掌握了 600℃超超临界锅炉材料的特性数据、工艺以及高温运行过程中的组织结构和性能变化规律，提高了机组运行安全性，多项成果居国内领先水平，部分成果达到国际先进水平。

奥氏体不锈钢管内壁氧化物检测仪的研发与应用。首次研究出奥氏体不锈钢钢管内壁氧化物堆积检测技术，能快速有效地得出奥氏体不锈钢管内部氧化物堆积量的无损检测结果，填补了无损检测领域中对奥氏体不锈钢内壁氧化物检测的空白，推动了奥氏体不锈钢内壁氧化皮检测与治理技术的发展，技术处于国际领先水平。已为国内数十家电厂百余台机组提供了专项检测，解决了电厂锅炉管内壁氧化皮堆积检测问题；该技术及产品已出口澳大利亚 Millmerran 电厂，解决了困扰该电厂的氧化物堆积难题。

提高空冷机组凝结水精处理系统水质的关键技术研究。研究成果达到国际先进水平，部分成果填补了国内技术空白。在20余家电厂实施后，使凝结水精处理出水含铁量降低50%以上，解决了电厂水质超标的问题，研发的检测试验台已为20余个国内外用户提供了技术服务。

煤粉锅炉双尺度低氮燃烧技术。以炉内防渣、低 NO_x 及稳燃工程与三场特性相关成果为基础，通过炉内射流组合使在空间尺度上相关区域三场特性差异化，在过程尺度上相关节点区段三场特性差异化，从而形成炉内利于防渣、低氮、稳燃功能的三场特性，达到三大功能稳定且强大。对于燃用贫煤、烟煤、褐煤的机组，该技术可将氮排放量降低35%～80%，锅炉效率提高0.1%～3%，每千瓦时供电煤耗减少1～12克。在燃用普通烟煤时，能实现氮氧化物排放量每标准立方米小于200毫克。该技术初投资仅为选择性催化还原法的50%，无运行成本。同时，该技术彻底解决了炉内结渣和燃烧失稳灭火问题，显著提高锅炉运行安全性和经济性。

自主知识产权的烟气海水脱硫技术研发与示范。研发出具有自主知识产权的烟气海水脱硫核心技术，并实现关键设备的国产化。取得专利11项、软件著作权1项，成果已在华能汕头海门电厂应用，项目建设获建设部金奖，并成功推广到菲律宾、斯里兰卡、柬埔寨等国际市场。

2. 水电科技成果

高坝动静力超载破损机理与安全评价方法。结合我国高坝建设和水工结构学科发展需求，经过多年的持续努力，在高坝动静力破损机理和安全评价问题的基础理论、分析模型和评价体系等方面取得了一系列突破性进展，为我国高坝的动静力设计和安全性评价提供了重要技术支撑。研究成果应用于二滩、小湾、溪洛渡、白鹤滩、大岗山、拉西瓦、向家坝等20余座高坝的动静力安全性分析与评价，对于我国高坝建设起到了关键的推动作用，产生了显著的经济效益。

大型水电工程地下厂房热湿环境保障技术装备研发及工程应用。通过对水电工程地下厂房在热湿环境中保障技术的研究，研制出了适合该环境特点的全新风无级调载除湿机、洞库全工况空调机、分流节能型除湿机等系列技术装备，并实现了成功应用。同时推动了水电站地下厂房的作业环境安全保障关键技术国家标准及行业标准《全新风除湿机》、《低温单元式空调机》等出台。

大型沉井群在深厚覆盖层基础处理中的应用。在向家坝工程深厚覆盖层条件下的二期纵向围堰基础处理中，应用了大型沉井群技术的处理方法，为二期纵向围堰上游段的按期形成奠定了坚实基础，使既定的导流方案得以实施，确保了向家坝工程按期截流。研究成果丰富与完善了水电工程深厚覆盖层地基处理的理论体系与技术措施，对于位于深厚覆盖坝址区的水电枢纽建设具有重要的推广价值。

70 万千瓦巨型水轮发电机组励磁系统研制与应用。FWL/B -700 巨型水轮发电机组励磁系统首次实现了巨型水轮发电机组励磁系统的国产化，打破了国外的垄断，填补了国内空白，具有完全自主知识产权。在三峡地下电站一年的运行考验，表明该系统安全可靠，运行稳定。

3. 可再生能源发电科技成果

多区域电场集中监控系统的研制与应用。将不同区域的大量风电场的不同生产厂家、不同型号的全部风机及变电站所有生产实时数据同时接入集中监控中心，指导安全生产管理，提升了生产数据采集的准确性和实时性，提升了管理水平和管理效率。

2.5 兆瓦直驱永磁风力发电机组研制技术。成功研制 2.5 兆瓦直驱永磁风力发电机组，在增大单机容量的同时，通过创新设计方法与手段来研制关键零部件，在大直径叶片降载技术上实现突破，并从多方面降低整机造价，提高机组的发电效率，其容量较 1.5 兆瓦机组提升 67%，而重量仅增加 17%。

3 兆瓦双馈式海上风力发电机组研发及产业化。通过研发，掌握了 3 兆瓦双馈式海上风力发电机组整机及关键零部件的设计、制造、试验技术，具有自主知识产权，具备了 3 兆瓦海上风电机组量产能力并已在工程上成功应用。

新型潮汐发电机组研制。实现了潮汐发电机组在新型高效率、高性能的转轮设计技术、正反向水泵工况运行及机组结构改进、优化设计三个方面的创新。根据本课题研究成果成功设计制造了 700 千瓦新型潮汐发电机组，安装于我国最大的潮汐电站江厦潮汐试验电站作为 6 号机组运行，为今后我国潮汐发电的进一步研究奠定了基础。

多兆瓦级风力发电机组系列化研发与装备技术。我国掌握了具有自主知识产权的多兆瓦级风力发电机组整机及关键零部件的设计、制造、试验技术，具备了量产能力，并在工程上成功应用。

4. 核电科技成果

先进核能技术创新工程。通过实施先进核能技术创新工程，在天然铀生产技术、核燃料循环技术、核动力技术、核技术应用、核共性基础技术等方面，突破一批重大关键技术，达到国际领先或先进水平。

国内首台核电百万千瓦级半速汽轮发电机组技术开发及应用。岭澳核电站二期在国内百万千瓦级电站中集成实施了多项先进技术，率先采用半速汽轮发电机组技术，填补了国内的空白。由全速机组演变为半速机组可以大幅度改善工作于湿蒸汽区域的汽轮机末级叶片的应力状态，从而在当前的材料技术水平基础上可以增加末级叶片的长度，增大排汽面积，进一步实现汽轮机排汽参数的优化，提高汽轮机的效率，提高核电站出力，降低核电项目的单位造价，提高电站的经济效益。

核电站主管道安装窄间隙自动焊工程技术研发。通过对核电站主管道窄间隙自动焊工艺的焊接试验，开发出了核电站主管道自动焊焊接工艺参数，并通过配套的三维精密测量技术的开发，优化了主设备及主管道安装和焊接工艺，实现窄间隙自动焊技术在核电站主管道焊接过程中的应用，进一步提高了核电站主管道的焊接质量，压缩了焊接工期，降低了核电站的建造成本。

百万千瓦级核电站数字化仪控系统设计标准与技术规范研究。研发具有自主知识产权的大型核电站数字化仪控系统总体方案、先进控制室及人因工程设计和验证技术、安全仪控系统标准体系以及仪控系统技术规范，同时建立大型核电站的仪控设计验证平台，为国内仪控重大装备的研发和制造建立了上游技术要求和规范，为安全级数字化仪控系统国产化提供了规范要求和验收标准。

百万千瓦级核电机组 CPR1 000 调试管理与技术。该项成果在充分吸收以往核电机组调试的成熟做法的基础上，进行了大量的创新与改进，形成了一套与自主化、总承包模式相适应的标准化调试程序，为 CPR1 000 堆型多项目、多机组、批量化调试工作提供了良好的示范。

三、电力信息化

近年来，电力行业加快推进信息化建设，推动信息化和工业化深度融合，行业信息化建设取得很大成就，两化融合水平有较大提升。各电力企业以国家信息化发展战略和“十二五”规划为纲领，加快企业信息化建设。信息化的基础设施建设得到较快发展，通信和信息网络基本实现全覆盖。信息化资金投入保持较高水平。信息技术已渗透到各个生产管理领域和各项业务环节，成为电力工业发、输、配、变、用等电力生产运营的基础保障。信息数据成为电力企业生产、管理、运行、决策、服务等各项工作的重要依据，成为电力规划、设计、建设、运营等各业务高效运行的重要纽带。信息化在电力企业生产和管理中的支撑和引领作用不断增强，信息资源已成为电力企业除人、财、物之外的第四大资源。电力行业信息化发展趋势总体上已呈现出领导、规划、建设实施向集团集约化转变，管理信息化向整体、决策、协同支持转变，生产自动化向信息化、流程化、标准化、智能化转变的态势。

行业企业普遍具备了两化融合的基础条件，发展水平总体处于业务应用阶段向综合应用阶段过渡的时期，电力行业信息化应用水平已经达到全国工业领域信息化应用的领先水平。部分企业信息化发展和两化融合水平达到了深度融合的较高水平，已经走在全国先进行列，部分应用达到国际领先地位。电力行业的信息化建设和两化融合已经成为电力行业发展的强有力支撑，有力地推动了电力工业增长方式和管理方式的改变，有效地促进了行业的科学发展。

在工业和信息化部首次组织开展的国家级信息化和工业化深度融合示范企业评定工作中，国家电网公司、辽宁大连供电公司、中国华能集团公司、浙江省电力公司、大亚湾核电运营管理有限责任公司、山东日照发电有限公司、国电大渡河流域水电开发有限公司、中国水电顾问集团华东勘测设计研究院、深圳供电局有限公司、广州供电局有限公司等 10 家电力企业被评为“国家级信息化和工业化深度融合示范企业”。在中电联组织的 2012 年全国电力信息化优秀成果评比中，电网三维协同设计及信息化管理平台、电网信息安全等级保护纵深防御示范工程、大型集团财务共享系统的建设和应用、信息化 SG－ERP 综合试点工程、电力企业生产数据智能分析的深化管理应用、国电集团信息一体化平台建设与应用、基于云模式的实时数据仓库、集中协同的发电设备数据库平台研发与应用、企业一体化集成与综合业务分析系统和水电工程移民管理信息系统（一期）等成果获一等奖。

第十一章

电力企业发展与经营

一、电力企业总体情况

（一）电力企业概况

根据国家统计局统计，截至2012年底，全国规模以上电力企业4 577家（统计口径为年产值2 000万元以上的企业，简称为全国电力企业，下同）。其中，电网企业1 541家，占33.67%；发电企业3 036家，占66.33%。国有控股电力企业3 231家，占电力企业总数的70.59%。其中，国有控股电网企业1 464家，占电网企业总数的95.00%；国有控股发电企业1 767家，占发电企业总数的58.20%；私人控股电力企业747家，占电力企业总数的16.32%，其他控股企业占电力企业的比重均相对较小。在全国规模以上发电企业中，火电企业占39.76%，水电企业占39.59%，其他能源发电企业占20.65%，与上年比较，火电和水电企业所占比重下降，其他能源发电企业比重明显上升。在全国规模以上发电企业中，国有控股的火电企业数占全部火电企业数的63.21%，水电比例为50.33%，核电比例为100%、风电比例为76.53%，太阳能比例为40.63%；私人控股的这一比例分别为火电15.91%、水电32.45%、风电11.97%、太阳能50.00%。在太阳能发电领域，私人控股企业数超过国有控股企业数。2012年底电力企业按属性划分的企业单位数汇总及比重情况分别见表11－1和表11－2。

表11－1　2012年底按电力企业属性划分的各类控股企业单位数汇总情况

单位：家

	电力企业	其中							
		电网企业	发电企业	其中					
				火电	水电	核电	风电	太阳能	其他
总　计	4 577	1 541	3 036	1 207	1 202	7	426	32	162
国有控股	3 231	1 464	1 767	763	605	7	326	13	53
集体控股	192	30	162	61	90		9		2
私人控股	747	35	712	192	390		51	16	63
港澳台商控股	108	1	107	68	12		10	1	16
外商控股	100	1	99	54	21		14		10
其　他	199	10	189	69	84		16	2	18

表 11－2　2012 年底按电力企业属性划分的各类控股企业单位数所占比重情况

单位：%

	电力企业	其 中							
		电网企业	发电企业	其 中					
				火电	水电	核电	风电	太阳能	其他
总 计	100. 00	100. 00	100. 00	100. 00	100. 00	100. 00	100. 00	100. 00	100. 00
国有控股	70. 59	95. 00	58. 20	63. 21	50. 33	100. 00	76. 53	40. 63	32. 72
集体控股	4. 19	1. 95	5. 34	5. 05	7. 49		2. 11		1. 23
私人控股	16. 32	2. 27	23. 45	15. 91	32. 45		11. 97	50. 00	38. 89
港澳台商控股	2. 36	0. 06	3. 52	5. 63	1. 00		2. 35	3. 13	9. 88
外商控股	2. 18	0. 06	3. 26	4. 47	1. 75		3. 29		6. 17
其 他	4. 35	0. 65	6. 23	5. 72	6. 99		3. 76	6. 25	11. 11

2012 年底全国各省份电力企业单位数见附件 40。

（二）电力企业人力资源情况

1. 总体情况

根据国家统计局规模以上企业口径统计，截至 2012 年底，全国电力企业平均从业人员为 250. 42 万人。其中，电网企业从业人员为 152. 55 万人，占全国电力企业平均从业人员总数的 60. 92%；发电（包括火电、水电、核电、风电、太阳能发电及其他能源发电）企业从业人员为 97. 87 万人，占 39. 08%。在发电企业从业人员中，火电企业 70. 32 万人，占发电企业平均从业人员总数的 71. 85%；水电企业 22. 48 万人，占 22. 97%；核电企业 7 763 人，占 0. 78%；风电企业 1. 95 万人，占 1. 99%；太阳能发电企业 4 549 人，占 0. 46%；其他能源发电企业 1. 90 万人，占 1. 94%。近几年来，供电、火电和水电企业平均从业人数持续呈现较低增速，而风电和太阳能发电企业随着装机规模快速增加其平均从业人数增速较高。2012 年底按电力企业类型分平均从业人员情况见表 11－3。

表 11－3　2012 年底按电力企业类型分平均从业人员情况

	平均从业人数			平均从业人数占电力企业人数比重		
	截至 2012 年底（万人）	截至 2011 年底（万人）	2012 年比 2011 年增长（%）	截至 2012 年底（%）	截至 2011 年底（%）	2012 年比 2011 年提高的百分点
总 计	250. 42	246. 33	1. 66	100. 00	100. 00	0. 00
电网企业	152. 55	150. 05	1. 67	60. 92	60. 91	0. 01
发电企业	97. 87	96. 28	1. 65	39. 08	39. 09	-0. 01

续表

	平均从业人数			平均从业人数占电力企业人数比重		
	截至2012年底（万人）	截至2011年底（万人）	2012年比2011年增长（%）	截至2012年底（%）	截至2011年底（%）	2012年比2011年提高的百分点
火电企业	70.32	70.22	0.14	28.08	28.51	-0.43
水电企业	22.48	21.53	4.41	8.98	8.74	0.24
核电企业	0.77	0.78	-1.28	0.31	0.32	-0.01
风电企业	1.95	1.64	18.90	0.78	0.67	0.11
太阳能发电企业	0.45	0.29	55.17	0.18	0.12	0.06
其他能源发电企业	1.90	1.82	4.40	0.76	0.74	0.02

2012 年底全国各省份供电企业和发电企业平均从业人数见附件 41。

2. 部分大型电力企业人力资源有关情况

据中电联统计调查，截至 2012 年底，国家电网公司（未含西藏电力有限公司，以下同）、中国南方电网有限责任公司、中国华能集团公司、中国大唐集团公司、中国华电集团公司、中国国电集团公司、中国电力投资集团公司、中国电力建设集团有限公司、中国能源建设集团有限公司、广东省粤电集团有限公司、内蒙古电力（集团）有限责任公司、陕西省地方电力集团公司、北京能源投资集团有限公司等 13 家大型电力企业的人力资源有关指标的情况如下：

（1）八类优秀人才情况。

13 家大型电力企业共有中国科学院院士 4 人，中国工程院院士 8 人，有突出贡献的中青年科学、技术专家 38 人，新世纪“百千万人才工程”国家级人选 33 人，享受国务院政府特殊津贴的科学、技术专家 308 人，全国青年岗位能手 66 人，全国技术能手 269 人，“中华技能大奖”获得者 7 人。2012 年 13 家大型电力企业八类优秀人才分布情况见附件 42。

（2）职工人员构成情况。

2012 年 13 家大型电力企业职工结构比例情况见附件 43。13 家大型电力企业职工队伍中，生产技能人员人数最多，占同口径企业职工总人数比重为 54.25%，管理人员、技术人员比重分别为 17.28%、14.85%。在三类人员中，北京能源投资（集团）有限公司管理人员占公司职工人数比重最高，达到了 36.34%，广东省粤电集团有限公司比重最低，只有 6.71%；陕西省地方电力集团公司技术专业人员比重最高，为 32.08%，比重最低的是中国国电集团公司，为 6.79%；广东省粤电集团有限公司生产建设技能人员比重最高，为80.96%，比重最低的是中国电力建设集团有限公司，为37.88%。

（3）职工年龄结构情况。

2012年13家大型电力企业管理人员、技术人员、生产建设技能人员年龄结构情况分别见附件44、附件45和附件46。

（4）获得电力行业特有工种高级技师资格人员情况。

自2001年电力行业对生产建设技能人员实施国家职业资格证书准入制度以来，各电力企业十分重视对生产建设技能人员特别是高级技能人员的培养。2001—2012年，通过鉴定考评，电力行业共评审通过了行业特有工种高级技师23 450人。其中，供用电专业14 268人，占电力行业特有工种高级技师人数比重最高，其他类别人数依序为火力发电专业4 941人，火电建设及送变电专业2 180人，水电建设专业1 427人，水力发电专业634人。2001—2012年电力行业获得高级技师人员各专业比重情况见图11－1。

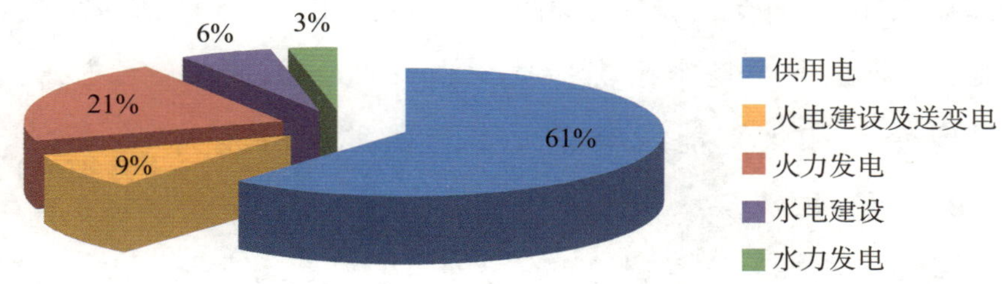

图11－1 2001—2012年高级技师通过人员各专业比重

二、电力企业经营情况

（一）电力企业经营总体情况

根据国家统计局统计，截至2012年底，全国电力企业资产总额86 570亿元，比上年增长6.84%；占全国规模以上工业企业资产总额的11.62%，比上年降低0.56个百分点。在电力企业总资产中，电力供应企业资产总额39 796亿元，比上年增长7.46%；占全国电力企业资产总额的45.97%，比上年增加0.26个百分点。发电企业资产总额46 775亿元，比上年增长6.33%；占全国电力企业资产总额的54.03%，比上年降低0.26个百分点。其中，火电企业、水电企业、核电企业、风电企业和太阳能发电企业资产总额分别为26 147亿元、14 089亿元、1 501亿元、4 195亿元和214亿元，分别比上年增长2.22%、11.04%、-1.65%、18.38%和74.75%。

截至2012年底，全国电力企业负债总额57 057亿元，比上年增长6.41%；占全国规模以上工业企业负债总额的13.24%，比上年降低0.60个百分点。在电力企业负债总额中，电力供应企业负债总额23 707亿元，比上年增长9.22%；占全国电力企业负债总额的41.55%，比上年增加1.07个百分点。发电企业负债总额33 350亿元，比上年增长4.50%；占全国电力企业负债总额的58.45%，比上年降低1.07个百分点。其中，火电企业、水电企业、核电企业、风电企业和太阳能发电企业负债总额分别为19 135亿元、9 866亿元、1 049亿元、2 765亿元和168亿元，分别比上年增长0.74%、9.75%、-10.18%、17.08%和104.88%。

截至2012年底，全国电力企业资产负债率为65.91%，比上年降低0.27个百分点，高出全国规模以上工业企业平均水平8.07个百分点。电力供应企业资产负债率为59.57%，比上年提高0.96个百分点，高出全国规模以上工业企业平均水平1.74个百分点。发电企业资产负债率为71.30%，比上年降低1.25个百分点，高出全国规模以上工业企业平均水平13.46个百分点。其中，火电企业、水电企业、核电企业、风电企业和太阳能发电企业资产负债率分别为73.18%、70.03%、69.89%、65.91%和78.86%。

2012年全国电力企业利润总额2 473亿元，比上年增长67.41%；占全国规模以上工业企业利润总额的4.45%，远低于全国电力企业资产总额占全国规模以上工业企业的比重。在电力企业利润总额中，电力供应企业利润总额938亿元，比上年增长16.74%；占全国电力企业利润总额的37.93%，比上年降低16.46个百分点。发电企业利润总额1 535亿元，比上年增长127.85%；占全国电力企业利润总额的62.07%，比上年提高16.46个百分点。其中，火电企业、水电企业、核电企业、风电企业和太阳能发电企业利润总额分别为846亿元、456亿元、114亿元、103亿元和4亿元，分别比上年增长373.25%、70.72%、2.34%、3.93%和165.96%。发电企业特别是火电企业利润总额的同比增长率，是建立在2011年火电企业利润大幅度下降、亏损额大幅增加、资产负债率继续上升、经营情况总体恶化基础之上的比较。从资产利润率来看，全国电力企业为2.86%，电力供应企业为2.36%，发电企业为3.28%，其中火电企业、水电企业、核电企业、风电企业和太阳能发电企业分别为3.23%、3.24%、7.59%、2.45%和1.83%，同期全国规模以上工业企业资产利润率为7.46%，电力企业资产利润率不足全国水平的40%，甚至低于一年定期存款利率水平。

2012年全国火电企业利润总额846亿元，火电利润前5位的省份依次为江苏（173亿元）、广东（166亿元）、浙江（129亿元）、内蒙古（70亿元）和陕西（64亿元），5个省份火电利润总额占全国火电利润总额的71.01%，四川、江西、河南、青海、湖南、黑龙江、辽宁、甘肃、吉林和云南火电企业总体亏损。2012年全国水电企业利润总额456亿元，水电利润前5位的省份依次为湖北（151亿元）、四川（111亿元）、云南（49亿元）、贵州（19亿元）和福建（16亿元），5个省份水电利润总额占全国水电利润总额的75.74%，黑龙江和西藏水电企业总体亏损。

2012年，在全国4 577家规模以上电力企业中，亏损企业1 011家，亏损面（亏损企业数占行业企业总数的比重）达到22.09%。其中，电力供应企业1 541家，312家亏损，亏损面为20.25%；发电企业3 036家，699家亏损，亏损面为23.02%。在发电企业中，火电企业亏损面为31.73%，水电企业亏损面为17.22%，风电企业亏损面为12.91%，太阳能发电企业亏损面为31.25%。

2012年，五大发电集团综合利润总额为186亿元，比上年减少18.06%，但电力业务合计亏损145亿元，而上年为盈利56亿元，其中火电业务亏损312亿元，比上年增亏179亿元；五大发电集团公司合并净利润为67亿元，比上年减少47.72%。

2012年全国电力企业主要经营效益指标见表11－4。

表11－4　2012年电力企业主要经营效益指标

	资产总额（亿元）	同比增长（%）	负债总额（亿元）	同比增长（%）	利润总额（亿元）	同比增长（%）
电力企业	86 570	6.84	57 057	6.41	2 473	67.41
电力供应企业	39 796	7.46	23 707	9.22	938	16.74
发电企业	46 775	6.33	33 350	4.50	1 535	127.85
火电企业	26 147	2.22	19 135	0.74	846	373.25
水电企业	14 089	11.04	9 866	9.75	456	70.72
核电企业	1 501	－1.65	1 049	－10.18	114	2.34
风电企业	4 195	18.38	2 765	17.08	103	3.93
太阳能发电企业	214	74.75	168	104.88	4	165.96
其他发电企业	630	18.45	368	15.10	13	－22.42

2012年电网企业生产经营数据见附件47，部分大型发电企业生产经营数据见附件48，辅业集团生产经营数据见附件49。

（二）电力企业融资情况

2012 年电力上市企业有华电福新通过首次公开发行融资 21.5 亿元，川投能源通过公开增发融资 19.9 亿元，内蒙古华电等 7 家通过定向增发融资 344.0 亿元，共通过股权融资 385.4 亿元。2012 年，电力企业通过企业债、短期融资券、中期票据和公司债进行融资的规模分别为 354.5 亿元、4 036.0 亿元、1 447.1 亿元和 191.8 亿元。2012 年全年电力企业股权和债权融资规模合计为 6 414.8 亿元。2012 年电力上市企业融资情况见附件 50。

（三）重大并购、资产出售等情况

据对 24 家大型电力企业统计[1]，2012 年，发生与发电业务相关的重大并购与出售活动的企业共 8 家，分别是中国华能集团公司、中国大唐集团公司、中国华电集团公司、中国电力投资集团公司、神华集团有限责任公司、中国广核集团有限公司、国投华靖电力控股有限公司、甘肃省电力投资公司。其中，中国大唐集团公司将大唐国际运城发电公司、大唐石门发电公司和大唐洛阳发电公司共计 213 万千瓦的控股权转让给陕煤化集团；中国电力投资集团公司通过收购云南滇能（集团）控股公司和云南滇能禄劝公司股权，使得公司在云南省拥有 120 万千瓦发电装机容量；神华集团有限责任公司收购国网能源公司，增加了 630.71 亿千瓦时装机容量。

2012 年，发生其他并购与资产重组活动的大型电力企业共 3 家，分别是中国南方电网有限责任公司、中国电力投资集团公司和广东省粤电集团有限公司。其中，中国南方电网有限责任公司对广东电网公司下属 50 个县级供电子公司实行债转股，收购资本 128.44 亿元；广东粤电财务有限公司投资 4.45 亿元入股珠海农信社（持有增资扩股后 9.9% 股权），成为其持股最多的主要战略股东之一，并作为发起人发起设立珠海农商行；中电投集团新疆公司与新疆化工集团共同出资注册成立由双方持股的新公司，新增尿素产能 26 万吨、铵 22.5 万吨、纯碱 120.9 万吨、元明粉 12.6

---

[1] 24 家集团（公司）分别是：国家电网公司、中国南方电网有限责任公司、中国华能集团公司、中国大唐集团公司、中国华电集团公司、中国国电集团公司、中国电力投资集团公司、中国能源建设集团有限公司、中国电力建设集团有限公司、中国核工业集团公司、中国长江三峡集团公司、神华集团有限责任公司、国家核电技术公司、中国广核集团有限公司、广东省粤电集团有限公司、华润电力控股有限公司、国投华靖电力控股股份有限公司、内蒙古电力（集团）有限责任公司、北京能源投资（集团）有限公司、申能股份有限公司、陕西省地方电力（集团）有限公司、山西国际电力集团有限公司、河北建设投资集团有限责任公司、甘肃省电力投资集团公司。

万吨。2012 年大型电力企业重大并购（出售）活动的具体项目统计见附件 51。根据国务院国资委通知，国家电网公司所持南方电网 26.4% 的股权调整至国资委持有，暂时由中国国新控股有限责任公司代持。

（四）电力企业综合能源业务发展情况

据对 24 家大型电力企业统计，2012 年，共有 8 家企业在综合能源业务方面有新开工、在建和投产的项目，这 8 家企业分别是中国华能集团公司、中国大唐集团公司、中国华电集团公司、中国国电集团公司、中国电力投资集团公司、广东省粤电集团有限公司、华润电力控股有限公司、申能股份有限公司。2012 年部分大型电力企业的煤炭、电解铝、天然气、煤化工、运输物流及其他领域新开工、在建项目情况和投运项目情况分别见附件 52、附件 53。

在煤炭领域，中国华能集团高头窑、魏家峁露天矿进入试生产，柳巷煤矿完成联合试运转，核桃峪、灵露煤矿项目开发有序进行，邵寨、赤城煤矿项目获得核准，准东大井矿区 6 号井、段寨煤矿项目取得路条，年产量 5 440 万吨煤矿项目列入国家煤炭工业“十二五”规划。华能呼伦贝尔、华亭煤业进入 2012 年全国煤炭企业五十强。中国电力投资集团有限公司 2012 年底煤炭产能达到 7 410 万吨，全年煤炭产量 6 046 万吨，煤炭销量 6 342 万吨，供应集团所属电厂 4 401 万吨，电煤自给率达到 27.9%，大东北地区煤炭自给率达到 83.36%，产业协同优势进一步体现。中国华电集团公司的第一个大型综合性能源项目——内蒙古不连沟煤矿位于内蒙古自治区鄂尔多斯市准格尔旗境内，井田面积 33 平方公里，煤炭储量 11.45 亿吨，原设计规模每年 1 000 万吨，经改造现核定产能每年 1 500 万吨，配套建设相应规模的选煤厂，2012 年生产原煤 1 480 万吨，荣获“2012—2013 年度第一批中国建设工程国家优质工程”奖，这是自鲁班奖创立 25 年来，我国首个煤矿整体项目（含选煤厂）获此殊荣，填补了煤炭企业建设史的空白。华润电力控股有限公司、北京能源投资（集团）有限公司也在投资建设大型煤矿。

在运输物流领域，华能集团海门煤炭中转基地项目水域主体已完工，规模每年 2 270 万吨，计划总投资 25.11 亿元，该项目除满足华能海门电厂用煤需求外，每年仍有约 1 000 万吨煤炭接卸转运能力。中国电力投资集团公司“蒙煤南运”通道由赤大白铁路、锦赤铁路和锦州港、江苏滨海港、广东揭阳港煤炭码头等物流设施网络构成，通道建成后，中国电力投资集团有限公司蒙东地区的煤炭可直接经铁路运至锦州港，然后经海上运输运往华东和南方区域，形成跨区域煤电联营的格局，2012

年12月赤峰至朝阳段（174公里）建成通车；与此同时，中国电力投资集团有限公司在华东、华中和华南地区控股建设的港口和大型储配煤中心工程加快推进。一条由锦赤铁路、赤大白铁路、锦州港煤炭码头共同构筑的我国又一条北煤南运下海通道逐渐形成，规划吞吐能力达到每年6 000万吨。华润电力控股有限公司在天津与中海发展股份有限公司合资设立“天津中海华润航运公司”，该公司拥有自有散货船舶4艘，总计载重17.3万吨。广东省粤电集团茂名博贺煤码头项目获国家发展改革委核准，投资参股的珠海港煤炭储运中心项目建成并投入试运行。

在电解铝领域，2012年底中国电力投资集团有限公司电解铝产能达277.3万吨，氧化铝产能260万吨；全年电解铝产量269万吨，氧化铝产量250万吨。

三、电力上市公司情况[1]

（一）总体情况

以2012年年报业务占比分类，沪、深两市共有56家电力上市公司。其中，火电（含燃机、热电）企业37家，总市值占电力板块比重为69.2%；水电企业9家，总市值占比26.8%；电网企业10家，总市值占比4.0%。以2012年12月31日收盘价计算，电力板块总市值为6 638.1亿元，比上年增长14.6%；占全市场比重约2.5%，比上年提高0.2个百分点。不含限售股的流通A股市值为4 728.5亿元，比上年增长17.2%；占比约2.6%，比上年提高0.1个百分点。

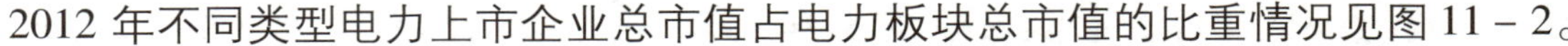
2012年不同类型电力上市企业总市值占电力板块总市值的比重情况见图11－2。

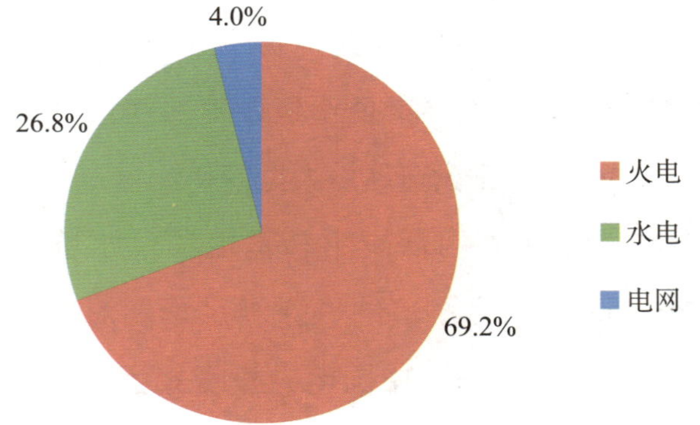

图11－2　2012年不同类型电力上市企业总市值占电力板块总市值的比重情况

[1] 本部分各图、表的资料来源为Wind资讯、中信证券研究部。

2012 年电力板块上市公司基本情况见附件 54。

（二）走势回顾

受经济基本面及改革预期等因素影响，2012 年我国证券市场总体呈先抑后扬走势，反映沪、深两市综合走势的沪深 300 指数全年涨幅为 9.8%；电力行业指数全年涨幅为 10.5%，走势略强于大盘。

2012 年电力板块及大盘走势比较见图 11－3。

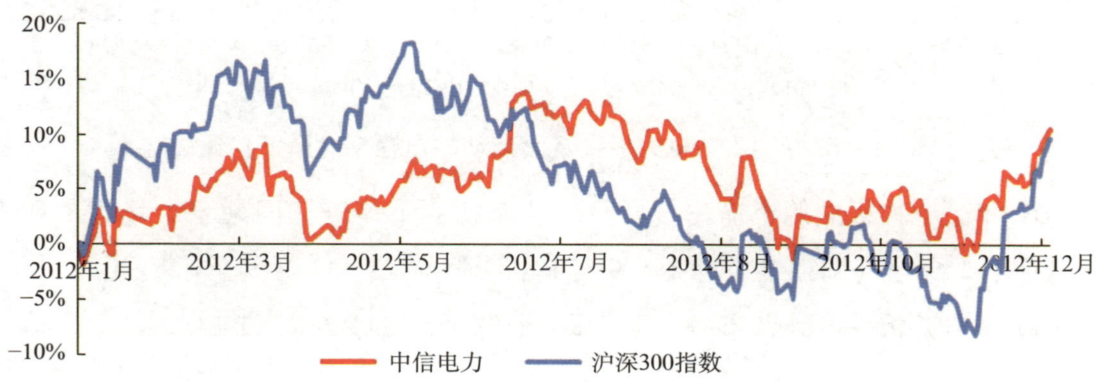

图 11－3 2012 年电力板块及大盘走势比较

在电力板块中，火电板块全年涨幅为 8.9%；水电全年涨幅达 18.0%；电网全年跌幅为 5.3%。

2012 年电力各子板块走势比较见图 11－4。

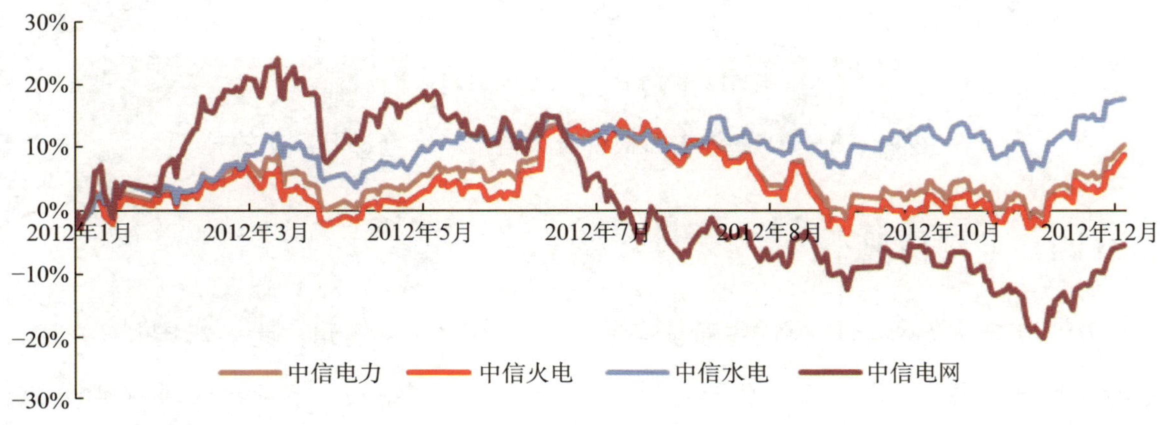

图 11－4 2012 年电力各子板块走势比较

（三）估值情况

2012 年，电力板块的动态市盈率（P/E）从年初的 13.8 倍（同期全市场为 12.7

倍）升至年底的 15.9 倍（同期全市场为 13.7 倍）。

2012 年电力板块及大盘动态市盈率（P/E）比较见图 11－5。

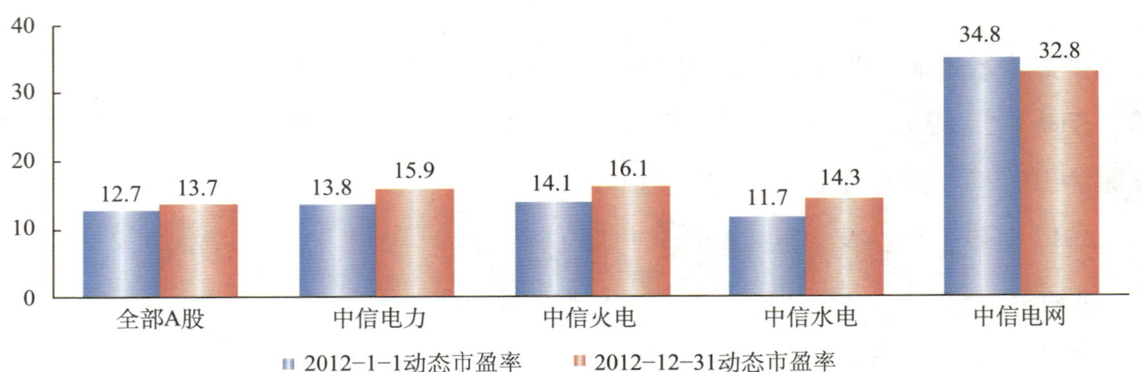

图 11－5　2012 年电力板块及大盘动态市盈率（P/E）比较

2012 年，电力板块的市净率（P/B）从年初的 1.6 倍（同期全市场为 1.8 倍）升至年底的 1.9 倍（同期全市场为 1.9 倍）。

2012 年电力板块及大盘市净率（P/B）比较见图 11－6。

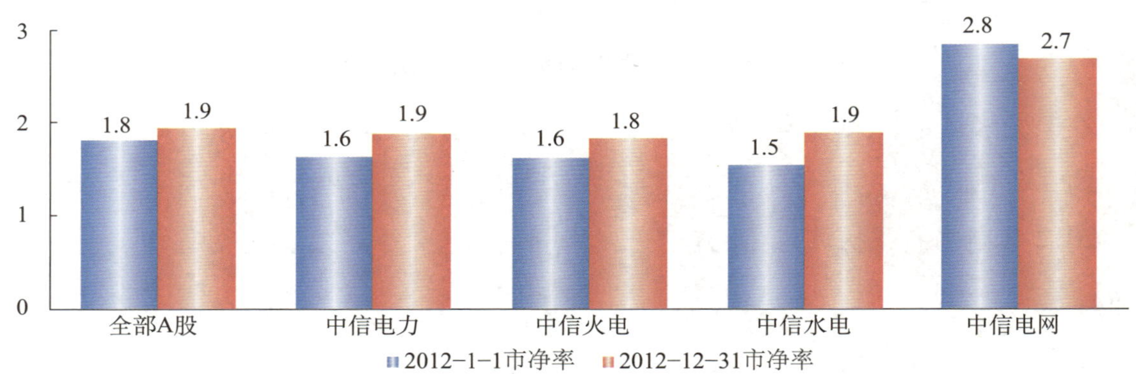

图 11－6　2012 年电力板块及大盘市净率（P/B）比较

（四）业绩情况

2012 年电力行业上市公司主营业务收入合计 6 241.4 亿元，比上年增长 10.7%；受电价上涨、煤价下跌及来水偏丰影响，行业总体毛利率较上年上升 6.4 个百分点，为 20.3%；同时，受投资企业效益上升影响，电力板块投资收益比上年上涨 7.7%，为 148.9 亿元。

2012 年电力板块主营收入、毛利率及投资收益情况见表 11－5。

表 11－5 2012 年电力板块主营收入、毛利率及投资收益情况

		2012 年主营收入（亿元）	2012 年主营收入增长率（%）	2012 年毛利率（%）	2011 年毛利率（%）	2012 年投资收益（亿元）	2012 年投资收益增长率（%）
电力合计		6 241. 4	10. 7	20. 3	13. 9	148. 9	7. 7
其中	火电	5 594. 6	9. 3	17. 9	11. 5	128. 7	12. 6
	水电	497. 4	25. 1	47. 0	42. 3	18. 7	-2. 3
	电网	149. 4	21. 4	20. 7	22. 3	1. 6	-67. 9

2012 年，电力板块营业费用率为 0. 3%，与上年持平；管理费用率 2. 9%，比上年上升 0. 2 个百分点；财务费用率则比上年上升 1. 1 个百分点，为 8. 9%。

2011—2012 年电力板块三项费用率情况见表 11—6。

表 11－6 2011—2012 年电力板块三项费用率情况

单位：%

		营业费用率		管理费用率		财务费用率	
		2012 年	2011 年	2012 年	2011 年	2012 年	2011 年
电力合计		0. 3	0. 3	2. 9	2. 7	8. 9	7. 8
其中	火电	0. 2	0. 2	2. 8	2. 5	8. 3	7. 1
	水电	0. 2	0. 3	3. 1	3. 3	16. 6	17. 5
	电网	1. 6	1. 7	8. 1	9. 3	4. 7	4. 6

2012 年电力板块盈利 418. 1 亿元，比上年上升 86. 8%。其中，火电盈利上升 129. 8%，为 285. 8 亿元，为电力板块利润的主要来源；水电板块受水情偏丰影响，盈利上升 40. 0%，为 124. 1 亿元；电网公司盈利为 8. 1 亿元。总体净资产收益率比上年上升 3. 7 个百分点，为 10. 0%，其中，火电及水电提升，而电网则有所回落。

2012 年电力板块净利润及净资产收益率情况见表 11－7。

表 11－7 2012 年电力板块净利润及净资产收益率情况

		2012 年净利润（亿元）	2012 年净利润增长率（%）	2012 年净资产收益率（%）	2011 年净资产收益率（%）
电力合计		418. 1	86. 8	10. 0	6. 3
其中	火电	285. 8	129. 8	9. 7	5. 0
	水电	124. 1	40. 0	11. 1	9. 3
	电网	8. 1	-24. 6	6. 8	10. 8

（五）新能源上市公司情况

主业为新能源的上市公司包括龙源电力、大唐新能源、中国电力新能源、华能

新能源、京能清洁能源、新天绿色能源及华电福新，均为港交所上市公司。以2012年12月31日收盘价计算，新能源上市公司市值合计为750.9亿港元，其中龙源电力市值为346.2亿港元，大唐新能源市值为57.9亿港元，中电新能源市值为37.0亿港元，华能新能源市值为93.7亿港元，京能清洁能源市值为82.0亿港元，新天绿色能源市值为44.0亿港元，华电福新市值为90.1亿港元。

2012年反映港股综合走势的恒生指数全年涨幅为20.0%；龙源电力、大唐新能源、中电新能源、华能新能源、京能清洁能源、新天绿色能源及华电福新全年变动幅度分别为－12.1%、－31.3%、18.9%、－29.2%、－1.8%、17.4%及－15.0%。

2012年新能源类上市公司主营业务收入合计453.1亿港元，较上年增长11.4%；总体毛利率较上年提高2.7个百分点，为30.8%。新能源类上市公司其他营业费用合计费用率为3.7%，较上年上升0.5个百分点。净利润下降6.5%，全年盈利59.6亿港元（2011年盈利63.7亿港元）。

第十二章 电力国际合作

2012 年，电力企业扎实推进“走出去”战略，取得了较好成效。一年来，电力对外投资取得新成绩，电力对外承包效益获得较大提升，电力设备和技术出口规模显著增长，电力交流合作日益广泛深入，中国电力企业的海外影响力进一步提升。

一、电力对外投资

2012 年，电力企业抓住机遇，扩大对外投资，电力投资规模有较快增长。2012 年 10 家主要电力企业实际完成投资总额达 70.65 亿美元，比上年增长 1.41 倍。其中，国家电网公司、中国华电集团公司、中国长江三峡集团公司 2012 年实际完成投资额分别比上年增长 205.8 倍、7.24 倍和 2.31 倍，2012 年国家电网公司对外投资额占 10 家主要电力企业对外投资统计总额的 43.56%；电力企业对外投资区域涉及东南亚的柬埔寨、缅甸、印尼、老挝等国家，非洲的刚果，南美洲的巴西，以及葡萄牙、澳大利亚等发达国家；投资模式有绿地投资、股权并购、BOT、IPP，其中股权并购占主导地位；投资领域包括火电、水电、输变电和矿产等；对外投资项目明显增多，2012 年电力对外投资项目达 32 项，比 2011 年增加 9 项，其中，投资额在 3 000 万美元及以上的重大项目有 13 项，国家电网公司、中国长江三峡集团公司在葡萄牙项目上的成功案例，为中国电力企业进入发达国家电力行业积累了一定的经验。2012 年 10 家主要电力企业对外投资总体情况见表 12－1。

表 12－1　2012 年电力企业对外投资总体情况

单位：万美元

企业名称	截至 2012 年底境外累计实际投资总额	其中：2012 年实际完成投资额
国家电网公司	567 000	307 710
中国南方电网有限责任公司	703	0
中国华能集团公司	335 952	24 758
中国大唐集团公司	65 562	13 728
中国华电集团公司	48 207	29 386
中国电力投资集团公司	208 548	4 905

续表

企业名称	截至2012年底境外累计实际投资总额	其中：2012年实际完成投资额
中国长江三峡集团公司	390 119	288 084
神华集团有限责任公司	40 459	700
广东省粤电集团有限公司	65 102	12 294
中国电力建设集团公司		24 920

2012年电力企业重大对外投资项目情况见附件55。

二、电力对外承包工程

2012年，电力企业在对外承包工作中继续深度开发传统市场，积极开拓新兴市场，承包方式从分包向EPC总承包转变，在国际市场上的竞争力和知名度进一步增强，企业效益获得较大提高。

2012年，在美国工程新闻记录（ENR）公布的2012年国际承包商225强榜单中，共有52家中国内地企业入围国际承包商225强，其中中国电力企业有5家上榜国际承包商225强，且排名较上年均有提升，具体见表12－2。

表12－2　2012年入选国际承包商225强的中国电力企业排名

序号	公司名称	2011年度排名	2012年度排名	2012年在上榜中国企业中排名
1	中国水利水电建设股份有限公司	24	23	3
2	山东电力建设第三工程公司	58	53	10
3	中国葛洲坝集团公司	71	62	11
4	山东电力基本建设总公司	100	64	12
5	中国水利电力对外公司	115	92	19

在商务部发布的2012年我国对外承包工程业务新签合同额前50家企业和完成额排名前50名排行榜上，电力企业均有6家。具体排名情况见表12－3。

表12－3　2012年入选中国对外承包工程业务新签合同额前50名和完成额排名前50名的电力企业

序号	公司名称	2012年新签合同额排名	2012年完成营业额排名
1	中国水利水电建设股份有限公司	2	2
2	中国葛洲坝集团公司	5	9
3	中国水利电力对外公司	21	20
4	山东电力基本建设总公司	32	11

续表

序号	公司名称	2012 年新签合同额排名	2012 年完成营业额排名
5	山东电力建设第三工程公司	38	8
6	东北电业管理局第二工程公司	39	
7	国家电网公司		26

2012 年中国电力企业新签大型对外承包工程项目分布在亚洲、非洲、美洲、欧洲、大洋洲的多个国家和地区。截至 2012 年底，中国电力建设集团公司有在建对外承包工程项目 728 个，中国能源建设集团公司有项目 738 个，涉及水利、水电、火电、电网、新能源、路桥、房建、市政、港航、铁路和供排水等十几个建设领域。2012 年电力企业对外承包工程总体情况见表 12 – 4。

表 12 – 4　2012 年电力企业对外承包工程总体情况

企业名称	2012 年底在建项目数量（个）	2012 年底在建项目合同额累计（万美元）	2012 年新签合同额合计（万美元）	2012 年对外承包项目年度营业额（万美元）
国家电网公司	62	232 038	157 765	—
中国大唐集团公司	1	2 950	2 950	300
中国华电集团公司	3	67 382	0	86 900
中国电力投资集团公司	1	15 000	0	13 000
中国长江三峡集团公司	77	840 352	152 186	129 993
中国电力建设集团公司	728	6 037 800	1 676 156	876 842
中国能源建设集团公司	738	2 886 400	1 082 540	257 142

2012 年电力企业新签重大对外承包工程项目情况见附件 56。

三、电力设备、技术出口

2012 年，电力设备和技术出口仍以境外工程带动为主，但直接出口设备和技术规模有所提高。出口的电力设备主要集中在电力核心技术领域和东南亚、非洲等欠发达国家。技术服务和咨询业务开拓力度加大，涉及电网、燃煤电站、水电站、风电、太阳能等领域的项目可行性研究、规划、设计等，表明中国先进电力技术具有广阔的国际应用前景。2012 年电力企业设备出口情况见表 12 – 5。

表 12－5　2012 年电力企业设备出口情况

单位：万美元

企业名称	直接出口设备总额	境外工程带动出口设备总额
国家电网公司	15 856.00	0
中国大唐集团公司	552.81	552.81
	21.99	21.99
中国华电集团公司	4 600	0
中国国电集团公司	880	0
中国电力投资集团公司	0	12 000
中国长江三峡集团公司	0	17 012.86
中国电力建设集团公司	452.68	0
	217.80	0
	183.81	0
	0	222.52
		8 921.00
		323.81
国家核电技术有限公司	0	205.95
中国能源建设集团公司	2 235.29	42 826.30

2012 年电力企业技术出口情况见表 12－6。

表 12－6　2012 年电力企业技术出口情况

单位：万美元

企业名称	直接出口技术服务费	境外工程带动出口技术服务费
国家电网公司	2 647.00	0
国家核电技术有限公司	10	0
中国电力建设集团公司	158.96	0
	0	714.76
		12 187.15
	90.87	0
	0	4 796.44
		32.92
		173.50
		165.16
中国能源建设集团公司	2 849.66	7 455.50

四、电力国际交流

2012 年，电力行业各单位紧密围绕行业发展重点及各公司发展战略和中心任务，通过政策对话、交流互访、组织研讨会、参加国际组织活动、会议及展览等形式，加强与国际同业组织、驻华使领馆及国际同行的交流，加大对电力行业及企业的宣传，积极签署对外交流合作协议及备忘录，推动国际项目合作。通过组织境外培训，提升电力企业国际合作从业人员素质。通过对国外同行的来华培训，展现中国电力企业在相关电力技术领域的优势，提升国际影响力。

（一）国际交流活动

2012 年，中电联和各大电力企业积极开展国际交流活动。

拓展国际交流渠道，助力行业企业发展。全行业接待重要来访 788 余人次，与有关国家能源部门、国际能源署、欧电联、亚太电协、美国核学会等能源机构及有关电力企业建立联系，就新能源、电动汽车、智能电网、水电项目、核电项目、应对气候变化等主题进行探讨、交流，达成共识或签署项目协议。

积极参与国际组织活动，推动国际合作。紧密围绕行业、企业发展战略重点安排境外出访，积极参加国际高层论坛，推介中国电力发展理念，宣传中国电力行业、企业发展成就，提升国际影响力和认可度。通过陪同政府高层进行外交访问，签订项目合作协议等。截至 2012 年底，中国电力行业、企业加入全球可持续电力合作组织、国际大电网会议组织、国际水电协会、世界核运营协会等国际能源电力组织 21 家，并积极参加国际组织开展的活动及工作会议。截至 2012 年底电力行业加入的国际组织及 2012 年参加的活动情况见附件 57。

（二）国际会议和展览

2012 年，中电联和电力企业积极主（承）办或参加各类综合性国际会议和展览，充分利用会议和展览平台，宣传中国电力行业及企业在清洁能源、电力设备、核安全等技术、运行、经营、管理方面的优势，树立中国电力行业健康发展良好形象，加强境内外企业间的经贸合作。电力行业全年主（承）办重大国际会议及展览共 22 个，参加重要国际会议 74 场、重要国际展览 24 个。2012 年电力行业主（承）办的重要国际会议和展览见附件 58。

（三）对外签署的重要交流与合作协议、备忘录

2012 年，电力行业对外签署的重要协议及备忘录共 18 项，协议内容涵盖战略合作、项目开发、技术合作、教育合作与科学交流等多个方面，涉及火电、核电、电网、矿产、工程咨询等领域。

（四）涉外培训

2012 年，各电力集团公司共组织境外培训班 61 批次，培训企业员工 346 人次。培训主题既包括领导力、创新型体制建设、海外投资与“走出去”发展战略、企业管理、人力资源管理、跨境资源规划和风险管理等管理培训，也包括智能调度、配电网技术、海上风电、核电等技术培训。

近年来，中国电力企业对外投资合作项目不断增多，电力技术管理水平不断提升，一些发展中国家尤其是东南亚、非洲等国家纷纷到中国学习电力先进技术和管理经验。2012 年，中国电力投资集团公司、中国广核集团有限公司、中国电力建设集团公司、中国能源建设集团公司等电力企业共接待泰国、菲律宾、印度、越南、埃塞俄比亚、沙特阿拉伯等国的同行来华培训 11 批次，培训国外同行 139 人次。

五、电力海外分支机构或办事处

截至 2012 年底，电力企业在亚洲、欧洲、北美洲、南美洲、非洲、大洋洲的 63 个国家和地区设立的主要驻外机构或办事处共 187 家。其中亚洲国家和中国香港地区有 106 家，非洲国家有 43 家，欧洲国家有 15 家，南美洲国家有 10 家，北美洲国家有 9 家，大洋洲国家有 4 家。

附　件

附件 1

2012 年电力行业大事记

1 月 1 日，由环境保护部与国家质量监督检验检疫总局联合发布的被称为“世界最严火电环保标准”的《火电厂大气污染物排放标准》（GB 13223—2011）开始实施，我国火电机组节能减排任务更加繁重，并正式进入“脱硝时代”。

1 月 2 日，中科华核电技术研究院联合中广核工程有限公司研制成功核电站控制棒驱动系统，打破了国外技术封锁和垄断，实现了核电站控制棒驱动系统的自主化和国产化。

1 月 13 日，我国首台欧洲先进压水堆 EPR 核电机组核岛关键冷却水泵从大连深蓝泵业发往台山核电项目现场，标志着欧洲先进压水堆 EPR 核电站核岛关键核级冷却水泵完全实现国产化，这也是 EPR 项目核岛关键设备中唯一国产化的关键核级泵。

2 月 14 日，2011 年度国家科学技术奖励大会在京召开，中国南方电网有限责任公司申报的“高压直流输电工程成套设计自主化技术开发与工程实践”获得国家科学技术进步奖一等奖。

2 月 23 日，国家可再生能源中心在北京成立。该中心主要承担制定国家可再生能源发展战略、规划和政策研究等任务。

2 月 29 日，西安热工院自主研发的“带二次再热的 700℃以上参数超超临界锅炉”技术通过国家知识产权发明专利审核并公告。该技术的成功研发，填补了我国在这方面的空白。

3 月 5 日，温家宝总理在十一届全国人大五次会议作政府工作报告时表示，要推进节能减排，优化能源结构，推动传统能源清洁高效利用，安全高效发展核电，积极发展水电，加快页岩气勘查、开发攻关，提高新能源和可再生能源比重。加强能源通道建设。

3 月 19 日，《国家能源局关于印发“十二五”第二批风电项目核准计划的通知》发布，全国“十二五”第二批风电核准规模为 1676 万千瓦；从区域分布来看，“三北”地区拟核准规模得到较合理控制。

4 月 13 日，国家水能风能研究中心、国家能源水电工程技术研发中心依托中国水电工程顾问集团公司设立。国家水能风能研究中心主要承担水能、风能等领域的发展战略、政策研究、科技研发、人才培养和国际交流等工作；国家能源水电工程技术研发中心主要开展水电领域的重大工程技术研究，推动“产、学、研”结合和工程技术进步。

5 月 14—16 日，世界核电运营者协会（WANO）第 84 届理事会会议在莫斯科召开。中国华能集团公司签署了世界核电运营者协会章程，正式加入世界核电运营者协会。

5 月 28 日，首届中国（北京）国际服务贸易交易会在北京国家会议中心开幕。国务院总理温家宝在开幕式前参观了中国国电集团公司展厅，了解国电集团科技环保服务产业发展情况。

6 月 5 日，中国国家主席胡锦涛和俄罗斯总统普京在北京人民大会堂签署《中华人民共和国和俄罗斯联邦关于进一步深化平等信任的中俄全面战略协作伙伴关系的联合声明》，并见证了电力能源等 11 项合作文本的签署。

6 月 14 日，黑龙江省颁布《黑龙江省气候资源探测与保护条例》，其中规定企业探测开发风能及太阳能资源必须经过气象部门批准，而且探测出来的资源属国家所有。这是我国首个规范气候资源利用的地方法规。

6 月 20 日，《国家能源局关于鼓励和引导民间资本进一步扩大能源领域投资的实施意见》发布，对拓宽民间资本投资范围、营造公平和规范的市场环境、提高民营能源企业发展水平、引导和规范管理等四方面给出具体意见。

6 月 21 日，国内首台百万千瓦级核电站半速汽轮发电机组技术开发及应用项目通过中国电机工程学会组织的鉴定和验收。该研究成果填补了国内核电百万千瓦级半速汽轮发电机组技术的空白，主要技术经济指标达到国际先进水平。

6 月 28 日，全球首台全范围 AP1000 模拟机——三门核电 1 号模拟机正式由美国西屋公司移交给三门核电。

6 月 28 日，国务院印发节能与新能源汽车产业发展规划（2012—2020 年）。

6 月 29 日，粤电南沙开发区光伏发电项目顺利启动试运并实现并网。该项目是目前国内最大的单体建筑屋顶光伏项目。

7 月 1 日，居民阶梯电价在全国开始正式试行。试行居民阶梯电价后，全国大部分地区按照补偿成本与公平负担相结合、统一政策与因地制宜相结合的原则，将城乡居民每月用电量按照满足基本用电需求、正常合理用电需求和较高生活质量用电需求划分为三档，电价实行分档递增。据测算，80% 的居民用户电费支出没有受到影响。

7月6日，三峡—葛洲坝梯级电站历年累计发电量达到10001.56亿千瓦时。其中，三峡电站累计发电5681.31亿千瓦时，葛洲坝电站累计发电4320.25亿千瓦时。

7月9日，美国《财富》杂志公布了2012年度世界五百强企业最新排名，国家电网公司、中国南方电网有限责任公司、神华能源股份有限公司、中国华能集团公司、中国国电集团公司、大唐集团公司、中国电力建设集团公司、中国华电集团公司、中国电力投资集团公司分列第7位、152位、234位、246位、341位、369位、390位、433位、451位。其中，中国电力建设集团公司、中国华电集团公司和中国电力投资集团公司是首次上榜。

7月11日，国务院总理温家宝主持召开国务院常务会议，讨论通过了《节能减排“十二五”规划》。

7月12日，三峡电站总出力达到2250万千瓦，实现全电站34台机组首次设计额定出力运行。

7月28日，溪洛渡左岸—浙江金华±800千伏特高压直流输电工程开工。该工程建成后，每年可将西南地区约400亿千瓦时清洁水电输送至浙江，相当于每年节省标煤1228万吨，减排二氧化碳超过3400万吨。

8月2日，国务院总理温家宝到三峡工地，考察防汛工作和工程运行情况，并亲切慰问工程建设者和运行值班人员。

8月6日，国家能源局发布《可再生能源发展“十二五”规划》，确定可再生能源发展“十二五”规划的重要任务、规划实施思路以及规划实施的政策和保障措施。

8月9日，北京延庆1兆瓦塔式太阳能热发电示范电站首次发电实验成功。该项目是国家“十一五”863计划“太阳能热发电技术及系统示范”重点项目，由中国科学院电工研究所等十多家国内科研及企事业单位共同设计建设。项目成功发电是我国塔式光热发电产业发展史上具有里程碑意义的标志性事件。

8月13日，国务院总理温家宝就我国并网风电装机总量跃居世界第一作出重要批示：“国家电网公司认真贯彻中央决策部署，狠抓风电发展的基础性工作和关键环节，有效解决了风电发展中的各种困难和问题，在不太长的时间内使我国并网风电跃居世界第一，成绩来之不易。要再接再厉，完善制度和规范，加强统一调度和管理，积极推动技术进步和产业升级，加快构建风能和太阳能等新能源开发利用、高效配置、安全运营平台，为我国新能源长期、稳定、健康、可持续发展作出新的更大的贡献。”

8月28日，海南三沙供电局在西沙永兴岛成立。三沙供电局是我国最南端的地市级供电局。

9 月 6 日，华能糯扎渡水电站首台机组投产发电。糯扎渡水电站是我国已建、在建的第四大水电站，计划安装 9 台 65 万千瓦机组，总装机容量 585 万千瓦。

9 月 12 日，国家能源局发布《太阳能发电“十二五”规划》。根据规划，到 2015 年底，我国太阳能发电装机容量将达到 2100 万千瓦以上，年发电量将达到 250 亿千瓦时。

9 月 19 日，国内首台超超临界二次再热火电机组——国电泰州发电厂二期百万千瓦超超临界二次再热燃煤发电示范项目奠基。该项目建成后，发电机组将是世界上参数最高、热效率最高的机组。

9 月 27 日，国电龙源那曲高海拔试验风电场项目正式开工建设。此项目是国家《“十二五”支持西藏经济社会发展建设项目规划方案》确定的重点能源项目，也是迄今世界海拔最高的风电项目。

10 月 16 日，国务院批复了《核安全与放射性污染防治“十二五”规划及 2020 年远景目标》，重点明确了“十二五”期间核污染防治的五项重点工程，包括核安全改进、放射性污染治理、科技研发创新等五个方面。

10 月 24 日，国务院总理温家宝主持召开国务院常务会议，讨论通过了《能源发展“十二五”规划》、《核电安全规划（2011—2020 年）》和《核电中长期发展规划（2011—2020 年）》。

10 月 26 日，国家电网公司发布《关于做好分布式光伏电网并网服务工作的意见》。决定从 11 月 1 日开始，公司免费为分布式光伏发电项目业主提供接入系统方案制订、并网检测、调试等全过程服务，并全额收购富余电力，免收系统备用费。

10 月 26 日，哈尔滨汽轮机厂有限责任公司与黑龙江中京新能源有限公司合作在阿根廷正式签署阿根廷萨尔塔省 20 兆瓦光热发电电站总包合同。这是中国企业在国外签署的第一个太阳能光热电站总包合同。

10 月 30 日，由华能集团公司自主研发的我国首个超 400℃太阳能热发电科技示范项目在海南省三亚市华能南山电厂投产，并与华能南山电厂的联合循环发电系统组成了我国第一个太阳能光热与天然气发电的混合式发电系统。该项目的成功标志着我国在菲涅尔光热电站的产业化进程中迈出了重要一步。

10 月 31 日，中国实验快堆工程通过科技部组织的专家验收。实验快堆的建成标志着中国核能发展“压水堆—快堆—聚变堆”三步走发展战略中的第二步取得了重大突破，成为世界上少数拥有快堆技术的国家之一，标志着中国在四代核电技术研发方面进入国际先进行列。

11 月 5 日，世界上首台单机容量为 80 万千瓦的水轮发电机组——向家坝水电站 7 号机组正式投入运行。向家坝水电站是我国已建和在建的第三大水电站，计划安装 8 台 80 万千瓦机组，总装机容量 640 万千瓦。

11 月 22 日，中国广核集团有限公司 ACPR1000 + 技术方案在深圳通过中国核能行业协会组织的专家评审。专家评审认为，ACPR1000 + 技术方案是中国广核集团有限公司在二十多年引进、消化、吸收国际压水堆核电技术的基础上实现自主创新的重要成果，总体水平达到了三代核电技术水平，可以作为我国后续核电发展的技术选择之一，为我国核电“走出去”战略提供了有效的技术支撑。

11 月 23 日，全国规模最大的海上风电场——龙源江苏如东 150 兆瓦海上（潮间带）示范风电场投产发电。

12 月 9 日，2012 年电力企业高峰会在北京召开。本届峰会的主题为“清洁能源发展与转变能源发展方式”。

12 月 12 日，国家电网公司锦屏—苏南特高压直流输电工程正式建成投运。该工程额定电压 ±800 千伏，额定输送功率 720 万千瓦，是目前世界上输送容量最大、送电距离最远、电压等级最高的直流输电工程。

12 月 12 日，中国首座煤气化联合循环电站——华能天津 IGCC 示范电站投产，标志着我国洁净煤发电技术取得了重大突破。

12 月 18 日，美国商务部发布了关于中国输美应用级风塔反倾销和反补贴的终裁公告，倾销幅度为 44.99% ~ 70.63%，补贴率为 21.86% ~ 34.81%，补贴率较初裁提高了 10 个百分点。

12 月 20 日，《国务院办公厅关于深化电煤市场化改革的指导意见》印发，决定自 2013 年起，取消重点合同，取消电煤价格双轨制，建立电煤产运需衔接新机制。

12 月 21 日，国家科技重大专项——华能山东石岛湾核电厂高温气冷堆核电站示范工程核岛底板第一层混凝土浇筑圆满完成。该电站是世界首台模块式高温气冷堆核电站，是我国在核电领域的重大自主创新工程。工程由清华大学核研院设计，华能集团控股建设和运营。工程计划于 2017 年底前投产发电。

12 月 27 日，中国核工业集团田湾核电站二期工程浇灌第一罐混凝土，中俄合作的田湾核电站二期工程正式开工建设。这是日本福岛核事故后，国务院审议核准的第一个新建核电项目，该项目的开工标志着我国稳妥恢复核电建设进入新的发展阶段。

12 月 31 日，龙源电力西藏阿里微网光伏电站一期正式并网发电。阿里微网光伏电站位于西藏阿里地区狮泉河镇，是世界上海拔最高的微网光伏项目。该项目配置 10.64 兆瓦时磷酸铁锂蓄电池组及相关设备，是目前国内容量最大的光电存储系统。

附件 2

2012 年国务院及国务院办公厅发布的涉及电力及其相关领域的文件

序号	发布单位	文件名称	文　号
1	国务院	关于进一步促进贵州经济社会又好又快发展的若干意见	国发〔2012〕2 号
2	国务院	关于实行最严格水资源管理制度的意见	国发〔2012〕3 号
3	国务院	关于印发质量发展纲要（2011—2020 年）的通知	国发〔2012〕9 号
4	国务院	国务院批转发展改革委关于 2012 年深化经济体制改革重点工作意见的通知	国发〔2012〕12 号
5	国务院	关于支持赣南等原中央苏区振兴发展的若干意见	国发〔2012〕21 号
6	国务院	关于大力推进信息化发展和切实保障信息安全的若干意见	国发〔2012〕23 号
7	国务院	关于深化流通体制改革加快流通产业发展的意见	国发〔2012〕39 号
8	国务院	关于大力实施促进中部地区崛起战略的若干意见	国发〔2012〕43 号
9	国务院	关于促进企业技术改造的指导意见	国发〔2012〕44 号
10	国务院	关于第六批取消和调整行政审批项目的决定	国发〔2012〕52 号
11	国务院	关于开展第三次全国经济普查的通知	国发〔2012〕60 号
12	国务院办公厅	关于调整国务院安全生产委员会组成人员的通知	国办发〔2012〕5 号
13	国务院办公厅	关于继续深入扎实开展“安全生产年”活动的通知	国办发〔2012〕14 号
14	国务院办公厅	关于支持中国图们江区域（珲春）国际合作示范区建设的若干意见	国办发〔2012〕19 号
15	国务院办公厅	转发发展改革委等部门关于加快培育国际合作和竞争新优势指导意见的通知	国办发〔2012〕32 号
16	国务院办公厅	转发安全监管总局等部门关于依法做好金属非金属矿山整顿工作意见的通知	国办发〔2012〕54 号
17	国务院办公厅	关于深化电煤市场化改革的指导意见	国办发〔2012〕57 号
18	国务院办公厅	关于印发国家环境保护“十二五”规划重点工作部门分工方案的通知	国办函〔2012〕147 号

附件 3

2012 年国家发展改革委和国家能源局及其办公厅发布的涉及电力及其相关领域的文件

序号	发布单位	文件名称	文　号
1	国家发展改革委、国家能源局、财政部	关于开展燃煤电厂综合升级改造工作的通知	发改厅〔2012〕1662 号
2	国家发展改革委	关于贯彻落实国务院办公厅《关于深化电煤市场化改革的指导意见》做好产运需衔接工作的通知	发改运行〔2012〕4103 号
3	国家发展改革委	关于完善垃圾焚烧发电价格政策的通知	发改价格〔2012〕801 号
4	国家发展改革委	关于调整铁路货物运输价格的通知	发改价格〔2012〕1358 号
5	国家发展改革委	关于印发利用价格杠杆鼓励和引导民间投资发展的实施意见的通知	发改价格〔2012〕1906 号
6	国家发展改革委、国家电监会	关于可再生能源电价补贴和配额交易方案（2010 年 10 月至 2011 年 4 月）的通知	发改价格〔2012〕3762 号
7	国家发展改革委	关于解除发电用煤临时价格干预措施的通知	发改价格〔2012〕3956 号
8	国家发展改革委	关于扩大脱硝电价政策试点范围有关问题的通知	发改价格〔2012〕4095 号
9	国家发展改革委、财政部、住房和城乡建设部、国家能源局	关于下达首批国家天然气分布式能源示范项目的通知	发改能源〔2012〕1571 号
10	国家发展改革委、财政部	关于推进园区循环化改造的意见	发改环资〔2012〕765 号
11	国家发展改革委	关于表彰全国循环经济工作先进单位的通报	发改环资〔2012〕3125 号
12	国家发展改革委、国家认监委	关于加强万家企业能源管理体系建设工作的通知	发改环资〔2012〕3787 号
13	国家发展改革委、财政部	关于印发《中国清洁发展机制基金有偿使用管理办法》的通知	发改气候〔2012〕3406 号
14	国家发展改革委、财政部	关于印发《中国清洁发展机制基金赠款项目管理办法》的通知	发改气候〔2012〕3407 号
15	国家发展改革委	关于印发 2011 年振兴东北地区等老工业基地工作进展情况和 2012 年工作要点的通知	发改东北〔2012〕1779 号
16	国家发展改革委	关于印发兰州新区建设指导意见的通知	发改西部〔2012〕2786 号
17	国家发展改革委	关于印发山西省国家资源型经济转型综合配套改革试验总体方案的通知	发改经体〔2012〕2558 号
18	国家发展改革委办公厅	关于组织推荐国家重点节能技术的通知	发改办环资〔2012〕206 号
19	国家发展改革委办公厅	关于印发资源综合利用电厂审核认定细化要求等工作规则的通知	发改办环资〔2012〕584 号
20	国家发展改革委办公厅	关于印发万家企业节能目标责任考核实施方案的通知	发改办环资〔2012〕1923 号

续表

序号	发布单位	文件名称	文　号
21	国家发展改革委办公厅、财政部办公厅	关于组织申报2013年节能技术改造财政奖励备选项目的通知	发改办环资〔2012〕1972号
22	国家发展改革委办公厅	关于进一步加强万家企业能源利用状况报告工作的通知	发改办环资〔2012〕2251号
23	国家发展改革委办公厅	关于印发资源综合利用“双百工程”示范基地和骨干企业名单（第一批）及有关事项的通知	发改办环资〔2012〕3309号
24	国家发展改革委办公厅	关于组织第五批节能服务公司审核备案有关事项的通知	发改办环资〔2012〕3459号
25	国家发展改革委办公厅	关于请推荐当前国家鼓励发展的环保设备（产品）的通知	发改办环资〔2012〕3480号
26	国家发展改革委办公厅	关于加强企业发债过程中信用建设的通知	发改办财金〔2012〕2804号
27	国家发展改革委办公厅	关于进一步强化企业债券风险防范管理有关问题的通知	发改办财金〔2012〕3451号
28	国家发展改革委办公厅	关于组织实施2012年企业技术中心创新能力建设专项的通知	发改办高技〔2012〕582号
29	国家发展改革委办公厅	关于组织申报2012年（第19批）国家认定企业技术中心的通知	发改办高技〔2012〕603号
30	国家发展改革委办公厅	关于请组织申报2012年国家工程研究中心创新能力建设项目的通知	发改办高技〔2012〕720号
31	国家发展改革委办公厅	关于2012年工程咨询单位资格申报有关事项的通知	发改办投资〔2012〕322号
32	国家发展改革委办公厅	关于将鄂尔多斯市资源型地区创新发展改革试点列为改革联系点的复函	发改办经体〔2012〕3585号
33	国家发展改革委	节能服务公司备案名单（第四批）	2012年第1号公告
34	国家发展改革委	“万家企业节能低碳行动”企业名单及节能量目标	2012年第10号公告
35	国家发展改革委	国家重点节能技术推广目录（第五批）	2012年第42号公告
36	国家能源局	关于进一步加强能源技术装备质量管理工作的通知	国能科技〔2012〕121号
37	国家能源局	关于印发国家能源科技重大示范工程管理办法的通知	国能科技〔2012〕130号
38	国家能源局	关于加强风电并网和消纳工作有关要求的通知	国能新能〔2012〕135号
39	国家能源局	关于申报分布式光伏发电规模化应用示范区的通知	国能新能〔2012〕298号
40	国家能源局	关于印发可再生能源发电工程质量监督体系方案的通知	国能新能〔2012〕371号
41	国家能源局	关于鼓励和引导民间资本进一步扩大能源领域投资的实施意见	国能规划〔2012〕179号
42	国家能源局、国家核安全局	关于印发与核安全相关的能源行业核电标准管理和认可实施暂行办法的通知	国能科技〔2012〕226号

续表

序号	发布单位	文件名称	文　　号
43	国家能源局	关于下达 2012 年第二批能源领域行业标准制（修）订计划的通知	国能科技〔2012〕326 号
44	国家能源局、财政部	关于印发燃煤电厂综合升级改造机组性能测试有关规定的通知	国能电力〔2012〕280 号
45	国家能源局	关于印发电力工程质量监督体系调整方案的通知	国能电力〔2012〕306 号
46	国家能源局	行业标准目录	2012 年第 1 号公告
47	国家能源局	行业标准目录	2012 年第 2 号公告
48	国家能源局	行业标准目录	2012 年第 4 号公告
49	国家能源局	行业标准目录	2012 年第 6 号公告
50	国家能源局	行业标准目录	2012 年第 7 号公告
51	国家能源局	行业标准目录	2012 年第 8 号公告
52	国家能源局	行业标准目录	2012 年第 9 号公告

附件 4

2012 年财政部和国家税务总局发布的涉及电力及其相关领域的文件

序号	发布单位	文件名称	文　号
1	财政部、国家发展改革委	关于公布取消和免征部分行政事业性收费的通知	财综〔2012〕97 号
2	财政部	关于印发《可再生能源电价附加有关会计处理规定》的通知	财会〔2012〕24 号
3	财政部	关于扩大中央国有资本经营预算实施范围有关事项的通知	财企〔2012〕3 号
4	财政部、安全监管总局	关于印发《企业安全生产费用提取和使用管理办法》的通知	财企〔2012〕16 号
5	财政部	关于印发《大中型水库移民后期扶持结余资金使用管理暂行办法》的通知	财企〔2012〕315 号
6	财政部、国家税务总局、工业和信息化部	关于节约能源使用新能源车船税政策的通知	财税〔2012〕19 号
7	财政部、工业和信息化部、海关总署、国家税务总局	关于调整重大技术装备进口税收政策有关目录的通知	财关税〔2012〕14 号
8	财政部、科技部、国家能源局	关于做好 2012 年金太阳示范工作的通知	财建〔2012〕21 号
9	财政部	关于印发《基本建设贷款中央财政贴息资金管理办法》的通知	财建〔2012〕95 号
10	财政部、国家发展改革委、国家能源局	关于印发《可再生能源电价附加补助资金管理暂行办法》的通知	财建〔2012〕102 号
11	财政部、科技部、国家能源局	关于公布 2012 年金太阳示范项目目录的通知	财建〔2012〕177 号
12	财政部、国家发展改革委、国家能源局	关于公布可再生能源电价附加资金补助目录（第一批）的通知	财建〔2012〕344 号
13	财政部、国家发展改革委	关于印发《电力需求侧管理城市综合试点工作中央财政奖励资金管理暂行办法》的通知	财建〔2012〕367 号
14	财政部、住房和城乡建设部	关于完善可再生能源建筑应用政策及调整资金分配管理方式的通知	财建〔2012〕604 号
15	财政部、国家发展改革委	关于印发《循环经济发展专项资金管理暂行办法》的通知	财建〔2012〕616 号
16	财政部、国家发展改革委、国家能源局	关于公布可再生能源电价附加资金补助目录（第二批）的通知	财建〔2012〕808 号
17	财政部、国家能源局、国家煤矿安全监察局	关于支持煤炭行业淘汰落后产能的通知	财建〔2012〕818 号
18	财政部、国家能源局	关于出台页岩气开发利用补贴政策的通知	财建〔2012〕847 号
19	财政部、国家发展改革委、国家能源局	关于公布可再生能源电价附加资金补助目录（第三批）的通知	财建〔2012〕1067 号
20	财政部	关于预拨 2012 年可再生能源电价附加补助资金的通知	财建〔2012〕1068 号
21	财政部、国家发展改革委	关于印发《战略性新兴产业发展专项资金管理暂行办法》的通知	财建〔2012〕1111 号

附件 5

2012 年环境保护部发布的涉及电力及其相关领域的文件

序号	发布单位	文件名称	文 号
1	环境保护部	关于进一步加强水电建设环境保护工作的通知	环办〔2012〕4 号
2	环境保护部	关于继续开展燃煤电厂大气汞排放监测试点工作的通知	环办〔2012〕28 号
3	环境保护部	关于进一步优化调整上市环保核查制度的通知	环发〔2012〕118 号
4	环境保护部	关于公布《“十二五”主要污染物总量减排目标责任书》要求 2012 年完成的重点减排项目的公告	2012 年第 27 号公告
5	环境保护部	关于发布《建设项目环境影响报告书简本编制要求》的公告	2012 年第 51 号公告

附件 6

2012 年国家电监会发布的有关文件

序号	发布单位	文件名称	文 号
1	国家电监会	关于规范水泥窑低温余热发电机组并网运营的意见	电监市场〔2012〕65 号
2	国家电监会、住房和城乡建设部	关于做好保障性安居工程电力供应与服务工作的若干意见	电监供电〔2012〕48 号
3	国家电监会	关于灵宝背靠背、德宝直流跨区域工程输电价格的批复	电监价财〔2012〕15 号
4	国家电监会	关于印发《发电企业财务经营信息报送暂行办法》的通知	电监价财〔2012〕57 号
5	国家电监会	关于印发《输配电成本信息报送暂行办法》的通知	电监价财〔2012〕58 号
6	国家电监会	关于加强风电安全工作的意见	电监安全〔2012〕16 号
7	国家电监会、中国民用航空局	关于印发《民用运输机场供用电安全管理规定（试行）》的通知	电监安全〔2012〕18 号
8	国家电监会	关于电力行业继续深入扎实开展“安全生产年”活动的通知	电监安全〔2012〕20 号
9	国家电监会	关于印发《电力业务许可证注销管理办法》的通知	电监资质〔2012〕47 号
10	国家电监会	关于印发电力建设工程备案管理规定的通知	电监资质〔2012〕69 号
11	国家电监会	重点区域风电消纳监管报告	2012 年第 10 号
12	国家电监会	2012 年供电监管报告	2012 年第 24 号
13	国家电监会办公厅	关于印发《电力行业集中开展安全生产“打非治违”专项行动工作方案》的通知	办安全〔2012〕45 号
14	国家电监会办公厅	2011 年电力安全监管情况报告	办安全〔2012〕67 号
15	国家电监会办公厅	关于加强电网运行管理防范大面积停电事故的紧急通知	办安全〔2012〕83 号
16	国家电监会办公厅	关于印发《跨省跨区电能交易基本规则（试行）》的通知	办市场〔2012〕151 号

附件 7

2012 年发布的涉及电力及其相关领域的其他规范性文件

序号	发布单位	文件名称	文　号
1	工业和信息化部	关于加强 2012 年工业质量品牌建设工作的通知	工信部科〔2012〕125 号
2	工业和信息化部	关于进一步加强工业节能工作的意见	工信部节〔2012〕339 号
3	工业和信息化部、国家发展改革委、科技部、财政部	关于印发《工业领域应对气候变化行动方案（2012—2020 年）》的通知	工信部联节〔2012〕621 号
4	工业和信息化部、国家能源局	2011 年全国各地淘汰落后产能目标任务全面完成情况	2012 年第 62 号公告
5	工业和信息化部办公厅	关于在北京市开展工业领域电力需求侧管理试点工作的通知	工信厅运行函〔2012〕610 号
6	国土资源部、国家发展改革委	关于发布实施《限制用地项目目录（2012 年本）》和《禁止用地项目目录（2012 年本）》的通知	国土资发〔2012〕98 号
7	国务院国资委	关于印发《加强中央企业有关业务管理防治“小金库”若干规定》	国资发评价〔2012〕5 号
8	国务院国资委	关于加强中央企业特殊资金（资产）管理的通知	国资发评价〔2012〕6 号
9	国务院国资委、财政部	关于加快构建中央企业内部控制体系有关事项的通知	国资发评价〔2012〕68 号
10	国务院国资委	关于印发《关于国有企业改制重组中积极引入民间投资的指导意见》的通知	国资发产权〔2012〕80 号
11	国务院国资委	关于加强“十二五”时期中央企业信息化工作的指导意见	国资发〔2012〕93 号
12	国务院国资委	关于中央企业开展管理提升活动的指导意见	国资发改革〔2012〕23 号
13	国务院国资委办公厅	关于 2013 年中央企业开展全面风险管理工作有关事项的通知	国资厅发改革〔2012〕89 号
14	国家安全监管总局、国家煤矿安监局、中华全国总工会	关于印发煤矿班组安全建设规定（试行）的通知	安监总煤行〔2012〕86 号
15	国家安全监管总局、国家煤矿安监局、国家发展改革委、国家能源局、住房和城乡建设部	关于印发加强煤矿建设安全管理规定的通知	安监总煤监〔2012〕153 号
16	国家核安全局	关于印发《福岛核事故后核电厂改进行动通用技术要求（试行）》的通知	国核安发〔2012〕98 号
17	国家档案局、水利部、国家能源局	关于印发《水利水电工程移民档案管理办法》的通知	档发〔2012〕4 号

附件 8

2012 年国家发展改革委决定废止的涉及电力及其相关领域的规范性文件

序号	名称及文号	发文单位及日期	决定废止的文号及日期
1	关于保证城乡人民生活照明用电的决定（能源办〔1991〕694 号）	能源部 1991 年 8 月 15 日	国家发展改革委令第 18 号 2012 年 12 月 12 日
2	关于印发《小型节能热电项目可行性研究技术规定》的通知（计资源〔1991〕2186 号）	国家计委、国务院生产办、能源部 1991 年 12 月 25 日	国家发展改革委令第 18 号 2012 年 12 月 12 日
3	关于颁发《电力工程勘测综合取费标准》的通知（能源电规〔1992〕483 号）	能源部 1992 年 5 月 14 日	国家发展改革委令第 18 号 2012 年 12 月 12 日
4	关于对水电站征收水资源费和库区开发费问题的通知（电办〔1993〕172 号）	电力工业部 1993 年 7 月 2 日	国家发展改革委令第 18 号 2012 年 12 月 12 日
5	关于印发《电力工业部电业政策课题管理办法》的通知（电政法〔1994〕665 号）	电力工业部 1994 年 11 月 7 日	国家发展改革委令第 18 号 2012 年 12 月 12 日
6	电力工业部办公厅关于认真贯彻执行国务院办公厅《关于征收水资源费有关问题的通知》的通知（办政法〔1995〕29 号）	电力工业部 1995 年 5 月 11 日	国家发展改革委令第 18 号 2012 年 12 月 12 日
7	关于印发《外商直接投资电力项目报批程序暂行规定》的通知（电计〔1996〕723 号）	电力工业部 1996 年 12 月 9 日	国家发展改革委令第 18 号 2012 年 12 月 12 日
8	关于颁发《水电建设起重设备安全监察规定》等五项规定的通知（电综〔1998〕133 号） —附件五：电力工业部施工设备质量安全管理办公室工作规定	电力工业部 1998 年 2 月 21 日	国家发展改革委令第 18 号 2012 年 12 月 12 日
9	印发《关于加快风力发电技术装备国产化的指导意见》的通知（国经贸资源〔2000〕122 号）	国家经贸委 2000 年 2 月 12 日	国家发展改革委令第 18 号 2012 年 12 月 12 日
10	关于南水北调工程受水区对中央直属电厂用水征收水资源费有关问题的通知（发改价格〔2005〕787 号）	国家发展改革委、财政部 2005 年 5 月 10 日	国家发展改革委令第 18 号 2012 年 12 月 12 日

附件 9

2012 年度国家标准化管理委员会下达的电力国家标准计划项目

序号	项目名称	制定/修订	起草单位	代替标准
1	光伏发电站汇流箱技术要求	制定	内蒙古神舟光伏电力有限公司、中国电力科学研究院、国网电力科学研究院、中国电器工业协会、上海电器设备检测所、北京鉴衡认证中心有限公司	
2	电力软交换系统及接口技术规范	制定	国网电力科学研究院	
3	电力系统高级计量架构信息安全	制定	南方电网科学研究院有限责任公司、中国电力科学研究院	
4	电力系统实时动态监测系统数据接口规范	制定	国网电力科学研究院、华北电力设计院工程有限公司、中国电力科学研究院等	
5	电力系统应用软件安全开发　第 1 部分：指南	制定	中国电力科学研究院、国网电力科学研究院	
6	电力系统应用软件安全开发　第 2 部分：需求分析规范	制定	中国电力科学研究院、国网电力科学研究院	
7	运行中变压器油和汽轮机油水分含量测定法（库仑法）	修订	西安热工研究院有限公司	GB/T 7600—1987
8	电站分散控制系统运行维护与试验技术要求	制定	浙江省电力试验研究院、大唐集团公司等	
9	安全工器具柜技术条件	制定	国网电力科学研究院、苏州工业园区金禾电气设备有限公司	
10	电动汽车电池更换用电池箱电联接器通用技术要求	制定	国家电网公司、许继集团公司、浙江省电力公司、中国电力科学研究院、国网电力科学研究院	
11	电动汽车快换电池箱架通用技术要求	制定	国家电网公司、中国电力科学研究院、许继集团有限公司、国网电力科学研究院、浙江省电力公司、上海电巴科技有限公司、上海中科力帆电动汽车有限公司、福建省汽车工业集团有限公司、新乡新能电动汽车有限公司、合肥国轩高科动力能源有限公司	
12	电动汽车快换电池箱通信协议	制定	国家电网公司、中国电力科学研究院、浙江省电力公司、许继集团有限公司、国网电力科学研究院、上海电巴科技有限公司、北京汽车集团有限公司、上海汽车工业（集团）总公司、北京普莱德新能源电池科技公司、中信国安盟固利动力科技公司、天津力神电池股份有限公司、中海油新能源投资有限责任公司	

续表

序号	项目名称	制定/修订	起草单位	代替标准
13	电力能效监测系统技术规范　第1部分：总则	制定	中国电力科学研究院	
14	电力能效监测系统技术规范　第2部分：功能规范	制定	中国电力科学研究院	
15	电力能效监测系统技术规范　第3部分：通信协议	制定	中国电力科学研究院	
16	电力能效监测系统技术规范　第4部分：子站（企业）设计规范	制定	中国电力科学研究院	
17	电力能效监测系统技术规范　第5部分：主站设计规范	制定	中国电力科学研究院	
18	电力能效监测系统技术规范　第6部分：信息集中与交换终端技术条件	制定	中国电力科学研究院	
19	电网节能项目节约电力电量测量与验证规范	制定	中国电力科学研究院	
20	发电厂余热回收系统节能量检测试验导则	制定	华北电力科学研究院有限责任公司、北京京能热电股份有限公司、河北电力研究院	
21	微电网接入电力系统技术要求	制定	中国电力科学研究院	
22	智能变电站保护测控一体化装置通用技术条件	制定	南京南瑞继保电气有限公司、国电南京自动化股份有限公司、北京四方继保自动化股份有限公司、许继电气股份有限公司等	
23	智能变电站智能终端技术规范	制定	河南省电力公司、河南省电力勘测设计院	

附件 10

2012 年度住房和城乡建设部下达的电力工程建设国家标准计划项目

序号	项目名称	制定/修订	主编单位	参编单位
1	风光储输联合发电站设计规范	制定	中国电力企业联合会、上海电力设计院有限公司	国网电力科学研究院、国网新源张家口风光储示范电站有限公司、新疆电力设计院
2	居住区电动汽车充电设施技术规范	制定	中国电力企业联合会、国家电网公司	北京动力经济研究院、安徽省电力公司、中国电力科学研究院、国网电力科学研究院、许继集团有限公司、国网信息通信有限公司、浙江省电力公司
3	微电网接入系统设计规范	制定	中国电力企业联合会、国家电网公司	中国电子工程设计院、中国电力工程顾问集团公司、中国电力科学研究院、国网北京经济技术研究院、国网电力科学研究院、东北电力设计院、江苏省电力公司、中科院电工所、天津大学
4	330 千伏 ~750 千伏智能变电站设计规范	制定	中国电力企业联合会、国家电网公司	江苏省电力公司、江苏省电力设计院、新疆电力设计院
5	110（66）千伏 ~220 千伏智能变电站设计规范	制定	中国电力企业联合会、国家电网公司	江苏省电力公司、江苏省电力设计院、新疆电力设计院
6	储能电站设计规范	制定	中国电力企业联合会、中国南方电网调峰调频发电公司	广东电力设计研究院
7	电气装置安装工程串联电容器补偿装置施工及验收规范	制定	中国电力企业联合会、中国电力科学研究院	东北电力科学研究院、河北电力科学研究院、江苏送变电公司、广东火电建设总公司、浙江火电建设公司
8	电力工程基本术语标准（GB/T 50297—2006）	修订	中国电力企业联合会、四川省电力公司	中国电力科学研究院、国网电力科学研究院
9	工业用水软化除盐设计规范（GB/T 50109—2006）	修订	中国电力企业联合会、中国电力工程顾问集团西北电力设计院	华东电力设计院、华北电力设计院工程有限公司、广东电力设计研究院
10	工业循环水冷却设计规范（GB/T 50102—2006）	修订	中国电力企业联合会、中国电力工程顾问集团东北电力设计院	西北电力设计院、西南电力设计院、华北电力设计院工程有限公司、中国水利水电科学研究院
11	110 千伏 ~750 千伏架空送电线路施工及验收规范（GB 50389—2006 GB 50233—2005）	修订	中国电力企业联合会、中国电力科学研究院	西北电网有限公司、中国南方电网超高压输电公司、广西送变电建设公司、黑龙江省送变电工程公司、陕西送变电工程公司、甘肃送变电建设公司、青海送变电工程公司
12	水力发电工程地质勘察规范（GB 50287—2006）	修订	中国电力企业联合会、水电水利规划设计总院	中国水电工程顾问集团、北京勘测设计研究院、华东勘测设计研究院、中南勘测设计研究院、成都勘测设计研究院、贵阳勘测设计研究院、昆明勘测设计研究院、西北勘测设计研究院

附件 11

2012 年度国家能源局下达的电力行业标准计划项目

序号	标准名称	制定/修订	主要起草单位	代替标准
1	交流电力系统金属氧化物避雷器使用导则	修订	中国电力科学研究院	DL/T 804—2002
2	气体继电器检验规程	修订	郑州赛奥电子股份有限公司、江苏省电力试验研究院、华北电力科学研究院等	DL/T 540—1994
3	继电保护和安全自动装置通用技术条件	修订	国电南京自动化股份有限公司、南京南瑞继保电气有限公司、北京四方继保自动化股份有限公司、中国电力科学研究院、华东电力设计院、许继电气股份有限公司	DL/T 478—2010
4	电力企业自动化通信网络和系统　第 7 －1 部分：变电站和馈线设备的基本通信结构 原理和模型	修订	中国电力科学研究院、国网电力科学研究院	DL/T 860. 71—2006
5	电力企业自动化通信网络和系统　第 8 －1 部分：特定通信服务映射（SCSM）对 MMS（ISO 9506 －1 和 ISO 9506 －2）及 ISO/IEC8802 −3 的映射	修订	北京四方电气有限公司、国网电力科学研究院	DL/T 860. 81—2006
6	油浸式变压器绝缘老化判断导则	修订	中国电力科学研究院、辽宁电力科学研究院、西北电力科学研究院、山东电力研究院等	DL/T 984—2005
7	电力金具专用紧固件　闭口销	修订	中国电力科学研究院	DL/T 764. 2—2001
8	电力金具专用紧固件　六角头带销孔螺栓	修订	中国电力科学研究院	DL/T 764. 1—2001
9	带电作业用绝缘垫	修订	国网电力科学研究院	DL/T 853—2004
10	带电作业用绝缘毯	修订	国网电力科学研究院	DL/T 803—2002
11	110 千伏 ~750 千伏架空送电线路工程施工质量检验及评定规程	修订	国家电网公司交流建设分公司、中国电力科学研究院	DL/T 5168—2002
12	电气装置安装工程质量检验及评定规程　第 1 部分：通则	修订	中国电力科学研究院	DL/T 5161. 1—2002
13	电气装置安装工程质量检验及评定规程　第 2 部分：高压电器施工质量检验	修订	中国电力科学研究院	DL/T 5161. 2—2002
14	电气装置安装工程质量检验及评定规程　第 3 部分：电力变压器、油浸电抗器、互感器施工质量检验	修订	中国电力科学研究院	DL/T 5161. 3—2002

续表

序号	标准名称	制定/修订	主要起草单位	代替标准
15	电气装置安装工程质量检验及评定规程　第4部分：母线装置施工质量检验	修订	中国电力科学研究院	DL/T 5161. 4—2002
16	电力用油名词术语	修订	湖南省电力公司科学研究院	DL 419—1991
17	油浸纤维质绝缘材料含水量测定法	修订	西安热工研究院有限公司	DL/T 449—1991
18	绝缘油中含气量的气相色谱测定法	修订	广东电网公司电力科学研究院、西安热工研究院	DL/T 703—1999
19	运行油开口杯老化测定法	修订	西安热工研究院有限公司	DL/T 429. 6—1991
20	电力行业词汇　第1部分：动力工程	修订	苏州热工研究有限公司	DL/T 1033. 1—2006
21	电力行业词汇　第3部分：发电厂、水力发电	修订	苏州热工研究有限公司	DL/T 1033. 3—2006
22	电力行业词汇　第4部分：火力发电	修订	苏州热工研究有限公司	DL/T 1033. 4—2006
23	电力行业词汇　第5部分：核能发电	修订	苏州热工研究有限公司	DL/T 1033. 5—2006
24	电力行业词汇　第6部分：新能源发电	修订	苏州热工研究有限公司	DL/T 1033. 6—2006
25	电力行业词汇　第10部分：电力设备	修订	苏州热工研究有限公司	DL/T 1033. 10—2006
26	电力行业词汇　第11部分：事故、保护、安全和可靠性	修订	苏州热工研究有限公司	DL/T 1033. 11—2006
27	电力物资编码　第1部分：材料产品	修订	国家电网公司物资部、信息通信部，中国水利电力物资有限公司	DL/T 700. 1—1999
28	电力物资编码　第2部分：机电产品	修订	国家电网公司物资部、信息通信部，中国水利电力物资有限公司	DL/T 700. 2—1999
29	电力物资编码　第3部分：备品配件	修订	国家电网公司物资部、信息通信部，中国水利电力物资有限公司	DL/T 700. 3—1999
30	GF型叶轮给粉机	修订	沈阳电力机械总厂	DL/T 648—1998
31	HS系列环锤式碎煤机	修订	沈阳电力机械总厂	DL/T 707—1999
32	KRC系列环锤式碎煤机	修订	沈阳电力机械总厂	DL/T 512—1993
33	MG型埋刮板给煤机	修订	沈阳电力机械总厂	DL/T 708—1999
34	板框式旋转滤网	修订	沈阳电力机械总厂	DL/T 458—1999
35	电子称重式给煤机	修订	沈阳电力机械总厂、沈阳施道克电力设备有限公司	DL/T 513—1993
36	叶轮给煤机	修订	沈阳电力机械总厂	DL/T 649—1998
37	斗轮堆取料机	修订	电力工业产品质量标准研究所	SD 183—1986
38	火电厂用12Cr1MoV钢球化评级标准	修订	西安热工研究院有限公司	DL/T 773—2001
39	烟气湿法脱硫用石灰石粉反应速率的测定	修订	国电环境保护研究院	DL/T 943—2005

续表

序号	标准名称	制定/修订	主要起草单位	代替标准
40	石灰石—石膏湿法脱硫装置性能验收试验规范	修订	西安热工研究院有限公司	DL/T 998—2006
41	火力发电厂能量平衡导则 第 1 部分：总则	修订	河北省电力研究院	DL/T 606. 1—1996
42	火力发电厂能量平衡导则 第 2 部分：燃料平衡导则	修订	河北省电力研究院	DL/T 606. 2—1996
43	火力发电厂能量平衡导则 第 3 部分：热平衡	修订	上海电力学院	DL/T 606. 3—2006
44	火力发电厂水处理用活性炭使用导则	修订	上海电力学院、安徽电力科学研究院	DL/T 582—2004
45	化学监督导则	修订	大唐国际发电股份有限公司、华北电力科学研究院有限责任公司	DL/T 246—2006
46	火电厂用工业合成盐酸试验方法	修订	西安热工研究院有限公司	DL/T 422—1991
47	工业用氢氧化钠试验方法	修订	西安热工研究院有限公司	DL/T 425—1991
48	火力发电厂水处理用 001 ×7 强酸性离子交换树脂报废标准	修订	西安热工研究院有限公司	DL/T 673—1999
49	火电厂燃料试验方法 飞灰和炉渣可燃物测定方法	修订	西安热工研究院有限公司	DL/T 567. 6—1995
50	火力发电厂燃料试验方法：燃油发热量的测定	修订	西安热工研究院有限公司	DL/T 567. 8—1995
51	火力发电厂燃料试验方法：燃油元素分析	修订	西安热工研究院有限公司	DL/T 567. 8—1995
52	水质污染指数测定方法	修订	西安热工研究院有限公司	DL/T 588—1996
53	电力基本建设热力设备化学监督导则	修订	湖北省电力公司电力试验研究院	DL/T 889—2004
54	水轮机电液调节系统及装置技术规程	修订	中国水利水电科学研究院	DL/T 563—2004
55	水轮机电液调节系统及装置调整试验导则	修订	中国水利水电科学研究院	DL/T 496—2001
56	水工碾压式沥青混凝土施工规范	修订	中国葛洲坝集团股份有限公司	DL/T 5363—2006
57	聚合物改性水泥砂浆试验规程	修订	中国水利水电科学研究院	DL/T5126—2001
58	环氧树脂砂浆技术规程	修订	中国水利水电科学研究院	DL/T 5193—2004
59	水电水利基本建设工程单元工程质量等级评定标准（一）水工建筑工程	修订	中国长江三峡集团公司	DL/T 5113. 1—2005
60	水电水利工程锚喷支护技术规范	修订	中国水利水电股份有限公司	DL/T 5181—2003

续表

序号	标准名称	制定/修订	主要起草单位	代替标准
61	水电水利爆破安全监测规程	修订	长江科学院爆破所	DL/T 5333—2005
62	水工建筑物抗冲磨防空蚀混凝土技术规范	修订	南京水科院	DL/T 5207—2005
63	水电水利工程振冲地基处理规范	修订	北京振冲公司	DL/T 5214—2005
64	大容量循环流化床锅炉运行导则	修订	中国电力企业联合会科技开发服务中心	DL/T 1034—2006
65	高压开关设备和控制设备标准的共用技术要求	修订	中国电力科学研究院	DL/T 593—2006
66	电力系统直流电源柜订货技术条件	修订	中国电力科学研究院	DL/T 459—2000
67	低压并联电容器装置使用技术条件	修订	浙江省电力试验研究院、安徽省电力科学研究院	DL/T 842—2003
68	变电站电压无功调节控制装置订货技术条件	修订	浙江省电力试验研究院	DL/T 672—1999
69	光纤复合架空地线	修订	中国电力科学研究院、国网信息通信有限公司	DL/T 832—2003
70	全介质自承式光缆	修订	中国电力科学研究院、国网信息通信有限公司	DL/T 788—2001
71	水轮发电机组设备出厂检验一般规定	修订	溪洛渡电厂	DL/T 443—1991
72	火电机组仿真机技术规范	修订	中电联鉴教中心、华北电力大学、保定华仿科技有限公司	DL/T 1022—2006
73	变电站仿真机技术规范	修订	中电联鉴教中心、中国电力科学研究院、华北电力大学	DL/T 1023—2006
74	水电仿真机技术规范	修订	中电联鉴教中心、华北电力大学、丰满培训中心、国电大渡河公司龚嘴水力发电总厂	DL/T 1024—2006
75	机动绞磨技术条件	修订	中国电力科学研究院	DL/T 733—2000
76	流域水电站梯级集中控制运行技术规程	制定	四川大学、中国水电顾问集团成都勘测设计院、南瑞集团公司	
77	供电系统低压用户供电可靠性评价规程	制定	中国电力企业联合会、中国南方电网有限责任公司、国家电网公司、深圳供电局、杭州电力局	
78	供电企业档案分类导则	制定	中国南方电网有限责任公司、中国电力建设协会	
79	电力系统集中式数据灾备系统技术规范 第1部分：系统存储监控	制定	国家电网公司	
80	电力系统集中式数据灾备系统技术规范 第2部分：信息机房综合监控	制定	国家电网公司	

续表

序号	标准名称	制定/修订	主要起草单位	代替标准
81	火电机组煤耗率分析技术导则　基于热力学第二定律法	制定	华北电力大学	
82	发电厂齿轮用油运行及维护管理导则	制定	西安热工研究院有限公司、内蒙古电力科学研究院	
83	发电厂在线氢气系统仪表检测规程	制定	西安热工研究院有限公司	
84	变压器油再生与使用导则	制定	湖南省电力公司科学研究院	
85	油中酚类及胺类抗氧化剂含量测定法　伏安线性扫描法	制定	东北电力科学研究院	
86	变压器油中金属钝化剂含量测定方法	制定	广东电网公司电力科学研究院	
87	发电企业生产实时监管系统技术条件	制定	西安热工研究院有限公司	
88	火力发电厂分散控制系统故障应急处理导则	制定	浙江省电力试验研究院、中国电力企业联合会、河南电力试验研究院、大唐盘山发电厂	
89	数字式励磁调节器入网性能检测导则	制定	华北电力科学研究有限责任公司	
90	隐极发电机转子匝间短故障诊断导则	制定	华北电力科学研究有限责任公司	
91	圆形料场堆取料机技术条件	制定	华电重工股份有限公司上海分公司	
92	圆形筒仓环式布料机和卸料机通用技术条件	制定	华电郑州机械设计研究院有限公司	
93	电力燃煤机械　变倾角滚轴筛	制定	沈阳电力机械总厂	
94	电力燃煤机械　齿板冲击式细碎机	制定	沈阳电力机械总厂	
95	电力燃煤机械　惯性共振概率筛	制定	沈阳电力机械总厂	
96	电力燃煤机械　固定式耙斗清污机	制定	沈阳电力机械总厂	
97	电力燃煤机械　环形给煤机	制定	沈阳电力机械总厂	
98	电力燃煤机械　螺旋卸车机	制定	沈阳电力机械总厂	
99	火力发电厂空冷岛排汽管道安装及验收标准	制定	国家能源电站空冷系统研发中心、中国电力工程顾问集团公司、哈尔滨空调股份有限公司	
100	火力发电厂空冷岛钢结构安装及验收标准	制定	国家能源电站空冷系统研发中心、中国电力工程顾问集团公司、哈尔滨空调股份有限公司	

续表

序号	标准名称	制定/修订	主要起草单位	代替标准
101	火力发电厂铝制间接空冷散热器	制定	国家能源电站空冷系统研发中心、中国电力工程顾问集团公司、哈尔滨空调股份有限公司	
102	火力发电厂保温防腐施工技术规范	制定	中国电力建设企业协会	
103	火力发电厂保温防腐施工质量验收规程	制定	中国电力建设企业协会	
104	火力发电厂电缆防火封堵施工工艺导则	制定	中国电力建设企业协会	
105	循环流化床锅炉耐火防磨层设计与施工导则	制定	中国电力企业联合会科技开发服务中心、神华神东电力有限公司、西南电力设计院、神华准能矸电有限公司、无锡华光锅炉股份有限公司	
106	循环流化床锅炉燃烧系统技术条件	制定	中国电力企业联合会、神华神东电力有限公司、西南电力设计院、无锡华光锅炉股份有限公司	
107	水的氧化还原电位测量方法	制定	西安热工研究院有限公司、安徽省电力科学研究院	
108	发电厂水汽中乙醇胺浓度的测定　离子色谱法	制定	西安热工研究院有限公司	
109	电厂燃煤烟气脱硝流场模拟技术规范	制定	中电投远达环保工程有限公司、大唐集团环境技术有限公司	
110	燃气发电机组噪声防治技术导则	制定	中国华电集团公司科技环保部、北京绿创声学工程股份有限公司、华电新能源发展有限公司、杭州华电半山发电有限公司	
111	18 铬 8 镍类奥氏体不锈钢锅炉管显微组织老化评级标准	制定	西安热工研究院有限公司	
112	火力发电厂受热面管超声周向导波检测技术导则	制定	神华国华（北京）电力研究院有限公司、黑龙江省电力科学研究院、中国电力投资集团公司东北分公司、西安热工研究院有限公司、广东电网公司电力科学研究院、河北省电力研究院	
113	变电站金属材料腐蚀防护技术导则	制定	广东电网公司电力科学研究院、湖南省电力公司科学研究院	
114	输电线路铁塔防腐蚀保护涂装	制定	湖南省电力公司科学研究院、广东电网公司电力科学研究院、中国电力科学研究院	
115	火力发电厂燃煤机组烟气脱硫技术改造工程后评估技术导则	制定	中国电力企业联合会、北京恒功环保科技有限公司	
116	火力发电厂燃煤机组烟气脱硝技术改造工程后评估技术导则	制定	中国电力企业联合会、北京恒功环保科技有限公司	

续表

序号	标准名称	制定/修订	主要起草单位	代替标准
117	火力发电厂贮灰场防渗技术导则	制定	中国水利水电科学研究院	
118	电厂自动准同期装置通用技术条件	制定	南京南瑞继保电气有限公司、北京四方继保自动化股份有限公司、国电南京自动化股份有限公司、许继电气股份有限公司、国网电力科学研究院等	
119	电厂厂用电保护整定计算导则	制定	南京南瑞继保电气有限公司、北京四方继保自动化股份有限公司、国电南京自动化股份有限公司、许继电气股份有限公司、国网电力科学研究院等	
120	变电站故障解列装置通用技术条件	制定	北京四方继保自动化股份有限公司、南京南瑞继保电气有限公司、国电南京自动化股份有限公司、许继电气股份有限公司、国家电网华北调控分中心、国网电力科学研究院	
121	220 千伏 ~750 千伏断路器保护装置通用技术条件	制定	南京南瑞继保电气有限公司、国电南京自动化股份有限公司、北京四方继保自动化股份有限公司、许继电气股份有限公司、国网电力科学研究院等	
122	交流滤波器保护装置通用技术条件	制定	南京南瑞继保电气有限公司、国电南京自动化股份有限公司、北京四方继保自动化股份有限公司、许继电气股份有限公司、国网电力科学研究院等	
123	能量管理系统应用程序接口　第 456 部分：电力系统状态解子集	制定	中国电力科学研究院、国家电力调度通信中心、东方电子公司、国网电力科学研究院、清华大学、中国南方电网有限责任公司	
124	电力市场数据通信结构　第 301 部分：通用信息模型的市场延伸	制定	国网电力科学研究院	
125	智能变电站内同步相量测量装置通信接口规范	制定	华北电力设计院工程有限公司、中国电力科学研究院、国网电力科学研究院、许继集团有限公司	
126	能量管理系统应用程序接口第 552 部分：CIM XML 模型交换格式	制定	中国电力科学研究院、国家电力调度通信中心、国网电力科学研究院、山东大学、中国南方电网有限责任公司	
127	电力系统无线通信网络及设备安全防护要求	制定	国网电力科学研究院	
128	电力企业自动化通信网络和系统　第 80 –1 部分：基于公用数据类 数据模型应用 IEC60870 –5 –101/104 进行信息交换导则	制定	华东电网公司、国网电力科学研究院、中国电力科学研究院	
129	直流系统用套管技术规范	制定	中国电力科学研究院	
130	直流阀冷系统仪表检测导则	制定	中国南方电网超高压输电公司、中国电力科学研究院、中国电力技术装备有限公司	

续表

序号	标准名称	制定/修订	主要起草单位	代替标准
131	架空地线复合光缆防雷接地技术导则	制定	河北省电力公司、中国电力科学研究院、国网北京经济技术研究院	
132	电网运行数据交换规范	制定	河北省电力公司、中国电力科学研究院	
133	电力调度员培训系统验收规范	制定	河北省电力公司	
134	电力调度数据网网络设备测试规范	制定	国网电力科学研究院	
135	地区电网调度控制技术导则	制定	河北省电力公司邯郸供电公司、河北省电力公司、中国电力科学研究院	
136	交流输电线路对埋地输油输气管道的电磁影响限值	制定	中国电力科学研究院	
137	直流输电线路和接地极对埋地输油输气管道的电磁影响限值	制定	中国电力科学研究院	
138	电动汽车非车载充放电装置技术条件	制定	国家电网公司、中国电力科学研究院、国网电力科学研究院、许继集团有限公司、万向电动汽车有限公司、一汽海马汽车有限公司、深圳奥特迅股份公司、珠海泰坦科技股份有限公司	
139	电动汽车车载终端与运营管理系统间通信协议	制定	国家电网公司、中国电力科学研究院、国网电力科学研究院、许继集团有限公司、中国长安汽车集团股份有限公司	
140	电动汽车快换电池箱电联接器技术规范	制定	国家电网公司、中国电力科学研究院、许继集团有限公司、浙江省电力公司、国网电力科学研究院、上海电巴科技有限公司、万向电动汽车有限公司、众泰控股集团有限公司、北京普莱德新能源电池科技公司、中信国安盟固利动力科技公司	
141	电动汽车充换电服务网络运营管理系统通信规约：系统与离散充电桩通信规约	制定	国家电网公司、中国电力科学研究院、国网电力科学研究院、许继集团有限公司	
142	电动汽车充换电服务网络运营管理系统通信规约：系统与站级监控系统通信规约	制定	国家电网公司、中国电力科学研究院、国网电力科学研究院、许继集团有限公司	
143	电动汽车用动力电池检测规范	制定	国家电网公司、山东电力集团公司、中国电力科学研究院、万向电动汽车有限公司、合肥国轩高科动力能源有限公司、北京普莱德新能源电池科技公司、中信国安盟固利动力科技公司、天津力神电池股份有限公司、中国电器科学研究院	

续表

序号	标准名称	制定/修订	主要起草单位	代替标准
144	电动汽车快速更换电池箱通用要求	制定	国家电网公司、中国电力科学研究院、国网电力科学研究院、许继集团有限公司、浙江省电力公司、上海电巴科技有限公司、一汽海马汽车有限公司、上海申沃客车有限公司	
145	换流阀现场试验导则	制定	中国南方电网超高压输电公司、中电普瑞工程公司	
146	750 千伏及以上交流输电线路绝缘子串分布电压测量导则	制定	国网电力科学研究院武汉南瑞有限责任公司	
147	交流输电线路工频电气参数测量导则	制定	中国南方电网超高压输电公司、中国电力科学研究院、河北电力科学研究院	
148	直流设备不拆引线现场试验导则	制定	中国南方电网超高压输电公司、中国电力科学研究院	
149	直流输电线路及接地极线路参数测试导则	制定	四川电力科学研究院、中国南方电网超高压输电公司	
150	配电自动化技术导则	制定	中国电力科学研究院	
151	电能表现场服务终端技术规范	制定	中国电力科学研究院	
152	电力应急指挥中心技术导则	制定	中国电力科学研究院	
153	电能计量封印技术规范	制定	中国电力科学研究院	
154	电能计量设备电子标签技术规范	制定	中国电力科学研究院	
155	电能信息采集与管理系统 第 4 -3 部分：低压电力线载波通信协议	制定	中国电力科学研究院、上海市电力公司、福建省电力有限公司、广东电网公司	
156	电能信息采集与管理系统 第 4 -4 部分：微功率无线通信协议	制定	中国电力科学研究院、北京市电力公司、河南省电力公司、广东电网公司	
157	电能信息采集与管理系统 第 5 -1 部分：功能测试	制定	中国电力科学研究院、华北电网有限公司、广东电网公司	
158	电能信息采集与管理系统 第 5 -2 部分：远程通信协议一致性测试	制定	中国电力科学研究院、江苏省电力公司、广东电网公司	
159	智能高压设备通信技术规范	制定	中国电力科学研究院、中国电力技术装备有限公司	
160	气体绝缘金属封闭开关设备状态评价导则	制定	中国电力科学研究院、浙江省电力公司、北京市电力公司	
161	气体绝缘金属封闭开关设备状态检修导则	制定	中国电力科学研究院、浙江省电力公司、北京市电力公司	
162	电流互感器状态评价导则	制定	中国电力科学研究院、浙江省电力公司	
163	电流互感器状态检修导则	制定	中国电力科学研究院、浙江省电力公司	

续表

序号	标准名称	制定/修订	主要起草单位	代替标准
164	高压电缆在线监测装置技术规范	制定	天津市电力公司、国网电力科学研究院、北京市电力公司、上海市电力公司、北京兴迪仪器有限责任公司	
165	变压器铁芯接地电流测量装置通用技术条件	制定	国网电力科学研究院	
166	超声波局部放电测试仪通用技术条件	制定	浙江省电力试验研究院	
167	油浸式变压器测温装置现场校准规范	制定	湖北省电力公司	
168	油浸式电力变压器（电抗器）局部放电的超高频检测方法	制定	国网电力科学研究院	
169	电子式互感器现场交接验收规范	制定	山西省电力公司、国网电力科学研究院、中国电力科学研究院、江苏省电力公司、中国电力技术装备有限公司	
170	变压器中性点交直流限流装置技术规范	制定	华东电网公司、华东电力试验研究院有限公司、国网电力科学研究院等	
171	110 千伏及以上油浸式电抗器（变压器）运行检修振动测量方法	制定	陕西电力科学研究院、西安交通大学	
172	电力变压器（电抗器）用高压套管选用导则	制定	国网电力科学研究院、西安西电高压套管有限公司	
173	解体运输电力变压器现场组装和试验规程	制定	中国长江三峡集团公司、国网电力科学研究院等	
174	电力系统用串联电容器补偿装置技术条件	制定	华北电力科学研究院有限责任公司、中电普瑞科技公司	
175	电力系统用交流滤波电容器技术导则	制定	国网电力科学研究院、广东电力设计院、哈尔滨理工大学	
176	超高压分级式可控并联电抗器选用导则	制定	中国电力科学研究院、中电普瑞科技有限公司	
177	优质电力园区供电技术规范	制定	中国电力科学研究院	
178	非线性用户接入电力系统技术规范	制定	福建省电力有限公司电力科学研究院	
179	电能质量评估技术导则 三相电压不平衡	制定	中国电力科学研究院	
180	智能变电站智能组件柜技术规范	制定	四川省电力公司、许继集团有限公司	
181	气体绝缘金属封闭开关设备局部放电特高频检测技术规范	制定	广东电网公司、中国电力科学研究院、湖北省电力科学研究院	
182	电力电缆用导管技术条件 第 8 部分：改性聚丙烯单壁波纹电缆导管	制定	中国电力科学研究院	

续表

序号	标准名称	制定/修订	主要起草单位	代替标准
183	变电站用接地线绕线装置	制定	中国电力科学研究院、苏州工业园区金禾电气设备有限公司	
184	混凝土坝安全监测系统施工技术规范	制定	国家电力监管委员会大坝安全监察中心、葛洲坝集团试验检测有限公司、中国水电顾问集团华东勘测设计研究院、中国水电顾问集团昆明勘测设计研究院、中国水电顾问集团成都勘测设计研究院、国网电力科学研究院、中国水利水电第三工程局有限公司、中国水利水电第七工程局有限公司、龙滩水电开发有限公司	
185	垂线装置基本技术要求	制定	国家电力监管委员会大坝安全监察中心、北京木联能工程科技有限公司	
186	引张线装置基本技术要求	制定	北京木联能工程科技有限公司、国家电力监管委员会大坝安全监察中心	
187	光纤光栅仪器基本技术要求	制定	北京基康科技有限公司	
188	水电厂非电量变送器、传感器运行管理与检验规程	修订	中国水利水电科学研究院天津水利电力机电研究所	DL/T 862—2004
189	水轮机调节系统建模及参数实测技术导则	制定	陕西电力科学研究院、中国水利水电科学研究院	
190	发电机灭磁及转子过电压保护装置技术条件　第3部分：转子过电压保护	制定	国网电力科学研究院	
191	发电机灭磁及转子过电压保护装置技术条件　第4部分：灭磁容量的计算	制定	国网电力科学研究院	
192	智能水电厂基本技术导则	制定	国网电力科学研究院	
193	变电站通信网络和系统　第7-410部分：变电站和馈线设备基本通信结构　水电厂监视和控制通信	制定	国网电力科学研究院	
194	变电站通信网络和系统　第7-510部分：变电站和馈线设备基本通信结构　水电厂建模原理与应用指导	制定	国网电力科学研究院	
195	水工喷射混凝土试验规程	制定	长江水利委员会长江科学院	
196	水工混凝土配合比设计规程	修订	长江水利委员会长江科学院	DL/T 5330—2005
197	水工混凝土表面保温施工技术规范	制定	中国葛洲坝集团股份有限公司	
198	水电水利地下工程施工测量规范	制定	中国葛洲坝集团股份有限公司	
199	水工新老混凝土结合面密合剂施工技术规程	制定	中国葛洲坝集团股份有限公司	

续表

序号	标准名称	制定/修订	主要起草单位	代替标准
200	水电水利工程压力钢管波纹管伸缩节制造安装及验收规范	制定	中国葛洲坝集团股份有限公司	
201	水电水利工程施工机械安全操作规程　振捣机	制定	中国水利水电第二工程局有限公司	
202	水电水利工程施工机械安全操作规程　振动碾	制定	中国水利水电第二工程局有限公司	
203	水电水利接缝灌浆施工技术规范	制定	中国水利水电股份有限公司、水电四局有限公司	—
204	水电水利工程截流施工技术规范	制定	国电大渡河流域水电开发有限公司、中国水利水电建设集团公司、中国葛洲坝集团公司	
205	水电水利基础处理工程竣工资料整编及验收规范	制定	中国水利水电第八工程局有限公司	
206	水工建筑物水泥基灌浆材料试验规范	制定	中国水利水电科学研究院、中国水电基础局有限公司	
207	灌浆记录仪检定规程	制定	中国水电基础局有限公司、长江水利委员会长江科学院	
208	风力发电场生产准备导则	制定	中广核风力发电有限公司	
209	风力发电场监控系统通信信息模型	制定	北京岳能科技有限公司、北京科诺伟业科技有限公司、中国电力科学研究院、华电新能源发展有限公司、中国大唐集团新能源股份有限公司、华电电力科学研究院	
210	风力发电场监控系统通信信息交换模型	制定	北京科诺伟业科技有限公司、北京岳能科技有限公司、中国电力科学研究院、华电新能源发展有限公司、中国大唐集团新能源股份有限公司、华电电力科学研究院	
211	风力发电场监控系统通信映射到通信规约	制定	北京科诺伟业科技有限公司、北京岳能科技有限公司、中国电力科学研究院、华电新能源发展有限公司、中国大唐集团新能源股份有限公司、华电电力科学研究院	
212	风力发电场监控系统通信一致性测试	制定	北京科诺伟业科技有限公司、北京岳能科技有限公司、中国电力科学研究院、华电新能源发展有限公司、中国大唐集团新能源股份有限公司、华电电力科学研究院	
213	风力发电场远程监控系统技术规程	制定	北京光耀能源技术股份有限公司、北京岳能科技有限公司、中国电力科学研究院、龙源电力集团股份有限公司、中国大唐集团新能源股份有限公司、中国华电集团新能源股份有限公司、辉腾锡勒风力发电有限公司	
214	风力发电机组消防系统运行技术要求	制定	杭州青天新能源技术有限公司、龙源电力集团股份有限公司	
215	风电机组叶轮系统技术监督规程	制定	中国大唐集团新能源股份有限公司	
216	风力发电场电能质量技术监督规程	制定	华电新能源发展有限公司、华电电力科学研究院、中国电力科学研究院	

续表

序号	标准名称	制定/修订	主要起草单位	代替标准
217	风力发电场电气设备检修规程	制定	华电新能源发展有限公司、华电电力科学研究院	
218	风力发电仿真机技术规范	制定	中国电力企业联合会、华北电力大学	
219	风电机组电气仿真模型建模导则	制定	中国电力科学研究院	—
220	风电场工程继电保护配置及整定技术规范	制定	西北电网有限公司、国家电力调度通信中心、南方电网调度通信中心等	
221	风力发电厂可靠性评价指南	制定	中国电力企业联合会	
222	输电线路检测技术导则	制定	中国电力科学研究院、河南省电力公司	—
223	输电线路运行状态专家系统技术导则	制定	中国电力科学研究院、湖北省电力公司	
224	直升机电力作业安全工作规程	制定	国网通用航空有限公司	
225	直升机激光扫描输电线路作业技术规程	制定	国网通用航空有限公司	
226	架空输电线路等值覆冰厚度监测装置技术导则	制定	中国电力技术装备有限公司、华中电力科学研究院	
227	架空输电线路戈壁碎石土地基掏挖基础设计与施工技术导则	制定	中国电力科学研究院、国网北京经济技术研究院、国网直流建设分公司、中国电力工程顾问集团中南电力设计院	
228	架空输电线路跳线技术条件	制定	中国电力科学研究院、南京线路器材厂	
229	1000 千伏交流同塔双回输电线路带电作业技术导则	修订	国网电力科学研究院、浙江省电力公司	DL/T 392—2010
230	750 千伏交流同塔双回输电线路带电作业技术导则	制定	国网电力科学研究院、国家电网公司西北分部、陕西省电力公司	
231	500 千伏输变电设备带电水冲洗作业技术规范	制定	广东电网公司、武汉大学、国网电力科学研究院	
232	电力用车载式带电水冲洗装置	制定	广东电网公司、武汉大学	
233	电力安全工器具配置与存放技术要求	制定	苏州热工研究院有限公司、陕西省电力公司、广东电网公司、武汉奋进电力技术有限公司	
234	电力安全工器具预防性试验规程	制定	苏州热工研究院有限公司、国家电力器材产品安全性能质量监督检验中心、河北安电电力器材公司、霍尼韦尔（中国）有限公司	
235	输电线路大跨越工程质量检验及评定规程	制定	国网交流建设分公司	
236	智能配变终端技术条件	制定	中国电力科学研究院	
237	智能低压配电箱技术条件	制定	中国电力科学研究院	
238	农村住宅电气工程技术规范	制定	中国电力科学研究院、甘肃省电力公司、河南省电力公司、华北电网有限公司、江西省电力公司	

续表

序号	标准名称	制定/修订	主要起草单位	代替标准
239	常温硫化硅橡胶防污闪涂料现场施工技术规范	制定	中国电力科学研究院、国家电网公司华北分部	
240	变电设备外绝缘用防污闪辅助增爬裙技术条件/使用导则	制定	中国电力科学研究院、国家电网公司华北分部	
241	交流系统用盘形悬式瓷或玻璃复合伞裙绝缘子元件	制定	中国电力科学研究院、山西省电力公司	
242	高压直流线路用盘形悬式复合伞裙绝缘子串元件	制定	中国电力科学研究院、山西省电力公司	
243	高压交直流系统用复合绝缘子人工污秽试验	修订	中国电力科学研究院、清华大学、南方电网科学研究院	DL/T 859—2004
244	标称电压高于1000伏架空线路绝缘子 使用导则 第2部分：直流系统用瓷或玻璃绝缘子	修订	南方电网超高压公司、中国电力科学研究院	DL/T 1000. 2—2006
245	电力企业信用评价规范	制定	中国电力企业联合会、国家电网公司	
246	电力企业信用评价指标体系分类及代码	制定	中国电力企业联合会、国家电网公司	
247	电力行业供应商信用评价规范	制定	中国电力企业联合会	
248	电力行业供应商信用评价指标体系分类及代码	制定	中国电力企业联合会	
249	水电工程设备铸锻件检验验收规范	制定	华电郑州机械设计研究院有限公司	
250	水电工程焊接接头超声相控阵检测方法	制定	华电郑州机械设计研究院有限公司	
251	水电建设项目文件收集及档案整理规范	制定	中国电力建设企业协会、中国水电工程顾问集团公司	
252	分布式电源孤岛运行控制规范	制定	中国电力科学研究院、浙江省电力公司	
253	生物质结渣性的测定方法	制定	华北电力大学、生物质发电成套设备国家工程实验室	
254	生物质着火温度的测定方法	制定	华北电力大学、生物质发电成套设备国家工程实验室	
255	生物质灰熔融性的测定方法	制定	华北电力大学、生物质发电成套设备国家工程实验室	
256	光纤复合线 第2部分：施工及运行管理规范	制定	中国电力科学研究院	
257	接地测量仪器设备检测规程	制定	国网电力科学研究院	
258	电子式电流互感器选用导则	制定	中国电力科学研究院	
259	电子式电压互感器选用导则	制定	中国电力科学研究院	

续表

序号	标准名称	制定/修订	主要起草单位	代替标准
260	电网建设货运索道运输施工工艺导则	制定	中国电力科学研究院	
261	输电线路钢管杆塔用法兰技术要求	制定	国家电力器材产品安全性能质量监督检验中心、国家电网公司电力器材安全性能检测技术实验室、北京国网富达科技发展有限责任公司	
262	移动式手持电动工具绝缘电阻试验仪技术要求	制定	国家电力器材产品安全性能质量监督检验中心、国家电网公司电力器材安全性能检测技术实验室	
263	速差式防坠器疲劳试验装置技术要求	制定	国家电力器材产品安全性能质量监督检验中心、国家电网公司电力器材安全性能检测技术实验室	
264	架空绞线用复合芯棒缠绕试验机技术要求	制定	国家电力器材产品安全性能质量监督检验中心、国家电网公司电力器材安全性能检测技术实验室	
265	手拉葫芦无载动作试验装置技术要求	制定	国家电力器材产品安全性能质量监督检验中心、国家电网公司电力器材安全性能检测技术实验室	
266	电力铁塔用钢管制造技术条件	制定	电力工业电力设备及线路器材质量检验测试中心	
267	电动汽车充电站及电池更换站监控系统技术规范	制定	中国南方电网有限责任公司、广东省电力设计研究院等	
268	电动汽车电池箱更换设备通用技术要求	制定	国家电网公司、许继集团有限公司、中国电力科学研究院等	
269	电动汽车充电站/电池更换站监控系统与充换电设备通信协议	制定	国家电网公司、国网电力科学研究院、中国电力科学研究院等	
270	电动汽车充电设备检验试验规范　第1部分：非车载充电机检验试验规范	制定	国家电网公司、国网电力科学研究院、许继集团有限公司等	
271	电动汽车充电设备检验试验规范　第2部分：交流充电桩检验试验规范	制定	国家电网公司、国网电力科学研究院、许继集团有限公司等	
272	电力设备典型消防规程	修订	上海市电力公司、上海电力股份有限公司、华东电力设计院、上海电力设计院、上海市消防局、公安部消防研究所、北京市电力公司	DL 5027—1993

附件 12

2012 年国家标准化管理委员会发布的电力国家标准

序号	标准号	标准名称	开始实施日期	代替标准
1	GB/T 7603—2012	矿物绝缘油中芳碳含量测定法	2012 年 11 月 1 日	GB/T 7603—1987
2	GB/T 28536—2012	核电厂机械设备老化管理大纲编制导则	2012 年 11 月 1 日	
3	GB/T 28548—2012	核电厂主回路水压试验技术导则	2012 年 11 月 1 日	
4	GB/T 28549—2012	核电厂调试阶段核岛管道与主设备支吊装置验证要求	2012 年 11 月 1 日	
5	GB/T 28550—2012	核电厂调试阶段管道验证要求	2012 年 11 月 1 日	
6	GB/T 28551—2012	核电厂离心泵组调试技术导则	2012 年 11 月 1 日	
7	GB/T 28552—2012	变压器油、汽轮机油酸值测定法(BTB 法)	2012 年 11 月 1 日	
8	GB/T 28557—2012	电力企业节能降耗主要指标的监管评价	2012 年 11 月 1 日	
9	GB/T 28566—2012	发电机组并网安全条件及评价	2012 年 11 月 1 日	
10	GB/T 28583—2012	供电服务规范	2012 年 10 月 1 日	
11	GB/T 28569—2012	电动汽车交流充电桩电能计量	2012 年 11 月 1 日	
12	GB/T 8905—2012	六氟化硫电气设备中气体管理和检测导则	2013 年 2 月 1 日	GB/T 8905—1996
13	GB/T 28813—2012	±800 千伏直流架空输电线路运行规程	2013 年 2 月 1 日	
14	GB/T 28814—2012	±800 千伏换流站运行规程编制导则	2013 年 2 月 1 日	
15	GB/T 28815—2012	电力系统实时动态监测主站技术规范	2013 年 2 月 1 日	
16	GB/T 19964—2012	光伏发电站接入电力系统技术规定	2013 年 6 月 1 日	GB/Z 19964—2005
17	GB/T 29316—2012	电动汽车充换电设施电能质量技术要求	2013 年 6 月 1 日	
18	GB/T 29317—2012	电动汽车充换电设施术语	2013 年 6 月 1 日	
19	GB/T 29318—2012	电动汽车非车载充电机电能计量	2013 年 6 月 1 日	
20	GB/T 29319—2012	光伏发电系统接入配电网技术规定	2013 年 6 月 1 日	
21	GB/T 29320—2012	光伏电站太阳跟踪系统技术要求	2013 年 6 月 1 日	
22	GB/T 29321—2012	光伏发电站无功补偿技术规范	2013 年 6 月 1 日	
23	GB/Z 29328—2012	重要电力用户供电电源及自备应急电源配置技术规范	2013 年 6 月 1 日	

附件 13

2012 年住房和城乡建设部发布的电力工程建设国家标准

序号	标准编号	标准名称	开始实施日期	替代标准
1	GB/T 50775—2012	±800 千伏及以下换流站换流阀施工及验收规范	2012 年 12 月 1 日	
2	GB 50777—2012	±800 千伏及以下换流站构支架施工及验收规范	2012 年 12 月 1 日	
3	GB 50774—2012	±800 千伏及以下换流站干式平波电抗器施工及验收规范	2012 年 12 月 1 日	
4	GB 50776—2012	±800 千伏及以下换流站换流变压器施工及验收规范	2012 年 12 月 1 日	
5	GB 50172—2012	电气装置安装工程　蓄电池施工及验收规范	2012 年 12 月 1 日	GB 50172—1992
6	GB 50171—2012	电气装置安装工程　盘、柜及二次回路接线施工及验收规范	2012 年 12 月 1 日	GB 50171—1992
7	GB 50729—2012	±800 千伏及以下直流换流站土建工程施工质量验收规范	2012 年 10 月 1 日	
8	GB 50762—2012	秸秆发电厂设计规范	2012 年 10 月 1 日	
9	GB 50766—2012	水电水利工程压力钢管制作安装及验收规范	2012 年 12 月 1 日	
10	GB 50764—2012	电厂动力管道设计规范	2012 年 10 月 1 日	
11	GB 50745—2012	核电厂常规岛设计防火规范	2012 年 10 月 1 日	
12	GB 50741—2012	1000 千伏架空输电线路勘测规范	2013 年 1 月 1 日	
13	GB 50797—2012	光伏发电站设计规范	2012 年 11 月 1 日	
14	GB 50794—2012	光伏发电站施工规范	2012 年 11 月 1 日	
15	GB/T 50795—2012	光伏发电工程施工组织设计规范	2012 年 11 月 1 日	
16	GB/T 50796—2012	光伏发电工程验收规范	2012 年 11 月 1 日	
17	GB/T 50789—2012	±800 千伏直流换流站设计规范	2012 年 12 月 1 日	

附件 14

2012 年国家能源局发布的电力行业标准

序号	标准编号	标准名称	开始实施日期	代替标准
1	DL/T495—2012	电力行业单位类别代码	2012 年 3 月 1 日	DL/T 495—1992
2	DL/T 437—2012	高压直流接地极技术导则	2012 年 3 月 1 日	DL/T 437—1991
3	DL/T 517—2012	电力科技成果分类与代码	2012 年 3 月 1 日	DL/T 517—1993
4	DL/T 518. 1—2012	电力生产人身事故伤害分类与代码	2012 年 3 月 1 日	DL/T 518. 1—1993
5	DL/T 544—2012	电力通信运行管理规程	2012 年 3 月 1 日	DL/T 544—1994
6	DL/T 545—2012	电力系统微波通信运行管理规程	2012 年 3 月 1 日	DL/T 545—1994
7	DL/T 546—2012	电力线载波通信运行管理规程	2012 年 3 月 1 日	DL/T 546—1994
8	DL/T 548—2012	电力系统通信站过电压防护规程	2012 年 3 月 1 日	DL 548—1994
9	DL/T 619—2012	水电厂自动化元件（装置）及其系统运行维护与检修试验规程	2012 年 3 月 1 日	DL/T 619—1997
10	DL/T 622—2012	立式水轮发电机弹性金属塑料推力轴瓦技术条件	2012 年 3 月 1 日	DL/T 622—1997
11	DL/T 676—2012	带电作业用绝缘鞋(靴)通用技术条件	2012 年 3 月 1 日	DL/T 676—1999
12	DL/T 679—2012	焊工技术考核规程	2012 年 3 月 1 日	DL/T 679—1999
13	DL/T 793—2012	发电设备可靠性评价规程	2012 年 3 月 1 日	DL/T 793—2001
14	DL/T 794—2012	火力发电厂锅炉化学清洗导则	2012 年 3 月 1 日	DL/T 794—2001
15	DL/T 815—2012	交流输电线路用复合外套金属氧化物避雷器	2012 年 3 月 1 日	DL/T 815—2002
16	DL/T 836—2012	供电系统用户供电可靠性评价规程	2012 年 3 月 1 日	DL/T 836—2003
17	DL/T 837—2012	输变电设施可靠性评价规程	2012 年 3 月 1 日	DL/T 837—2003
18	DL/T 869—2012	火力发电厂焊接技术规程	2012 年 3 月 1 日	DL/T 869—2004
19	DL/T 890. 402—2012	能量管理系统应用程序接口（EMS-API）第 402 部分：公共服务	2012 年 3 月 1 日	
20	DL/T 1080. 13—2012	电力企业应用集成 配电管理系统接口 第 13 部分：配电 CIM RDF 模型交换格式	2012 年 3 月 1 日	
21	DL/T 273—2012	±800 千伏特高压直流设备预防性试验规程	2012 年 3 月 1 日	
22	DL/T 274—2012	±800 千伏高压直流设备交接试验	2012 年 3 月 1 日	
23	DL/T 275—2012	±800 千伏特高压直流换流站电磁环境限值	2012 年 3 月 1 日	
24	DL/T 276—2012	高压直流设备无线电干扰测量方法	2012 年 3 月 1 日	
25	DL/T 277—2012	高压直流输电系统控制保护整定技术规程	2012 年 3 月 1 日	
26	DL/T 278—2012	直流电子式电流互感器技术监督导则	2012 年 3 月 1 日	
27	DL/T 279—2012	发电机励磁系统调度管理规程	2012 年 3 月 1 日	
28	DL/T 280—2012	电力系统同步相量测量装置通用技术条件	2012 年 3 月 1 日	
29	DL/T 281—2012	合并单元测试规范	2012 年 3 月 1 日	

续表

序号	标准编号	标准名称	开始实施日期	代替标准
30	DL/T 282—2012	合并单元技术条件	2012年3月1日	
31	DL/T 283—2012	电力视频监控系统及接口　第1部分：技术要求	2012年3月1日	
32	DL/T 284—2012	输电线路杆塔及电力金具用热浸镀锌螺栓与螺母	2012年3月1日	DL/T 764. 4—2002
33	DL/T 285—2012	矿物绝缘油腐蚀性硫检测法　裹绝缘纸铜扁线法	2012年3月1日	
34	DL/T 286—2012	发电厂循环水系统进水流道水力模型试验规程	2012年3月1日	
35	DL/T 287—2012	火电企业清洁生产审核指南	2012年3月1日	
36	DL/T 288—2012	架空输电线路直升机巡视技术导则	2012年3月1日	
37	DL/T 289—2012	架空输电线路直升机巡视作业标志	2012年3月1日	
38	DL/T 290—2012	电厂辅机用油运行及维护管理导则	2012年3月1日	
39	DL/T 291—2012	营销业务信息分类与代码编制导则	2012年3月1日	
40	DL/T 305—2012	抽水蓄能可逆式发电电动机运行规程	2012年3月1日	
41	DL/T 308—2012	中性点不接地系统电容电流测试规程	2012年3月1日	
42	DL/T 321—2012	水力发电厂计算机监控系统与厂内设备及系统通信技术规定	2012年3月1日	
43	DL/T 1140—2012	电气设备六氟化硫激光检漏仪通用技术条件	2012年3月1日	
44	DL/T 1144—2012	火电工程项目质量管理规程	2012年3月1日	
45	DL/T 1150—2012	火电厂烟气脱硫装置验收技术规范	2012年3月1日	
46	DL/T 5038—2012	灯泡贯流式水轮发电机组安装工艺规程	2012年3月1日	DL/T 5038—1994
47	DL/T 5070—2012	水轮机金属蜗壳现场制造安装及焊接工艺导则	2012年3月1日	DL/T 5070—1997
48	DL/T 5071—2012	混流式水轮机转轮现场制造工艺导则	2012年3月1日	DL/T 5071—1997
49	DL/T 5113. 3—2012	水电水利基本建设工程 单元工程质量等级评定标准　第3部分：水轮发电机组安装工程	2012年3月1日	SDJ 249. 3—1988
50	DL/T 5113. 4—2012	水电水利基本建设工程 单元工程质量等级评定标准　第4部分：水力机械辅助设备安装工程	2012年3月1日	SDJ 249. 4—1988
51	DL/T 5113. 5—2012	水电水利基本建设工程 单元工程质量等级评定标准　第5部分：发电电气设备安装工程	2012年3月1日	SDJ 249. 5—1988
52	DL/T 5113. 6—2012	水电水利基本建设工程 单元工程质量等级评定标准　第6部分：升压变电电气设备安装工程	2012年3月1日	SDJ 249. 6—1988
53	DL/T 5113. 10—2012	水电水利基本建设工程 单元工程质量等级评定标准　第10部分：沥青混凝土工程	2012年3月1日	
54	DL/T 5148—2012	水工建筑物水泥灌浆施工技术规范	2012年3月1日	DL/T 5148—2001
55	DL/T 5173—2012	水电水利工程施工测量规范	2012年3月1日	DL/T 5173—2003

续表

序号	标准编号	标准名称	开始实施日期	代替标准
56	DL 5190. 2—2012	电力建设施工技术规范　第 2 部分：锅炉机组	2012 年 3 月 1 日	DL 5047—1995
57	DL 5190. 3—2012	电力建设施工技术规范　第 3 部分：汽轮发电机组	2012 年 3 月 1 日	DL 5011—1992
58	DL 5190. 4—2012	电力建设施工技术规范　第 4 部分：热工仪表及控制装置	2012 年 3 月 1 日	DL/T 5190. 5—2004
59	DL 5190. 5—2012	电力建设施工技术规范　第 5 部分：管道及系统	2012 年 3 月 1 日	DL 5031—1994
60	DL 5190. 6—2012	电力建设施工技术规范　第 6 部分：水处理及制氢设备和系统	2012 年 3 月 1 日	DL/T 5190. 4—2004
61	DL 5190. 8—2012	电力建设施工技术规范　第 8 部分：加工配制	2012 年 3 月 1 日	
62	DL/T 5267—2012	水电水利工程覆盖层灌浆技术规范	2012 年 3 月 1 日	
63	DL/T 5268—2012	混凝土面板堆石坝翻模固坡施工技术规程	2012 年 3 月 1 日	
64	DL/T 5269—2012	水电水利工程砾石土心墙堆石坝施工规范	2012 年 3 月 1 日	
65	DL 5270—2012	核子法密度及含水量测试规程	2012 年 3 月 1 日	
66	DL/T 5446—2012	电力系统调度自动化工程可行性研究报告内容深度规定	2012 年 3 月 1 日	
67	DL/T 5447—2012	电力系统通信系统设计内容深度规定	2012 年 3 月 1 日	
68	DL/T 5448—2012	输变电工程可行性研究内容深度规定	2012 年 3 月 1 日	
69	DL 5449—2012	20 千伏配电设计技术规定	2012 年 3 月 1 日	
70	DL/T 5450—2012	20 千伏配电设备选型技术规定	2012 年 3 月 1 日	
71	DL/T 5451—2012	架空输电线路工程初步设计内容深度规定	2012 年 3 月 1 日	
72	DL/T 5452—2012	变电工程初步设计内容深度规定	2012 年 3 月 1 日	
73	DL/T 5453—2012	串补站设计技术规程	2012 年 3 月 1 日	
74	DL/T 5187. 3—2012	火力发电厂运煤设计技术规程　第 3 部分：运煤自动化	2012 年 3 月 1 日	
75	DL 5454—2012	火力发电厂职业卫生设计规程	2012 年 3 月 1 日	DL 5053—1996
76	DL 5053—2012	火力发电厂职业安全设计规程	2012 年 3 月 1 日	DL 5053—1996
77	DL/T 5103—2012	35 千伏～220 千伏无人值班变电站设计规程	2012 年 3 月 1 日	DL/T 5103—1999
78	DL/T 5041—2012	火力发电厂厂内通信设计技术规定	2012 年 3 月 1 日	DL/T 5041—1995
79	DL/T 5158—2012	电力工程气象勘测技术规程	2012 年 3 月 1 日	DL/T 5158—2002
80	DL/T 5094—2012	火力发电厂建筑设计规程	2012 年 3 月 1 日	DL/T 5094—1999
81	DL 5022—2012	火力发电厂土建结构设计技术规定	2012 年 3 月 1 日	DL 5022—1993
82	DL/T 414—2012	火电厂环境监测技术规范	2012 年 7 月 1 日	DL/T 414—2004
83	DL/T 627—2012	绝缘子用常温固化硅橡胶防污闪涂料	2012 年 7 月 1 日	DL/T 627—2004
84	DL/T 684—2012	大型发电机变压器继电保护整定计算导则	2012 年 7 月 1 日	DL/T 684—1999
85	DL/T 701—2012	火力发电厂热工自动化术语	2012 年 7 月 1 日	DL/T 701—1999

续表

序号	标准编号	标准名称	开始实施日期	代替标准
86	DL/T 744—2012	电动机保护装置通用技术条件	2012 年 7 月 1 日	DL/T 744—2001
87	DL/T 770—2012	变压器保护装置通用技术条件	2012 年 7 月 1 日	DL/T 770—2001
88	DL/T 775—2012	火力发电厂除灰除渣控制系统技术规程	2012 年 7 月 1 日	DL/T 775—2001
89	DL/T 810—2012	±500 千伏及以上电压等级直流棒形悬式复合绝缘子技术条件	2012 年 7 月 1 日	DL/T 810—2002
90	DL/T 886—2012	750 千伏电力系统继电保护技术导则	2012 年 7 月 1 日	DL/Z 886—2004
91	DL/T 985—2012	配电变压器能效技术经济评价导则	2012 年 7 月 1 日	DL/T 985—2005
92	DL/T 272—2012	220 千伏 ~750 千伏油浸式电力变压器使用技术条件	2012 年 7 月 1 日	SD 326—1989
93	DL/T 271—2012	330 千伏 ~750 千伏油浸式并联电抗器使用技术条件	2012 年 7 月 1 日	SD 327—1989
94	DL/T 270—2012	钢弦式位移计	2012 年 7 月 1 日	
95	DL/T 269—2012	钢弦式锚索测力计	2012 年 7 月 1 日	
96	DL/T 268—2012	工商业电力用户应急电源配置技术导则	2012 年 7 月 1 日	
97	DL/T 267—2012	油浸式全密封卷铁心配电变压器使用技术条件	2012 年 7 月 1 日	
98	DL/T 266—2012	接地装置冲击特性参数测试导则	2012 年 7 月 1 日	
99	DL/T 265—2012	变压器有载分接开关现场试验导则	2012 年 7 月 1 日	
100	DL/T 264—2012	油浸式电力变压器（电抗器）现场密封性试验导则	2012 年 7 月 1 日	
101	DL/T 263—2012	变压器油中金属元素的测定方法	2012 年 7 月 1 日	
102	DL/T 262—2012	火力发电机组煤耗在线计算导则	2012 年 7 月 1 日	
103	DL/T 261—2012	火力发电厂热工自动化系统可靠性评估技术导则	2012 年 7 月 1 日	
104	DL/T 260—2012	燃煤电厂烟气脱硝装置性能验收试验规范	2012 年 7 月 1 日	
105	DL/T 259—2012	六氟化硫气体密度继电器校验规程	2012 年 7 月 1 日	
106	DL/T 258—2012	煤中游离二氧化硅的测定方法	2012 年 7 月 1 日	
107	DL/T 257—2012	高压交直流架空线路用复合绝缘子施工、运行和维护管理规范	2012 年 7 月 1 日	
108	DL/T 256—2012	城市电网供电安全标准	2012 年 7 月 1 日	
109	DL/T 255—2012	燃煤电厂能耗状况评价技术规范	2012 年 7 月 1 日	
110	DL/T 254—2012	燃煤发电企业清洁生产评价导则	2012 年 7 月 1 日	
111	DL/T 253—2012	直流接地极接地电阻、地电位分布、跨步电压和分流的测量方法	2012 年 7 月 1 日	
112	DL/T 252—2012	高压直流输电系统用换流变压器保护装置通用技术条件	2012 年 7 月 1 日	
113	DL/T 251—2012	±800 千伏直流架空输电线路检修规程	2012 年 7 月 1 日	
114	DL/T 250—2012	并联补偿电容器保护装置通用技术条件	2012 年 7 月 1 日	
115	DL/Z 249—2012	变压器油中溶解气体在线监测装置选用导则	2012 年 7 月 1 日	

续表

序号	标准编号	标准名称	开始实施日期	代替标准
116	DL/T 248—2012	输电线路杆塔不锈钢复合材料耐腐蚀接地装置	2012 年 7 月 1 日	
117	DL/T 247—2012	输变电设备用铜包铝母线	2012 年 7 月 1 日	
118	DL/T 245—2012	发电厂直接空冷凝汽器单排管管束	2012 年 7 月 1 日	
119	DL/T 244—2012	直接空冷系统性能试验规程	2012 年 7 月 1 日	
120	DL/T 243—2012	继电保护及控制设备数据采集及信息交换技术导则	2012 年 7 月 1 日	
121	DL/T 242—2012	高压并联电抗器保护装置通用技术条件	2012 年 7 月 1 日	
122	DL/T 241—2012	火电建设项目文件收集及档案整理规范	2012 年 7 月 1 日	
123	DL/T 5113. 8—2012	水电水利基本建设工程单元工程质量等级评定标准　第 8 部分：水工碾压混凝土工程	2012 年 7 月 1 日	DL/T 5113. 8—2000
124	DL/T 5210. 1—2012	电力建设施工质量验收及评价规程　第 1 部分：土建工程	2012 年 7 月 1 日	DL/T 5210. 1—2005
125	DL 5190. 1—2012	电力建设施工技术规范　第 1 部分：土建结构工程	2012 年 7 月 1 日	SDJ 69—1987
126	DL 5190. 9—2012	电力建设施工技术规范　第 9 部分：水工结构工程	2012 年 7 月 1 日	SDJ 280—1990
127	DL/T 5271—2012	水电水利工程砂石加工系统施工技术规程	2012 年 7 月 1 日	
128	DL/T 5272—2012	大坝安全监测自动化系统实用化要求及验收规程	2012 年 7 月 1 日	
129	DL/T 5273—2012	水工混凝土掺用天然火山灰质材料技术规范	2012 年 7 月 1 日	
130	DL/T 5274—2012	水电水利工程施工重大危险源辩识及评价导则	2012 年 7 月 1 日	
131	DL/T 5275—2012	±800 千伏及以下直流输电系统接地极施工质量检验及评定规程	2012 年 7 月 1 日	
132	DL/T 5276—2012	±800 千伏及以下换流站母线、跳线施工工艺导则	2012 年 7 月 1 日	
133	DL5277—2012	火电工程达标投产验收规程	2012 年 7 月 1 日	
134	DL 5278—2012	水电水利工程达标投产验收规程	2012 年 7 月 1 日	
135	DL 5279—2012	输变电工程达标投产验收规程	2012 年 7 月 1 日	
136	NB/T 31021—2012	风力发电企业科技文件归档与整理规范	2012 年 7 月 1 日	
137	NB/T 31022—2012	风力发电工程达标投产验收规程	2012 年 7 月 1 日	
138	DL/T 476—2012	电力系统实时数据通信应用层协议	2012 年 12 月 1 日	DL 476—1992
139	DL/T 485—2012	电力企业标准体系表编制导则	2012 年 12 月 1 日	DL/T 485—1999
140	DL/T 646—2012	输变电钢管结构制造技术条件	2012 年 12 月 1 日	DL/T 646—2006
141	DL/T 666—2012	风力发电场运行规程	2012 年 12 月 1 日	DL/T 666—1999
142	DL/T 681—2012	燃煤电厂磨煤机耐磨件技术条件	2012 年 12 月 1 日	DL/T 681—1999
143	DL/T 689—2012	输变电工程液压压接机	2012 年 12 月 1 日	DL/T 689—1999

续表

序号	标准编号	标准名称	开始实施日期	代替标准
144	DL/T 694—2012	高温紧固螺栓超声检测技术导则	2012 年 12 月 1 日	DL/T 694—1999
145	DL/T 748. 6—2012	火力发电厂锅炉机组检修导则　第 6 部分：除尘器检修	2012 年 12 月 1 日	DL/T 748. 6—2001
146	DL/T 760. 3—2012	均压环、屏蔽环和均压屏蔽环	2012 年 12 月 1 日	DL/T 760. 3—2001
147	DL/T 768. 7—2012	电力金具制造质量　钢铁件热镀锌层	2012 年 12 月 1 日	DL/T 768. 7—2002
148	DL/T 776—2012	火力发电厂绝热材料	2012 年 12 月 1 日	DL/T 776—2001
149	DL/T 777—2012	火力发电厂锅炉耐火材料	2012 年 12 月 1 日	DL/T 777—2001
150	DL/T 796—2012	风力发电场安全规程	2012 年 12 月 1 日	DL/T 796—2001
151	DL/T 797—2012	风力发电场检修规程	2012 年 12 月 1 日	DL/T 797—2001
152	DL/T 800—2012	电力企业标准编制规则	2012 年 12 月 1 日	DL/T 800—2001
153	DL/T 822—2012	水电厂计算机监控系统试验验收规程	2012 年 12 月 1 日	DL/T 822—2002
154	DL/T 860. 6—2012	电力企业自动化通信网络和系统　第 6 部分：与智能电子设备有关的变电站内通信配置描述语言	2012 年 12 月 1 日	DL/T 860. 6—2008
155	DL/T 899—2012	架空线路杆塔结构荷载试验	2012 年 12 月 1 日	DL/T 899—2004
156	DL/T 1151. 1—2012	火力发电厂垢和腐蚀产物分析方法　第 1 部分：通则	2012 年 12 月 1 日	SD 202—1986
157	DL/T 1151. 2—2012	火力发电厂垢和腐蚀产物分析方法　第 2 部分：试样的采集与处理	2012 年 12 月 1 日	SD 202—1986
158	DL/T 1151. 3—2012	火力发电厂垢和腐蚀产物分析方法　第 3 部分：水分的测定	2012 年 12 月 1 日	SD 202—1986
159	DL/T 1151. 4—2012	火力发电厂垢和腐蚀产物分析方法　第 4 部分：灼烧减（增）量的测定	2012 年 12 月 1 日	SD 202—1986
160	DL/T 1151. 5—2012	火力发电厂垢和腐蚀产物分析方法　第 5 部分：三氧化二铁的测定	2012 年 12 月 1 日	SD 202—1986
161	DL/T 1151. 6—2012	火力发电厂垢和腐蚀产物分析方法　第 6 部分：三氧化二铝的测定	2012 年 12 月 1 日	SD 202—1986
162	DL/T 1151. 7—2012	火力发电厂垢和腐蚀产物分析方法　第 7 部分：铜的测定 分光光度法	2012 年 12 月 1 日	SD 202—1986
163	DL/T 1151. 8—2012	火力发电厂垢和腐蚀产物分析方法　第 8 部分 ：铜的测定 碘量法	2012 年 12 月 1 日	SD 202—1986
164	DL/T 1151. 9—2012	火力发电厂垢和腐蚀产物分析方法　第 9 部分：氧化钙和氧化镁的测定	2012 年 12 月 1 日	SD 202—1986
165	DL/T 1151. 10—2012	火力发电厂垢和腐蚀产物分析方法　第 10 部分：二氧化硅的测定	2012 年 12 月 1 日	SD 202—1986
166	DL/T 1151. 11—2012	火力发电厂垢和腐蚀产物分析方法　第 11 部分：氧化锌的测定	2012 年 12 月 1 日	SD 202—1986
167	DL/T 1151. 12—2012	火力发电厂垢和腐蚀产物分析方法　第 12 部分：磷酸酐的测定	2012 年 12 月 1 日	SD 202—1986
168	DL/T 1151. 13—2012	火力发电厂垢和腐蚀产物分析方法　第13部分：硫酸酐的测定 硫酸钡光度法	2012 年 12 月 1 日	SD 202—1986
169	DL/T 1151. 14—2012	火力发电厂垢和腐蚀产物分析方法　第14部分：硫酸酐的测定 铬酸钡光度法	2012 年 12 月 1 日	SD 202—1986

续表

序号	标准编号	标准名称	开始实施日期	代替标准
170	DL/T 1151.15—2012	火力发电厂垢和腐蚀产物分析方法 第15部分：水溶性垢待测试液的制备	2012年12月1日	SD 202—1986
171	DL/T 1151.16—2012	火力发电厂垢和腐蚀产物分析方法 第16部分：水溶性垢中碱、碳酸盐及重碳酸盐的测定	2012年12月1日	SD 202—1986
172	DL/T 1151.17—2012	火力发电厂垢和腐蚀产物分析方法 第17部分 水溶性垢样中氯化物的测定	2012年12月1日	SD 202—1986
173	DL/T 1151.18—2012	火力发电厂垢和腐蚀产物分析方法 第18部分：水溶性垢样中氧化钠的测定	2012年12月1日	SD 202—1986
174	DL/T 1151.19—2012	火力发电厂垢和腐蚀产物分析方法 第19部分:水溶性垢样中其它成分的测定	2012年12月1日	SD 202—1986
175	DL/T 1151.20—2012	火力发电厂垢和腐蚀产物分析方法 第20部分：碳酸盐垢中二氧化碳的测定	2012年12月1日	SD 202—1986
176	DL/T 1151.21—2012	火力发电厂垢和腐蚀产物分析方法 第21部分：金属元素的测定 等离子发射光谱法	2012年12月1日	SD 202—1986
177	DL/T 1151.22—2012	火力发电厂垢和腐蚀产物分析方法 第22部分：X－射线荧光光谱和X－射线衍射分析	2012年12月1日	SD 202—1986
178	DL/T 5111—2012	水电水利工程施工监理规范	2012年12月1日	DL/T 5111—2000
179	DL/T 5145—2012	火力发电厂制粉系统设计计算技术规定	2012年12月1日	DL/T 5145—2002
180	DL/T 283.2—2012	电力视频监控系统及接口　第2部分：测试方法	2012年12月1日	
181	DL/T 860.7420—2012	电力企业自动化通信网络和系统　第7－420部分：基本通信结构 分布式能源逻辑节点	2012年12月1日	
182	DL/T 890.403—2012	能量管理系统应用程序接口（EMS-API）第403部分：通用数据访问	2012年12月1日	
183	DL/T 890.453—2012	能量管理系统应用程序接口（EMS-API）第453部分：基于CIM的图形交换	2012年12月1日	
184	DL/T 1152—2012	电压互感器二次回路电压降测试仪通用技术条件	2012年12月1日	
185	DL/T 1153—2012	继电保护测试仪校准规范	2012年12月1日	
186	DL/T 1154—2012	高压电气设备额定电压下介质损耗因数试验导则	2012年12月1日	
187	DL/T 1155—2012	非传统互感器技术条件	2012年12月1日	
188	DL/T 1156—2012	串联补偿装置用金属氧化物限压器	2012年12月1日	
189	DL/T 1157—2012	配电线路故障指示器技术条件	2012年12月1日	
190	DL/T 1158—2012	火电厂烟气脱硫装置可靠性评定导则	2012年12月1日	
191	DL/T 1159—2012	火电厂烟气脱硫装置经济性评价导则	2012年12月1日	
192	DL/T 1160—2012	电站锅炉受热面电弧喷涂施工及验收规范	2012年12月1日	

续表

序号	标准编号	标准名称	开始实施日期	代替标准
193	DL/T 1161—2012	超（超）临界机组金属材料及结构部件检验技术导则	2012 年 12 月 1 日	
194	DL/T 1162—2012	火电厂金属材料高温蒸汽氧化试验方法	2012 年 12 月 1 日	
195	DL/T 1163—2012	隐极发电机在线监测装置配置导则	2012 年 12 月 1 日	
196	DL/T 1164—2012	汽轮发电机运行导则	2012 年 12 月 1 日	
197	DL/T 1165—2012	炉底干式排渣破碎及关断装置	2012 年 12 月 1 日	
198	DL/T 1166—2012	大型发电机励磁系统现场试验导则	2012 年 12 月 1 日	
199	DL/T 1167—2012	同步发电机励磁系统建模导则	2012 年 12 月 1 日	
200	DL/T 1168—2012	高压直流输电系统保护运行评价规程	2012 年 12 月 1 日	
201	DL/T 1169—2012	电力调度消息邮件传输规范	2012 年 12 月 1 日	
202	DL/T 1170—2012	电力调度工作流程描述规范	2012 年 12 月 1 日	
203	DL/T 1171—2012	电网设备通用数据模型命名规范	2012 年 12 月 1 日	
204	DL/T 1173—2012	电力线载波机接口技术要求	2012 年 12 月 1 日	
205	DL/T 1174—2012	抽水蓄能电站无人值班技术规范	2012 年 12 月 1 日	
206	DL/T 1175—2012	火力发电厂锅炉烟气袋式除尘器滤料滤袋技术条件	2012 年 12 月 1 日	
207	DL/T 1176—2012	1000 千伏油浸式变压器、并联电抗器运行及维护规程	2012 年 12 月 1 日	
208	DL/T 1177—2012	1000 千伏交流输变电设备技术监督导则	2012 年 12 月 1 日	
209	DL/T 1178—2012	1000 千伏交流输电线路金具电晕及无线电干扰试验方法	2012 年 12 月 1 日	
210	DL/T 1179—2012	1000 千伏交流架空输电线路工频参数测量导则	2012 年 12 月 1 日	
211	DL/T 1180—2012	1000 千伏电气设备监造导则	2012 年 12 月 1 日	
212	DL/T 1181—2012	1000 千伏交流棒形悬式复合绝缘子技术规范	2012 年 12 月 1 日	
213	DL/T 1182—2012	1000 千伏变电站 110 千伏并联电容器装置技术规范	2012 年 12 月 1 日	
214	DL/T 1183—2012	1000 千伏非接触式验电器	2012 年 12 月 1 日	
215	DL/T 1184—2012	1000 千伏输电线路铁塔、导线、金具和光纤复合架空地线监造导则	2012 年 12 月 1 日	
216	DL/T 1185—2012	1000 千伏输变电工程电磁环境影响评价技术规范	2012 年 12 月 1 日	
217	DL/T 1186—2012	1000 千伏罐式电压互感器技术规范	2012 年 12 月 1 日	
218	DL/T 1187—2012	1000 千伏架空输电线路电磁环境控制值	2012 年 12 月 1 日	
219	DL/T 1188—2012	1000 千伏变电站电磁环境控制值	2012 年 12 月 1 日	
220	DL/T 1189—2012	火力发电厂能源审计导则	2012 年 12 月 1 日	
221	DL/T 1190—2012	额定电压 10 千伏及以下绝缘穿刺线夹	2012 年 12 月 1 日	
222	DL/T 1191—2012	电力作业用手持式电动工具安全性能检验规程	2012 年 12 月 1 日	
223	DL/T 1192—2012	架空输电线路接续管保护装置	2012 年 12 月 1 日	
224	DL/T 1193—2012	柔性输电术语	2012 年 12 月 1 日	

续表

序号	标准编号	标准名称	开始实施日期	代替标准
225	DL/T 1194—2012	电能质量术语	2012 年 12 月 1 日	
226	DL/T 1195—2012	火电厂高压变频器运行与维护规范	2012 年 12 月 1 日	
227	DL/T 1196—2012	互感器负荷箱通用技术条件	2012 年 12 月 1 日	
228	DL/T 1197—2012	水轮发电机组状态在线监测系统技术条件	2012 年 12 月 1 日	
229	DL/T 5280—2012	水电水利工程施工机械安全操作规程 凿岩台车	2012 年 12 月 1 日	
230	DL/T 5281—2012	水电水利工程施工机械安全操作规程 平地机	2012 年 12 月 1 日	
231	DL/T 5282—2012	水电水利工程施工机械安全操作规程 塔式起重机	2012 年 12 月 1 日	
232	DL/T 5283—2012	水电水利工程施工机械安全操作规程 混凝土泵车	2012 年 12 月 1 日	
233	DL/T 5284—2012	碳纤维复合芯铝绞线施工工艺及验收导则	2012 年 12 月 1 日	
234	NB/T 32001—2012	光伏发电站环境影响评价技术规范	2012 年 12 月 1 日	
235	DL/T 5029—2012	火力发电厂建筑装修设计标准	2012 年 12 月 1 日	DL/T 5029—1994
236	DL/T 5084—2012	电力工程水文技术规程	2012 年 12 月 1 日	DL/T 5084—1998
237	DL/T 5142—2012	火力发电厂除灰设计技术规程	2012 年 12 月 1 日	DL/T 5142—2002
238	DL/T 5159—2012	电力工程物探技术规程	2012 年 12 月 1 日	DL/T 5159—2002
239	DL/T 5218—2012	220 千伏 ~750 千伏变电站设计技术规程	2012 年 12 月 1 日	DL/T 5218—2005
240	DL/T 5455—2012	火力发电厂热工电源及气源系统设计技术规程	2012 年 12 月 1 日	
241	DL/T 5456—2012	火力发电厂信息系统设计技术规定	2012 年 12 月 1 日	
242	DL/T 5457—2012	变电站建筑结构设计技术规程	2012 年 12 月 1 日	
243	NB/T 20195—2012	压水堆核电厂堆芯热功率测量规程	2013 年 3 月 1 日	
244	NB/T 25009—2012	压水堆核电厂能量统计规程	2013 年 3 月 1 日	
245	DL/T 5136—2012	火力发电厂、变电站二次接线设计技术规程	2013 年 3 月 1 日	DL/T 5136—2001
246	DL/T 5154—2012	架空输电线路杆塔结构设计技术规定	2013 年 3 月 1 日	DL/T 5154—2002
247	DL/T 5157—2012	电力系统调度通信交换网设计技术规程	2013 年 3 月 1 日	DL/T 5157—2002
248	DL/T 5458—2012	变电工程施工图设计内容深度规定	2013 年 3 月 1 日	
249	DL/T 5459—2012	换流站建筑结构设计技术规程	2013 年 3 月 1 日	
250	DL/T 5460—2012	换流站站用电设计技术规定	2013 年 3 月 1 日	
251	DL/T 5461. 1—2012	火力发电厂施工图设计文件内容深度规定 第 1 部分：总的部分	2013 年 3 月 1 日	
252	DL/T 5462—2012	架空输电线路覆冰观测技术规定	2013 年 3 月 1 日	
253	DL/T 5463—2012	110 千伏 ~750 千伏架空输电线路施工图设计内容深度规定	2013 年 3 月 1 日	

附件 15

通过确认的第一批电力企业标准化良好行为试点单位名单

序号	所在省份	企业名称	隶属集团	确认级别
1	河　北	河北省电力公司	国网	AAAA
2	广　东	广东惠州天然气发电有限公司	粤电	AAAA
3	天　津	天津大唐国际盘山发电有限责任公司	大唐	AAAA
4	河　北	保定供电公司	国网	AAAA
5	河　北	邯郸供电公司	国网	AAAA
6	山　西	山西省电力勘测设计院	国网	AAAA
7	内蒙古	华电内蒙古能源有限公司包头分公司	华电	AAAA
8	上　海	中电投电力工程有限公司	中电投	AAAA
9	四　川	四川省电力公司	国网	AAAA
10	江　苏	上海华电电力发展有限公司望亭发电厂	华电	AAAA
11	江　苏	江苏省电力公司	国网	AAAA
12	浙　江	浙江省永康供电局	国网	AAAA
13	浙　江	浙江省火电建设公司	国网	AAAA
14	浙　江	浙江浙能兰溪发电有限责任公司	浙能	AAAA
15	安　徽	安徽电力建设第一工程公司	国网	AAAA
16	山　东	山东省电力集团公司	国网	AAAA
17	河　南	河南省电力公司新乡供电公司	国网	AAAA
18	广　东	广东省粤电集团有限公司沙角 C 厂	粤电	AAAA
19	重　庆	重庆市电力公司	国网	AAAA
20	四　川	四川电力建设三公司	国网	AAA
21	河　北	华北电网有限公司廊坊供电公司	国网	AAA
22	贵　州	贵州华电大龙热电有限公司	华电	AAA
23	宁　夏	宁夏大坝发电有限责任公司	中电投	AAA
24	新　疆	新疆电力公司乌鲁木齐电业局	国网	AAA
25	广　东	广东电网公司深圳供电局	南网	AAA
26	四　川	四川松林河流域开发有限公司	中水四川公司	AAA
27	四　川	国电大渡河公司龚嘴水力发电总厂	国电	AAA
28	福　建	福建棉花滩水电开发有限公司	华电	AAA
29	河　南	河南省罗山县电业管理局	国网	AAA
30	吉　林	大唐珲春发电厂	大唐	AAA

附件 16

2012 年度电力行业信息化优秀成果一等奖名单

序号	项目名称
1	水电水利工程三维数字化设计平台
2	集中式信息系统灾备中心关键技术研究与应用
3	上海市电力公司故障抢修管理（TCM）系统
4	机载激光扫描技术在高山区大型水电工程勘测设计中的研究与应用
5	国家电网公司信息系统调度运行综合监控关键技术研究与应用
6	国家电网公司应急通信系统
7	国家电网公司 SG-ERP 应用软件基础开发及集成平台研发与应用
8	国家电网公司资金结算系统
9	配网故障快速复电支持系统研究与应用
10	浙江省电力公司超大规模电能信息采集与管理系统
11	电网三维协同设计及信息化管理平台（2011）
12	电网信息安全等级保护纵深防御示范工程
13	基于多元统计分析的风电机组机械状态在线监测与诊断系统
14	大型集团财务共享系统的建设和应用
15	信息化 SG-ERP 综合试点工程
16	电力企业生产数据智能分析的深化管理应用
17	国电集团信息一体化平台建设与应用
18	基于云模式的实时数据仓库
19	集中协同的发电设备数据库平台研发与应用
20	企业一体化集成与综合业务分析系统
21	水电工程移民管理信息系统（一期）

附件 17

2012 年度电力行业信息化与工业化深度融合先进企业名单

序号	企业名称	所属集团公司
1	湖北省电力公司检修分公司	国家电网公司
2	上海市电力公司浦东供电公司	国家电网公司
3	天津市电力公司滨海供电分公司	国家电网公司
4	辽宁省电力有限公司大连供电公司	国家电网公司
5	浙江省电力公司湖州电力局	国家电网公司
6	浙江省电力公司	国家电网公司
7	广东电网公司佛山供电局	中国南方电网有限责任公司
8	广州供电局有限公司	中国南方电网有限责任公司
9	云南电网公司昆明供电局	中国南方电网有限责任公司
10	广东电网公司	中国南方电网有限责任公司
11	华能国际电力股份有限公司上海石洞口第二电厂	中国华能集团公司
12	山东日照发电有限公司	中国华能集团公司
13	浙江大唐乌沙山发电有限责任公司	中国大唐集团
14	浙江华电乌溪江水力发电厂	中国华电集团公司
15	华电内蒙古能源有限公司包头发电分公司	中国华电集团公司
16	内蒙古华电辉腾锡勒风力发电有限公司	中国华电集团公司
17	中国国电集团公司谏壁发电厂	中国国电集团公司
18	国电宁夏石嘴山发电有限责任公司	中国国电集团公司
19	中国电力平圩发电有限责任公司	中国电力投资集团公司
20	通辽发电总厂	中国电力投资集团公司
21	贵州西电电力股份有限公司黔北发电厂	中国电力投资集团公司
22	广东省粤电集团有限公司珠海发电厂	广东省粤电集团有限公司
23	广东红海湾发电有限公司	广东省粤电集团有限公司
24	浙江浙能嘉兴发电有限公司	浙江省能源集团有限公司
25	浙江浙能兰溪发电子有限责任公司	浙江省能源集团有限公司
26	山东电力工程咨询院有限公司	国家核电技术公司
27	上海核工程研究设计院	国家核电技术公司
28	中国水电顾问集团华东勘测设计研究院	中国电力建设集团公司
29	中国水电顾问集团成都勘测设计研究院	中国电力建设集团公司
30	河南勘测设计研究院	中国电力建设集团公司
31	三峡水力发电厂	中国长江三峡集团公司
32	中国长江电力股份有限公司	中国长江三峡集团公司
33	中广核风电有限公司	中国广核集团有限公司
34	大亚湾核电运营管理有限责任公司	中国广核集团有限公司

附件 18

2012 年度新评定的电力行业信用企业名单

序号	企业名称	信用等级
1	四川省电力公司	AAA
2	长江三峡技术经济发展有限公司	AAA
3	陕西省地方电力（集团）有限公司	AAA
4	中国电力企业联合会电力建设技术经济咨询中心	AAA
5	大唐黑龙江发电有限公司哈尔滨第一热电厂	AAA
6	国电泰州发电有限公司	AAA
7	国电南宁发电有限责任公司	AAA
8	国电永福发电有限公司	AAA
9	国电达州发电有限公司	AAA
10	国电电力山西新能源开发有限公司	AAA
11	国电电力太仆寺旗风电开发有限公司	AAA
12	河北龙源风力发电有限公司	AAA
13	龙源（张家口）风力发电有限公司	AAA
14	江苏海上龙源风力发电有限公司	AAA
15	北京国电龙源环保工程有限公司	AAA
16	山西漳泽电力股份有限公司漳泽发电分公司	AAA
17	浙江省水利水电投资集团有限公司	AAA
18	浙江天地环保工程有限公司	AAA
19	华东送变电工程公司	AAA
20	鄂尔多斯市和效电力建设工程有限责任公司	AAA
21	陕西省地方电力投资控股有限公司	AAA
22	陕西省地方电力物资有限公司	AAA
23	广东粤电云河发电有限公司	AAA
24	中国能源建设集团广东省电力设计研究院	AAA
25	中国能源建设集团山西省电力勘测设计院	AAA
26	贵州电力设计研究院	AAA
27	山东电力设备有限公司	AAA
28	远东电缆有限公司	AAA
29	江苏亨通电力电缆有限公司	AAA
30	江苏金智科技股份有限公司	AAA
31	重庆电力建设总公司	AAA
32	青海火电工程公司	AAA
33	四川电力建设二公司	AAA
34	中国水利水电第九工程局有限公司	AAA
35	上海送变电工程公司	AAA
36	天津送变电工程公司	AAA
37	青海送变电工程公司	AAA

续表

序号	企业名称	信用等级
38	浙江省送变电工程公司	AAA
39	中国电力科学研究院	AAA
40	山西省电力公司电力科学研究院	AAA
41	湖北鄂电建设监理有限责任公司	AAA
42	内蒙古康远工程建设监理有限责任公司	AAA
43	广东律诚工程咨询有限公司	AAA
44	上海电力监理咨询有限公司	AAA
45	广东天广工程监理咨询有限公司	AAA
46	新疆电力工程监理有限责任公司	AAA
47	中缆集团有限公司	AA
48	山西世纪中试电力科学技术有限公司	AA
49	陕西天禹电力工程（集团）有限公司	AA
50	湖南省电力公司检修公司	AA
51	特变电工新疆新能源股份有限公司	AA
52	青岛华丰伟业电力科技工程有限公司	AA
53	珠海电力工程监理有限责任公司	AA
54	新疆新能咨询有限责任公司	AA
55	江西科能工程建设咨询监理有限公司	A

附件 19

2012 年度复评通过的电力行业信用企业名单

序号	企业名称	信用等级
1	深圳市广前电力有限公司	AAA
2	浙江国华浙能发电有限公司	AAA
3	国华太仓发电有限公司	AAA
4	西安热工研究院有限公司	AAA
5	上海电力建设启动调整试验所	AAA
6	国电电力大同发电有限责任公司	AAA
7	内蒙古电力（集团）有限责任公司内蒙古电力科学研究院分公司	AAA
8	河北省电力建设调整试验所（河北省电力研究院）	AAA
9	苏州热工研究院有限公司	AAA
10	国华徐州发电有限公司	AAA
11	陕西省电力设计院	AAA
12	河北国华定洲发电有限责任公司	AAA
13	北京京能新能源有限公司	AAA
14	天津国华盘山发电有限责任公司	AAA
15	广东电力发展股份有限公司沙角 A 电厂	AAA
16	吉林省电力科学研究院有限公司	AAA
17	贵州电力建设第二工程公司	AAA
18	贵州电力工程建设监理公司	AAA
19	中国水利电力物资有限公司	AAA
20	河北省电力建设调整试验所	AAA
21	甘肃电力科学研究院	AAA
22	湖南省湘电试验研究院有限公司	AAA
23	辽宁电力建设监理有限公司	AAA
24	上海市电力工程建设监理有限公司	AAA
25	江西诚达工程咨询监理有限公司	AAA
26	北京国电德胜工程项目管理有限公司	AAA
27	河北电力建设监理有限责任公司	AAA
28	山东诚信工程建设监理有限公司	AAA
29	西北电力建设工程监理有限责任公司	AAA
30	江苏兴源电力建设监理有限公司	AAA
31	广东创成建设监理咨询有限公司	AAA
32	湖北中南电力工程建设监理有限责任公司	AAA
33	河南立新监理咨询有限公司	AAA
34	天津电力工程监理有限公司	AAA
35	黑龙江省火电第三工程公司	AAA
36	河北省电力建设第二工程公司	AAA
37	内蒙古第一电力建设工程有限责任公司	AAA

续表

序号	企业名称	信用等级
38	河北省电力建设第一工程公司	AAA
39	东北电业管理局烟塔工程公司	AAA
40	中国能源建设集团东北电力第一工程公司	AAA
41	山东电力建设第一工程公司	AAA
42	中国水利水电第十四工程局有限公司	AAA
43	中国水利水电第一工程局有限公司	AAA
44	中国水利水电第十工程局有限公司	AAA
45	中国水利水电第十三工程局有限公司	AAA
46	广西壮族自治区水电工程局	AAA
47	江南水利水电工程公司	AAA
48	中国安能建设总公司	AAA
49	中国水利水电第三工程局有限公司	AAA
50	中国人民武装警察部队水电第二总队	AAA
51	内蒙古送变电有限责任公司	AAA
52	辽宁省送变电工程公司	AAA
53	湖南省送变电建设公司	AAA
54	四川电力送变电建设公司	AAA
55	湖北省送变电工程公司	AAA
56	中国能源建设集团山西省电力建设二公司	AAA
57	中国电力建设工程咨询西北公司	AA
58	西北电力工程监理公司	AA
59	河南豫电电力建设监理有限公司	AA
60	甘肃光明电力工程咨询监理有限责任公司	AA

附件 20

2012 年水电、火电新投产重点项目

序号	项目名称	建设地址	机组类型	台数	容量（万千瓦）	投产时间
1	金沙江向家坝工程项目	四川省宜宾市	水电	3	240	2012－11－05 2012－11－19 2012－12－21
2	糯扎渡水电站	云南省普洱市澜沧县	水电	3	195	2012－08－23 2012－09－28 2012－12－03
3	四川官地	四川省凉山州	水电	3	180	2012－03－30 2012－05－30 2012－11－19
4	三峡地下电站	湖北省宜昌市	水电	2	140	2012－02－17 2012－05－23
5	蒲石河抽水蓄能电站	辽宁省丹东市	水电	3	90	2012－04－11 2012－08－09 2012－09－08
6	响水涧抽水蓄能电站	安徽省芜湖市	水电	3	75	2012－04－26 2012－08－10 2012－11－18
7	四川锦屏一级	四川省凉山州	水电	1	60	2012－12－03
8	金安桥电厂 1 号机组	云南省	水电	1	60	2012－08－31
9	潘口水电站	湖北省	水电	2	50	2012－10－01
10	四川泸定水电站	四川省大渡河	水电	2	46	2012－05－05 2012－06－06
11	功果桥水电站	云南省大理州云龙县	水电	2	45	2012－05－23 2012－06－21
12	云南金沙江中游阿海	云南省丽江市	水电	1	40	2012－12－21
13	沙湾项目	四川省凉山州	水电	4	28	2012－10－21
14	山东莱州一期	山东省莱州市	火电	2	200	2012－11－04 2012－12－06
15	沁北电厂三期	河南省济源市	火电	2	200	2012－03－06 2012－12－08
16	广东粤电惠来电厂 3－4 号机组“上大压小”扩建项目	广东省揭阳市	火电	2	200	2012－12－31
17	华润贺州项目	广西壮族自治区贺州市	火电	2	200	2012－08－16 2012－11－04
18	江苏国华陈家港发电有限公司	江苏省	火电	2	132	2012－08－01
19	皖能马鞍山“上大压小”扩建工程	安徽省马鞍山市	火电	2	132	2012－03 2012－06

续表

序号	项目名称	建设地址	机组类型	台数	容量（万千瓦）	投产时间
20	山西霍州火电	山西省临汾市	火电	2	120	2012－04 2012－09
21	云南镇雄电厂	云南省昭通市	火电	2	120	2012－01－01 1012－03－20
22	海门一期	广东省汕头市	火电	1	104	2012－09－26
23	新海电厂“上大压小”工程	江苏省连云港市	火电	1	100	2012－11－21
24	江苏谏壁第二台	江苏省镇江市	火电	1	100	2012－06－01
25	密东电厂二期3号机组	河南省	火电	1	100	2012－03－15
26	密东电厂二期4号机组	河南省	火电	1	100	2012－07－30
27	华润湖北蒲圻二期	湖北省赤壁市	火电	1	100	2012－10－30
28	湖北汉川三期	湖北省孝感市	火电	1	100	2012－12－01
29	江苏仪征燃机	江苏省仪征市	火电	3	76	2012－06－30 2012－09－22 2012－12－15
30	安徽宿州“上大压小”	安徽省宿州市	火电	2	70	2012－10－01
31	东方电厂扩建工程	海南省东方市	火电	2	70	2012－05－06 2012－12－26
32	左权2号机组	山西省左权县	火电	1	67	2012－01－21
33	福建南埔二期	福建省泉州市	火电	1	67	2012－04－25
34	参股国电建投布连电厂	内蒙古鄂尔多斯市	火电	1	66	2012－09－01
35	辽宁沈西热电	辽宁省沈阳市	火电	2	66	2012－03－28 2012－04－26
36	白山煤矸石电厂	吉林省白山市	火电	2	66	2012－12－25 2012－12－31
37	江西九江四期	江西省九江市	火电	1	66	2012－12－01
38	湖南宝庆煤电	湖南省邵阳市	火电	1	66	2012－04－28
39	广州新塘漂染工业“上大压小”热电联产工程	广东省广州市	火电	2	66	2012－08－11 2012－10－25
40	广西南宁一期	广西壮族自治区南宁市	火电	1	66	2012－09－01
41	贵州都匀火电	贵州省黔南布依族苗族自治州	火电	1	66	2012－12－01
42	秦岭8号机组	陕西省华阴市	火电	1	66	2012－12－29
43	江西贵溪“上大压小”扩建项目第二台机组	江西省鹰潭市	火电	1	64	2012－12－11
44	大唐清苑热电项目	河北省保定市	火电	2	60	2012－11－20 2012－12－04
45	大唐武安发电项目	河北省邯郸市	火电	2	60	2012－11－21 2012－12－31
46	燕山湖发电厂新建工程	辽宁省朝阳市	火电	1	60	2012－03－21
47	丹东金山热电	辽宁省丹东市	火电	2	60	2012－09－15
48	华润江苏南热扩建项目	江苏省南京市	火电	1	60	2012－10－09

续表

序号	项目名称	建设地址	机组类型	台数	容量（万千瓦）	投产时间
49	淮南顾桥电厂	安徽省	火电	2	60	2012－06－26
50	华润登封二期扩建项目	河南省登封市	火电	1	60	2012－10－01
51	伊川电厂1号机组	河南省	火电	1	60	2012－11－01
52	神火1号机组	河南省	火电	1	60	2012－12－17
53	四川福溪火电项目	四川省宜宾市	火电	1	60	2012－05－15
54	贵州清镇异地扩建	贵州省清镇市	火电	1	60	2012－06－08
55	威信电厂1号机组	云南省	火电	1	60	2012－07－19
56	浙江绍兴燃机项目	浙江省绍兴市	火电	1	45	2012－12－31
57	临港一期项目	上海市	火电	1	42	2012－03－21
58	浙江杭州半山燃机	浙江省杭州市	火电	1	42	2012－09－07
59	耀光煤项目	山西省晋中市	火电	2	40	2012－09－15 2012－10－28
60	萧山天然气热电联产工程	浙江省杭州市	火电	1	40	2012－06－30
61	兴发铝业自备4号机组	新疆维吾尔自治区	火电	1	36	2012－06－26
62	辽宁大连开发区热电	辽宁省大连市	火电	1	35	
63	吉林长春热电一厂热电联产	吉林省长春市	火电	1	35	2012－01－13
64	临沂热电扩建工程	山东省临沂市	火电	1	35	2012－12－26
65	神华古泉1号机组	新疆维吾尔自治区	火电	1	35	2012－11－03
66	神华古泉2号机组	新疆维吾尔自治区	火电	1	35	2012－12－28
67	东方希望电厂1号机组	新疆维吾尔自治区	火电	1	35	2012－12－28
68	河北滦河热电	河北省承德市	火电	1	33	2012－10－01
69	淄博热电工程	山东省淄博市	火电	1	33	2012－12－10
70	新乡渠东热电一期	河南省新乡市	火电	1	33	2012－11－14
71	中新电厂1号机组	广东省	火电	1	33	2012－08－11
72	中新电厂2号机组	广东省	火电	1	33	2012－10－25
73	伊犁热电	新疆维吾尔自治区伊宁市	火电	1	33	2012－12－29
74	圣雄火电厂1号机组	新疆维吾尔自治区	火电	1	33	2012－11－16
75	新疆昌吉新热电	新疆维吾尔自治区昌吉市	火电	1	33	2012－01－01
76	新疆库车二期	新疆维吾尔自治区阿克苏地区	火电	1	33	2012－12－01
77	格盟瑞光2号机组	山西省	火电	1	30	2012－01－20
78	格盟昱光电厂	山西省	火电	2	30	2012－05－04
79	山西京玉发电有限责任公司2×30万千瓦煤矸石电厂	山西省朔州市	火电	1	30	2012－01－16
80	福建永安“上大压小”项目	福建省永安市	火电	1	30	2012－11－15

续表

序号	项目名称	建设地址	机组类型	台数	容量（万千瓦）	投产时间
81	福建漳平“上大压小”项目	福建省漳平市	火电	1	30	2012－11－15
82	东营市滨海热力有限公司	山东省	火电	1	30	2012－09－01
83	荷树园电厂5号机组	广东省	火电	1	30	2012－08－22
84	荷树园电厂6号机组	广东省	火电	1	30	2012－11－05
85	和丰煤电1号机组	新疆维吾尔族自治区	火电	1	30	2012－07－10
86	和丰煤电2号机组	新疆维吾尔族自治区	火电	1	30	2012－09－23
87	天津 IGCC 电站示范工程	天津市滨海新区	火电	2	27	2012－11－06

附件 21

2012 年年底在建部分重点电源项目

序号	项目名称	类别	建设地址	机组类型	建设规模	
					台数	容量（万千瓦）
1	金沙江溪洛渡工程项目	上年结转	云南省昭通市	水电	18	1386
2	四川锦屏一级	上年结转	四川省凉山州	水电	7	420
3	金沙江向家坝工程项目	上年结转	四川省宜宾市	水电	5	400
4	糯扎渡水电站	上年结转	云南省云南省普洱市澜沧县	水电	6	390
5	云南观音岩水电站	当年新开工	云南省丽江市	水电	5	300
6	四川大渡河大岗山水电站	上年结转	四川省雅安市	水电	4	260
7	长河坝水电站	上年结转	四川省甘孜藏族自治州	水电	4	260
8	云南鲁地拉水电站	上年结转	云南省丽江市	水电	6	216
9	金沙江龙开口水电站	上年结转	云南省云南省大理州鹤庆县	水电	5	180
10	四川大渡河猴子岩水电站	上年结转	四川省甘孜藏族自治州	水电	4	170
11	云南金沙江中游阿海电站	上年结转	云南省丽江市	水电	4	160
12	浙江仙居抽水蓄能电站	上年结转	浙江省台州市	水电	4	150
13	苗尾水电站	当年新开工	云南省大理州云龙县	水电	4	140
14	清远抽水蓄能电站	上年结转	广东省清远市	水电	4	128
15	内蒙古呼和浩特抽水蓄能电站	上年结转	蒙西呼和浩特	水电	4	120
16	仙游抽水蓄能电站	上年结转	福建省莆田市	水电	4	120
17	江西洪屏抽水蓄能电站	上年结转	江西省宜春市	水电	4	120
18	深圳抽水蓄能电站	上年结转	广东省深圳市	水电	4	120
19	贵州乌江沙沱水电站	上年结转	贵州省铜仁地区	水电	4	112
20	嘉陵江亭子口水利枢纽	上年结转	四川省广元市	水电	4	110
21	黄金坪水电站	上年结转	四川省甘孜藏族自治州	水电	6	85
22	湖南托口水电项目	上年结转	湖南省怀化市	水电	6	83
23	四川大渡河枕头坝一级水电站	当年新开工	四川省乐山市	水电	4	72
24	岩滩水电站扩建工程	上年结转	广西壮族自治区河池市	水电	2	60
25	四川官地	上年结转	四川省凉山州	水电	1	60
26	四川桐子林	上年结转	四川省攀枝花	水电	4	60
27	贵州黔源马马崖水电站	当年新开工	贵州省兴义市	水电	4	55.8
28	藏木水电站	上年结转	西藏自治区山南地区加查县	水电	6	51
29	四川木里河卡基娃水电	上年结转	四川省西昌市	水电	6	45.24
30	贵州白市水电项目	上年结转	贵州省天柱县	水电	3	42

续表

序号	项目名称	类别	建设地址	机组类型	建设规模	
					台数	容量（万千瓦）
31	四川木里河立州水电	上年结转	四川省西昌市	水电	5	35.5
32	四川大渡河沙坪二级水电站	当年新开工	四川省乐山市	水电	6	34.8
33	云南硕曲河去学水电站工程	上年结转	四川省甘孜藏族自治州	水电	2	24.6
34	四川木里河上通坝水电	上年结转	四川省西昌市	水电	3	24
35	四川革什扎河吉牛水电站	上年结转	四川省甘孜藏族自治州	水电	2	24
36	新疆伊犁喀什河尼勒克一级水电站	上年结转	新疆区伊犁哈萨克自治州	水电	4	24
37	四川水洛河撒多	上年结转	四川省凉山州	水电	3	21
38	江苏泰州上“大压小火电”二期	当年新开工	江苏省泰州市	火电	2	200
39	江苏华电句容项目	上年结转	江苏省句容市	火电	2	200
40	浙江浙能舟山六横电厂	上年结转	浙江省舟山市	火电	2	200
41	华润苍南项目	当年新开工	浙江省苍南市	火电	2	200
42	华润海丰项目	当年新开工	广东省汕尾市	火电	2	200
43	北京高井燃气热电联产项目	当年新开工	北京市	火电	3	138
44	烟台八角电厂“上大压小”工程	上年结转	山东省烟台市	火电	2	134
45	淮北虎山“上大压小”工程	当年新开工	安徽省淮北市	火电	2	132
46	陕西榆横煤电	当年新开工	陕西省榆林市	火电	2	132
47	西北热电中心—京能燃气热电项目	当年新开工	北京市	火电	2	130.7
48	河北建投沙河发电公司	上年结转	河北省邢台市	火电	2	120
49	山西神头“上大压小”发电项目	上年结转	山西省朔州市	火电	2	120
50	内蒙古大板电厂项目	上年结转	蒙东赤峰市	火电	2	120
51	贵州清镇异地扩建	上年结转	贵州省清镇市	火电	2	120
52	贵州桐梓电厂	上年结转	贵州省遵义市	火电	2	120
53	江苏南通“上大压小”新建项目	上年结转	江苏省南通市	火电	1	100
54	河南三门峡火电厂三期	当年新开工	河南省三门峡市	火电	1	100
55	湖北汉川三期	上年结转	湖北省孝感市	火电	1	100
56	华润湖北蒲圻二期	上年结转	湖北省赤壁市	火电	1	100
57	北京京能高安屯燃气热电有限公司东北热电中心	当年新开工	北京市	火电	1	90
58	山西国际嘉节燃气热电联产项目	上年结转	山西省太原市	火电	1	86.4
59	北京京桥热电有限责任公司联合循环热电厂二期工程	上年结转	北京市	火电	1	83.8

续表

序号	项目名称	类别	建设地址	机组类型	建设规模	
					台数	容量（万千瓦）
60	浙江杭州半山燃机	上年结转	浙江省杭州市	火电	2	83
61	长兴天然气热电联产工程	当年新开工	浙江省湖州市	火电	2	80
62	天津北塘热电	上年结转	天津市市辖区	火电	2	70
63	河北建投任丘热电公司	上年结转	河北省沧州市	火电	2	70
64	河北廊坊热电	当年新开工	河北省廊坊市	火电	2	70
65	内蒙古京能康巴什热电厂2×35万千瓦空冷机组工程	上年结转	蒙西鄂尔多斯市	火电	2	70
66	华润盘锦项目	当年新开工	辽宁省盘锦	火电	2	70
67	大庆热电	当年新开工	黑龙江大庆市	火电	2	70
68	黑龙江哈尔滨平南热电	上年结转	黑龙江哈尔滨市	火电	2	70
69	华润宜昌项目	当年新开工	湖北省宜昌市	火电	2	70
70	广东肇庆大旺热电	上年结转	广东省肇庆市	火电	2	70
71	宁夏吴忠热电	当年新开工	宁夏回族自治区吴忠市	火电	2	70
72	新疆喀什扩建项目	当年新开工	新疆维吾尔自治区喀什市	火电	2	70
73	新疆克拉玛依热电	上年结转	新疆维吾尔自治区克拉玛依市	火电	2	70
74	内蒙古兴安热电	上年结转	蒙东兴安盟	火电	2	68
75	参股国电建投布连电厂	上年结转	蒙西鄂尔多斯市	火电	1	66
76	内蒙古杭锦煤矸石发电	上年结转	蒙西鄂尔多斯市	火电	2	66
77	吉林双辽二期扩建	上年结转	吉林省四平市	火电	1	66
78	射阳港电厂2×66万千瓦“上大压小”工程	上年结转	江苏省盐城市	火电	1	66
79	江西九江四期	上年结转	江西省九江市	火电	1	66
80	新乡渠东热电一期	上年结转	河南省新乡市	火电	2	66
81	贵州都匀火电	上年结转	贵州省黔南布依族苗族自治州	火电	1	66
82	金昌热电联产项目	上年结转	甘肃省金昌市	火电	2	66
83	宁夏宁东热电	上年结转	宁夏回族自治区银川市	火电	2	66
84	皖能合肥6号机扩建工程	当年新开工	安徽省合肥市	火电	1	63
85	大唐呼图壁热电厂一期2×30万千瓦项目	当年新开工	新疆维吾尔自治区昌吉回族自治州	火电	2	60
86	辽宁红沿河核电厂一期工程	上年结转	辽宁省大连市	核电	4	447.5
87	秦山一期扩建工程	上年结转	浙江省嘉兴市	核电	2	200
88	三门核电一期工程	上年结转	浙江省台州市	核电	2	250
89	宁德核电一期工程	上年结转	福建省宁德市	核电	4	435.6
90	福清核电项目一期工程	上年结转	福建省福州市	核电	2	216
91	福清核电项目二期工程	上年结转	福建省福州市	核电	2	216

续表

序号	项目名称	类别	建设地址	机组类型	建设规模	
					台数	容量（万千瓦）
92	山东海阳核电项目	上年结转	山东省烟台市	核电	2	250
93	石岛湾高温气冷堆示范工程	当年新开工	山东省荣成市	核电	1	20
94	阳江核电站项目	上年结转	广东省阳江市	核电	3	325.8
95	阳江核电站项目（4号机组）	当年新开工	广东省阳江市	核电	1	108.6
96	田湾核电二期（3号机组）	当年新开工	江苏省连云港市	核电	1	112
97	台山核电站一期工程	上年结转	广东省江门市	核电	2	350
98	防城港核电一期	上年结转	广西壮族自治区防城港市	核电	2	216
99	海南昌江核电厂	上年结转	海南省昌江县	核电	2	130

附件 22

2012 年投产的部分重点输变电建设项目

序号	项目名称	所在地	电压等级（千伏）	规模	
				线路长度（千米）	变电容量或直流输电容量（万千伏安、万千瓦）
1	锦屏—苏南 ±800 千伏特高压直流工程	四川—江苏	±800	2090	1440
2	东北与华北直流背靠背扩建工程	辽宁	±500		300
3	中俄直流背靠背联网工程	黑龙江	±500		150
4	乌兰浩特—白城输变电工程	内蒙古—吉林	500	183. 4	150
5	糯扎渡 500 千伏交流送出工程	云南	500	538	100
6	溪洛渡 500 千伏交流送出工程	云南	500	385	75
7	500 千伏狮洋至五邑线路工程	广东	500	344. 2	
8	500 千伏惠茅甲线改造工程	广东	500	224	

附件 23

2012 年底在建的部分重点输变电建设项目

序号	项目名称	类别	所在地	电压等级（千伏）	规模	
					线路长度（千米）	变电容量或直流输电容量（万千伏安、万千瓦）
1	皖电东送淮南至上海特高压交流输电工程	上年结转	安徽—上海	1000	1312	2100
2	溪洛渡至浙西特高压直流输变电工程	当年新开工	四川—浙江	±800	1653	1600
3	哈密至郑州特高压直流输变电工程	当年新开工	新疆—河南	±800	2208	1600
4	云南普洱至广东江门特高压直流输电工程	上年结转	云南—广东	±800	1434	500
5	新疆与西北主网联网第二通道工程	当年新开工	新疆—甘肃—青海	750	2198	360
6	兰州东—天水—宝鸡 750 千伏输变电工程	当年新开工	甘肃—陕西	750	790	210
7	溪洛渡右岸电站送广东直流输电工程	上年结转	云南—广东	±500	2 ×1251	640
8	500 千伏广州木棉输变电工程	上年结转	广东	500	224	400

附件 24

2012 年度国家优质工程奖电力行业工程项目名单

金奖（4 项）

1. 云南至广东 ±800 千伏直流输电示范工程
2. 贵州北盘江光照水电站（4×26 万千瓦）工程
3. 平顶山第二发电厂一期（2×100 万千瓦）机组工程
4. 宁东—山东 ±660 千伏直流输电示范工程

银奖（31 项）

1. 江西景德镇发电厂（2×60 万千瓦）机组“上大压小”扩建工程
2. 宁夏水洞沟电厂一期（2×66 万千瓦）机组工程
3. 内蒙古国华呼伦贝尔能源项目（2×60 万千瓦）燃煤发电机组工程
4. 大连甘井子热电厂新建（2×30 万千瓦）工程
5. 华电新疆发电有限公司昌吉热电厂（2×33 万千瓦）工程
6. 福建石狮鸿山热电厂（2×60 万千瓦）“上大压小”工程
7. 神华神东电力有限责任公司新疆米东（2×30 万千瓦）煤矸石热电工程
8. 国华宁东一期（2×33 万千瓦）机组工程
9. 华电宁夏灵武发电有限公司二期（2×100 万千瓦）工程
10. 望亭发电厂改建（1×66 万千瓦）工程 4 号机组
11. 海口市（2×1.2 万千瓦）垃圾焚烧发电厂
12. 河南济源 500 千伏变电站工程
13. 常熟南 500 千伏变电站工程
14. 延安（洛川）750 千伏变电站工程
15. 上海练塘 500 千伏变电站
16. 山西稷山变至吕梁变 500 千伏输电线路工程
17. 华润菏泽电厂至郓城变双回 500 千伏输电线路工程
18. 500 千伏库湾变电站工程
19. 500 千伏紫荆变电站工程

20. 江西景德镇洪源500千伏变电站工程
21. 大唐吉林向阳风电场一期40万千瓦工程
22. 500千伏安庆（双岭）变电站工程
23. 宁夏大唐国际青铜峡光伏一期10兆瓦工程
24. 上海东海大桥100兆瓦海上风电示范项目
25. 安徽龙源来安（4×49.5兆瓦）风电项目
26. 甘肃瓜州300兆瓦大型自主化示范风电场项目
27. 河北建投新能源东辛营20万千瓦风电工程
28. 大连大唐海派99兆瓦风电场工程
29. 辽宁大唐国际阜新前后查台（2×49.5兆瓦）风电工程
30. 华能东营河口风电场1-4期198兆瓦工程
31. 安徽琅琊山4×150兆瓦抽水蓄能电站工程

附件 25

2012 年度中国建设工程鲁班奖电力行业工程项目名单

1. 河北尚义龙源风电场 15 万千瓦工程
2. 中电投白城电厂（2×60 万千瓦）机组“上大压小”新建工程
3. 河北广元（顺德）500 千伏变电站工程
4. 大唐南京发电厂一期（2×66 万千瓦）工程

附件 26

2012 年度中国安装工程优质奖项目名单

1. 浙江浙能嘉兴发电厂三期（2×100 万千瓦）工程
2. 天津北疆（2×100 万千瓦）电厂 2 号机组主厂房建筑及安装工程
3. 宁夏灵武电厂二期（2×100 万千瓦）机组工程
4. 宁夏水洞沟电厂一期（2×66 万千瓦）机组工程
5. 大唐南京发电厂一期（2×66 万千瓦）工程
6. 国电荥阳电厂（2×60 万千瓦）火电工程
7. 华电新疆发电有限公司昌吉热电厂（2×33 万千瓦）工程
8. 江苏大丰风电场 200MW 风电场（1500 千瓦风机集电线路）安装工程
9. 淮南顾桥煤矸石综合利用（2×30 万千瓦）发电机组工程
10. 甘肃瓜州 30 万千瓦大型自主化示范风电场项目
11. 河北尚义龙源风电场 15 万千瓦工程
12. 中电投北票台吉营风力发电场 49.5 兆瓦新建工程
13. 华能山东发电有限公司牟平一期 42 兆瓦风电工程
14. 500 千伏库湾变电站基建工程
15. 220 千伏瓦宋输变电工程
16. 山东章缝 220 千伏变电站工程
17. 220 千伏兰陵变电站工程
18. 山东西王 220 千伏变电站工程

附件 27

2012 年度中国电力优质工程奖项目名单

一、输变电工程（17 项）

1. 云南至广东 ±800 千伏直流输电工程
2. 宁东—山东 ±660 千伏直流输电示范工程
3. 河北广元（顺德）500 千伏变电站工程
4. 株洲南（古亭）500 千伏变电站工程
5. 华润菏泽电厂至郓城变双回 500 千伏输电线路工程
6. 浙江妙西 500 千伏变电站工程
7. 500 千伏景德镇（洪源）变电站新建工程
8. 江苏常熟南 500 千伏变电站工程
9. 延安（洛川）750 千伏变电站工程
10. 河南济源 500 千伏变电站工程
11. 稷山变至吕梁变 500 千伏输电线路工程
12. 安徽 500 千伏安庆（双岭）变电站工程
13. 上海练塘 500 千伏变电站工程
14. 500 千伏紫荆变电站工程
15. 500 千伏库湾变电站工程
16. 青海日月山—乌兰—格尔木 750 千伏输变电工程
17. 500 千伏通宝输变电工程

二、水电工程（1 项）

安徽琅琊山（4×15 万千瓦）抽水蓄能电站

三、风电工程（17 项）

1. 河北尚义龙源风电场 150 兆瓦工程
2. 上海东海大桥 100 兆瓦海上风电示范项目
3. 华能东营河口风电场一至四期 198 兆瓦工程

4. 大连大唐海派99兆瓦风电场工程

5. 安徽龙源来安（4×49.5兆瓦）风电项目

6. 辽宁大唐国际阜新前后查台（2×49.5兆瓦）风电工程

7. 中电投北票台吉营风力发电49.5兆瓦工程

8. 甘肃瓜州300兆瓦大型自主化示范风电场项目

9. 大唐吉林向阳风电场一期400兆瓦工程

10. 大唐平阴风电场一期49.5兆瓦工程

11. 国电黑山一、二期（2×49.5兆瓦）风电场工程

12. 凌海西八千风电场49.5兆瓦新建工程

13. 翁旗西场99兆瓦风电工程

14. 华能新疆三塘湖风电场一、二期（2×49.5兆瓦）工程

15. 通辽科左中旗国华代力吉前四井4.95万千瓦风电项目

16. 华电北清河30万千瓦风电特许权工程

17. 龙源新疆阿拉山口49.5兆瓦风电场二期及升压站项目工程

四、光伏工程（2项）

1. 宁夏大唐国际青铜峡光伏一期10兆瓦工程

2. 中电投格尔木200兆瓦并网光伏电站

五、火电工程（23项）

1. 平顶山第二发电厂一期（2×100万千瓦）机组工程

2. 大唐南京发电厂（2×66万千瓦）一期工程

3. 中电投白城电厂（2×60万千瓦）机组“上大压小”新建工程

4. 大连甘井子热电厂（2×30万千瓦）新建工程

5. 福建石狮鸿山热电厂（2×60万千瓦）“上大压小”工程

6. 江西景德镇发电厂（2×60万千瓦）机组“上大压小”扩建工程

7. 海口市（2×12兆瓦）垃圾焚烧发电厂

8. 望亭发电厂（1×66万千瓦）改建工程

9. 宁夏水洞沟电厂一期（2×66万千瓦）机组工程

10. 宁夏灵武电厂二期（2×100万千瓦）机组工程

11. 内蒙古国华呼伦贝尔能源项目（2×60 万千瓦）燃煤发电机组工程
12. 山西大唐临汾河西热电厂（2×30 万千瓦）“上大压小”扩建工程
13. 神华神东电力新疆米东（2×30 万千瓦）煤矸石热电工程
14. 浙江浙能嘉兴发电厂（2×100 万千瓦）三期工程
15. 华能平凉电厂二期（2×60 万千瓦）扩建工程
16. 国电荥阳煤电一体化有限公司一期（2×60 万千瓦）机组工程
17. 四川华电珙县电厂一期（2×60 万千瓦）“上大压小”新建工程
18. 上海石洞口第二电厂二期（2×66 万千瓦）“上大压小”扩建工程
19. 芜湖发电厂五期（2×66 万千瓦）工程
20. 华电新疆发电有限公司昌吉热电厂（2×33 万千瓦）工程
21. 国华宁东一期（2×33 万千瓦）机组工程
22. 中电投乌苏热电厂一期（2×30 万千瓦）机组工程
23. 华能伊敏煤电联营三期（2×60 万千瓦）超临界燃煤发电机组工程

六、中小型工程（6 项）

1. 220 千伏村前输变电工程
2. 110 千伏柴米输变电工程——变电所电气安装工程
3. 110 千伏广场变电所工程
4. 甘肃瓜州北大桥第二风电场 20 万千瓦风机安装工程
5. 中广核临朐刘王庄风电场 38.25 兆瓦工程
6. 华电新疆昌吉热电厂（2×33 万千瓦）机组脱硫工

附件 28

2012 年底装机容量超过 500 万千瓦的大型发电企业装机容量及发电量情况

集团名称	装机容量（万千瓦）						累计电量（亿千瓦时）					
	合计	水电	火电	核电	风电	其他	合计	水电	火电	核电	风电	同期
中国华能集团公司	13 508	1 417	11 235		848	8	5 977	548	5 296		132	1
中国大唐集团公司	11 377	1 656	8 879		820	22	5 059	545	4 381		131	2
中国华电集团公司	10 180	1673	8 068		422	16	4 323	534	3 724		63	2
中国国电集团公司	12 008	1 154	9 301		1 497	56	4 898	402	4 265		223	9
中国电力投资集团公司	8 007	1 922	5 708		319	59	3 494	709	2 731		48	6
广东省粤电集团有限公司	2 675	215	2 438		20	1	1 244	63	1 178		3	0.05
中国长江三峡集团公司	2 875	2 785			89	1	1 190	1 173			16	0.2
中国神华集团有限责任公司	6 431	13	6 009		405	4	3 109	5	3 045		59	0.2
华润电力	2 974	63	2 683		228		1 397	8	1 354		35	
国投电力公司	2 203	832	1 311		50	11	922	289	624		8	2
浙江省能源集团有限公司	2 245	85	2 159		1		1 136	19	1 118		0.2	
河北省建设投资公司	668		548		120		330		305		25	
中国核工业集团	645			645			509			509		
江苏国信	656	10	638		7	1	320	2	316		2	0.2
深圳市能源集团有限公司	562		540		22		263		261		3	
中国广核集团有限公司	1 135	118	68	612	308	29	590	39	22	474	51	3
北京能源投资（集团）有限公司	1335	50	1127		155	3	634	12	593.8		28	0
申能（集团）有限公司	667		667				295		295			
湖北省能源集团有限公司	558	365	187		6		169	78	90		1	

注：数据来源于中电联 2012 年电力行业统计年报。

附件 29

2012 年底水电、火电装机容量分别排全国前十位的电厂

排序	项目名称	省份	装机容量（万千瓦）
水　电			
1	三峡水电厂	湖　北	2 240
2	龙滩水电开发有限公司	广　西	490
3	华能澜沧江水电有限公司小湾电站	云　南	420
4	汉源瀑布沟水电站	四　川	360
5	拉西瓦水电厂	青　海	350
6	二滩水电厂	四　川	330
7	构皮滩发电厂	贵　州	300
8	葛洲坝水电厂	湖　北	272
9	广州抽水蓄能电站	广　东	240
10	惠州抽水蓄能电站	广　东	240
火　电			
1	大唐托克托发电公司	内蒙古	480
2	浙江嘉华发电有限公司	浙　江	440
3	华阳后石电厂	福　建	420
4	华能玉环电厂	浙　江	400
5	正蓝旗上都上发电公司	内蒙古	372
6	绥中发电有限责任公司	辽　宁	360
7	沁北电厂	河　南	340
8	伊敏发电厂	内蒙古	340
9	中国国电集团谏壁发电厂	江　苏	332
10	华电宁夏灵武发电有限公司	宁　夏	320

附件 30

2012 年全国电力行业发生的事故简况

一、较大以上电力人身伤亡责任事故

2012 年，全国共发生较大以上电力人身伤亡责任事故 10 起，分别为：

（1）1 月 6 日，湖北兴龙水利水电工程有限公司在浙江广厦北川水电开发有限公司所属四川省阿坝州干松水电站进行坝顶交通桥浇筑过程中，发生垮塌事故，造成 3 人死亡。事故直接原因是支撑架基础施工处理不当，支撑架搭设和浇筑工艺不规范，导致支撑架垮塌。间接原因：一是施工单位安全生产规章制度、操作规程、岗位责任制不完善和执行不力；二是未经设计单位同意即变更交通桥施工工艺，安全设施、措施不到位。

（2）3 月 1 日，成都协和水利水电工程有限公司在四川省绵阳市平武县光耀电力有限公司小河沟电站引水隧洞缺陷处理过程中，发生一氧化碳中毒事故，造成 3 人死亡、1 人重伤。事故直接原因是施工单位未制订施工安全技术方案，未安装通风换气设备，未对狭小空间作业人员配发个人防护用品，在隧洞中使用柴油发电机而造成人员中毒。间接原因：一是施工单位无资质承包工程，且对入场工人疏于教育、管理与监督；二是建设单位未严格审查承包方资质，且以包代管。

（3）3 月 24 日，攀枝花网源电力建设工程公司的分包单位四川省锦龙电力建设工程公司在攀枝花电业局大龙潭35 千伏线路施工过程中，发生倒杆事故，造成4 人死亡。事故直接原因是施工人员在杆塔上作业时，地面人员调整临时拉线，造成电杆受力失衡而倒塌。事故间接原因：一是工程分包单位安全技术措施不完善，安全管理存在疏漏；二是工程承包单位现场管理人员对施工现场安全监督不力。

（4）6 月 7 日，中铁二十一局集团有限公司两河口项目部在二滩水电开发有限责任公司雅砻江两河口水电建设工地公路隧道施工作业时，发生坍塌事故，造成 3 人死亡、2 人重伤。事故直接原因是在隧道开挖轮廓线外的隧道拱顶部位存在两条隐性的斜向节理面，在隧道开挖爆破和支护锚杆钻孔时，隐性结构面延伸、张开及贯通，引起隧道围岩垮塌。间接原因：一是施工单位项目经理和部分安全管理人员未取得相应资质，且对项目地质条件复杂程度认识不足，工程安全管理不到位；二是监理单位派无监理资质的人员驻现场，对施工单位人员的资质审查把关不严；三是建设单位对施工现场监督检查不到位，对施工单位人员资质审查不严，对监理单位监管不力。

(5) 6月8日，中国能源建设集团公司所属湖南火电建设公司分包单位河北亿能烟塔工程公司及其劳务协作单位河北省邯郸市众合建筑工程劳务有限公司在云南威信县煤电一体化项目冷却塔施工中，发生脚手架坍塌事故，造成7人死亡。事故直接原因是施工人员违章作业，从地面开始自下而上采用重锤敲除粘附在脚手架架管及扣件上的混凝土浆体，导致部分连接扣件松动，脚手架局部变形、架体失稳而坍塌。事故间接原因：一是总承包单位、施工单位、劳务协作单位安全生产主体责任不落实，督促检查不到位，安全生产管理机构及制度不健全，安全教育培训不到位，安全生产管理混乱，特种作业人员未持证上岗；二是建设单位、监理单位主体责任落实不到位，对总承包单位、施工单位、劳务协作单位安全生产组织、协调、监督检查不到位。

(6) 7月12日，山东工业设备安装总公司分包单位山东省建设第三安装有限公司在上海浦东环保发展有限公司所属的常熟市第二生活垃圾焚烧发电厂项目建设施工过程中，发生锅炉过热器倾倒事故，造成4人死亡。事故直接原因是安装人员违章作业，在锅炉中温过热管未焊接牢固的情况下，使用手动葫芦调整高温过热管，造成中温过热器坍塌并压塌高温过热器。间接原因：一是锅炉安装单位擅自改变施工方案，严重违反作业规程，现场管理缺失；二是承包单位及监理单位未认真履行职责，监督检查不到位；三是建设单位对工程安全生产的组织、监督职责落实不到位。

(7) 8月24日，四川送变电工程公司的分包单位四川省岳池电力建设总公司在对中电投盐锅峡水电站坝内地段进行220千伏炳张线线路施工时，发生快艇翻船事故，造成5人死亡（4名作业人员和1名船主）。事故尚在调查中。

(8) 9月27日，宁夏天净天源电力有限公司的分包单位中卫市飞达工程有限公司在对中卫供电局10千伏线路入地工程进行顶管作业时，发生爆炸事故，造成3人死亡、4人重伤。该项作业是配合市政扩路工程，作业过程中天然气管道破裂引起爆炸。事故尚在调查中。

(9) 11月19日，中国电力建设集团公司第十四水电工程局在南方电网调峰调频公司广东清远抽水蓄能电站施工中，在进行斜井轨道拆除工作时，发生卷扬机制动失灵、送料小车失控下坠事故，造成6人死亡。事故尚在调查中。

(10) 11月26日，广西浩天集团公司在广西电网公司220千伏久榄线基建施工过程中，修复因跨越架垮塌被压断的10千伏青龙线高速路支线电杆时，发生触电事故，造成4人死亡、4人受伤。事故尚在调查中。

二、自然灾害引发的较大以上人身伤亡事故

(1) 6月14日，云南电网公司输变电工程公司在云南电网公司丽江阿海电站送出工程施工过程中，突发泥石流灾害，造成6人死亡、1人失踪、1人重伤。

(2) 6月28日，中国电力建设集团公司水电工程四局在中国三峡集团公司白鹤滩水电站前期施工过程中，发生重大泥石流灾害，造成40人死亡（失踪）。

(3) 8月6日，湖北省十堰地区特大暴雨引发山洪自然灾害，十堰供电公司多条线路受损，在抢修工作中，抢修人员被洪水冲走，造成3人死亡。

(4) 8月24日，中国能源建设集团公司所属的葛洲坝集团公司新疆伊犁市斯木塔斯水电站项目部营地附近突发山体滑坡，滑坡体将项目部营地住房掩埋，造成4人死亡、1人受伤。

(5) 8月30日，中国能源建设集团公司所属葛洲坝集团第二和第五工程有限公司在二滩水电开发有限责任公司锦屏水电站施工区施工时，因暴雨引发泥石流灾害，造成11人死亡。

三、发生在境外的较大以上人身伤亡事故

6月18日，中国能源建设集团有限公司黑龙江火电三公司在俄罗斯注册的特罗伊茨克公司，在进行俄罗斯车里雅宾斯克州的特罗伊茨克电站机组安装作业时，发生吊车轨道断裂导致的吊车侧倾坍塌事故，造成6人死亡、1人重伤。该工程的总承包商为俄罗斯石英公司。

四、较大以上电力安全事故

12月25日，辽宁沈煤红阳热电有限公司（装机容量2×30万千瓦）2号和1号机组相继发生锅炉过热器和再热器爆管，分别于8时30分和17时06分锅炉停炉，造成全厂对外停止供热。经抢修，1、2号机组分别于27日19时20分和29日24时恢复供热。事故尚在调查中。

五、自然灾害导致的较大以上电力安全事故

11月11日夜间至12日，恶劣天气造成东北电网多条线路跳闸，黑龙江省鹤岗市大部分地区停电，损失负荷22.8万千瓦，占全部负荷的95%；伊春地区损失负荷12万千瓦，占全部负荷的75%。

附件 31

2012 年各省份电力公司城市、农村供电可靠性指标

单位名称	用户供电可靠率（%）		用户平均停电时间（小时/户）	
	城市	农村	城市	农村
冀北电力有限公司	99.945	99.846	4.85	13.50
北京市电力公司	99.985	99.925	1.33	6.57
河北省电力公司	99.944	99.866	4.94	11.79
山西省电力公司	99.945	99.839	4.84	14.16
天津市电力公司	99.979	99.963	1.82	3.27
山东电力集团公司	99.973	99.952	2.34	4.26
内蒙古电力集团公司	99.743	99.916	22.60	7.37
辽宁省电力有限公司	99.957	99.912	3.80	7.71
吉林省电力有限公司	99.945	99.714	4.85	25.11
黑龙江省电力公司	99.915	99.801	7.46	17.52
蒙东电力公司	99.870	99.668	11.46	29.16
江苏省电力公司	99.972	99.901	2.50	8.70
浙江省电力公司	99.978	99.911	1.94	7.82
安徽省电力公司	99.967	99.821	2.88	15.70
上海市电力公司	99.983	99.951	1.47	4.31
福建省电力有限公司	99.961	99.849	3.45	13.28
河南省电力公司	99.949	99.872	4.45	11.25
湖北省电力公司	99.968	99.877	2.80	10.83
湖南省电力公司	99.967	99.849	2.86	13.26
江西省电力公司	99.893	99.759	9.38	21.16
四川省电力公司	99.936	99.924	5.59	6.69
重庆市电力公司	99.945	99.806	4.87	17.06
陕西省电力公司	99.936	99.916	5.61	7.41
甘肃省电力公司	99.884	99.740	10.18	22.83
青海省电力公司	99.877	99.636	10.80	31.95
宁夏电力公司	99.948	99.819	4.57	15.88
新疆电力公司	99.936	99.852	5.61	13.02
广东全省	99.981	99.929	1.68	6.25
广东电网公司	99.980	99.920	1.75	6.99
广西电网公司	99.899	99.588	8.83	36.22
云南电网公司	99.797	99.373	17.87	55.11
贵州电网公司	99.877	99.552	10.78	39.33
海南电网公司	99.905	99.727	8.31	23.96
广州供电局有限公司	99.980	99.960	1.79	3.53
深圳供电局有限公司	99.987	99.962	1.11	3.30
陕西省地方电力（集团）有限公司	—	99.797	—	19.08
山西国际电力集团有限公司	—	99.486	—	45.19
广西水利电业集团公司	—	99.399	—	52.64

注：“城市”统计范围为市中心+市区+城镇；“农村”统计范围为城镇+农村。

附件 32

主要脱硫公司已投运的火电厂烟气脱硫机组容量情况

（按 2012 年底累计投运的火电厂脱硫机组容量大小排序）

序号	脱硫公司名称	累计投运容量（万千瓦）	采用的脱硫方法及所占比例（%）
1	北京国电龙源环保工程有限公司	9 580. 7	石灰石—石膏湿法（含电石渣法）88. 45 海水法 11. 15 氨法 0. 28 烟气循环流化床法 0. 12
2	北京博奇电力科技有限公司	5 178. 6	石灰石—石膏湿法 100
3	福建龙净环保股份有限公司	5 048. 4	石灰石—石膏湿法 81. 79 烟气循环流化床法 18. 21
4	武汉凯迪电力环保有限公司	4 397. 0	石灰石—石膏湿法 90. 36 烟气循环流化床法 7. 76 氨法 0. 94 NID 0. 94
5	中电投远达环保工程有限公司	4 169. 4	石灰石—石膏湿法 97. 36 干法 1. 53 烟气循环流化床法 1. 11
6	浙江浙大网新机电工程有限公司	4 034. 5	石灰石—石膏湿法 100
7	中国华电工程（集团）有限公司	3 159. 2	石灰石—石膏湿法 100
8	山东三融环保工程有限公司	2 685. 0	石灰石—石膏湿法 96. 47 烟气循环流化床法 3. 53
9	同方环境股份有限公司	2 347. 7	石灰石—石膏湿法 100
10	浙江天地环保工程有限公司	2 309. 0	石灰石—石膏湿法 99. 30 海水法 0. 70
11	中环（中国）工程有限公司	1 715. 5	石灰石—石膏湿法 100
12	中国大唐集团环境技术有限公司	1 706. 0	石灰石—石膏湿法 100
13	北京国电清新环保技术股份有限公司	1 333. 0	石灰石—石膏湿法 100
14	贵州星云环保有限公司	845. 5	石灰石—石膏湿法 100
15	湖南永清环保股份有限公司	748. 5	石灰石—石膏湿法 100
16	浙江蓝天求是环保集团有限公司	720. 5	石灰石—石膏湿法 84. 45 烟气循环流化床法 15. 55
17	浙江菲达脱硫工程有限公司	672. 5	石灰石—石膏湿法 78. 87 NID 21. 13
18	广州市天赐三和环保工程有限公司	522. 8	石灰石—石膏湿法 47. 93 双碱法 26. 40 喷雾干燥法 22. 36 氧化镁法 3. 31
19	国电环境保护研究院	410. 0	石灰石—石膏湿法 100
20	江苏新世纪江南环保股份有限公司	407. 6	氨法 100

续表

序号	脱硫公司名称	累计投运容量（万千瓦）	采用的脱硫方法及所占比例（%）
21	山东鲁能工程有限责任公司	400.5	石灰石—石膏湿法 96.00 烟气循环流化床法 4.00
22	武汉晶源环境工程有限公司	390.0	海水法 100
23	蓝天环保设备工程有限公司	310.2	烟气循环流化床法 67.69 半干法 26.94 石灰石—石膏湿法 5.37
24	中国能源建设集团广东省电力设计研究院	267.0	石灰石—石膏湿法 100
25	山东山大能源环境有限公司	214.5	烟气循环流化床法 69.00 石灰石—石膏湿法 31.00
26	湖南麓南脱硫脱硝科技有限公司	196.6	石灰石—石膏湿法 93.51 双碱法 6.49
27	广州市粤首实业有限公司	160.2	石灰石—石膏湿法 100
28	四川恒泰环境技术有限责任公司	131.0	石灰石—石膏湿法 91.98 双减法 8.02
29	中钢集团天澄环保科技股份有限公司	105.0	石灰石—石膏湿法 100
30	上海申川环保科技有限公司	98.0	石灰石—石膏湿法 100
31	江苏新中环保股份有限公司	86.9	石灰石—石膏湿法 80.21 烟气循环流化床法 14.27 氧化镁法 5.52

附件 33

2012 年度主要脱硝公司签订合同的火电厂烟气脱硝机组容量情况

（按 2012 年当年签订合同的脱硝机组容量大小排序）

序号	脱硝公司名称	合同容量（万千瓦）	采用的脱硝方法及所占比例（%）
1	北京国电龙源环保工程有限公司	3 286.5	SCR 98.17 SNCR 1.83
2	哈尔滨锅炉厂有限责任公司	1 612.0	SCR 100
3	中国大唐集团环境技术有限公司	1 537.0	SCR 100
4	中国华电工程（集团）有限公司	1 470.0	SCR 98.30 SNCR 1.70
5	福建龙净环保股份有限公司	1 443.0	SCR 100
6	中电投远达环保工程有限公司	925.2	SCR 100
7	浙江天地环保工程有限公司	811.5	SCR 100
8	同方环境股份有限公司	622.9	SCR 100
9	山东三融环保工程有限公司	488.0	SCR 100
10	浙江浙大网新机电工程有限公司	410.0	SCR 100
11	江苏科行环保科技有限公司	389.5	SCR 100
12	北京国电清新环保技术股份有限公司	264.0	SCR 100
13	湖南永清环保股份有限公司	199.0	SCR 100
14	北京博奇电力科技有限公司	156.0	SCR 100
15	江苏峰业科技环保集团股份有限公司	153.0	SCR 100
16	蓝天环保设备工程有限公司	103.4	SCR 63.83 SNCR 36.17
17	浙江蓝天求是环保股份有限公司	88.0	SCR 71.59 SCR+SNCR 28.41
18	江苏新世纪江南环保股份有限公司	79.0	SCR 75.95 SNCR 12.66 SCR+SNCR 11.39
19	浙江菲达脱硫工程有限公司	66.8	SNCR 55.09 SCR 44.91
20	浙江天蓝环保技术股份有限公司	64.3	SNCR 100
21	江苏新中环保股份有限公司	16.0	SNCR 100
22	湖南麓南脱硫脱硝科技有限公司	15.0	SNCR 100

附件 34

主要脱硝公司已投运的火电厂烟气脱硝机组容量情况

（按 2012 年底累计投运的火电厂烟气脱硝机组容量大小排序）

序号	脱硝公司名称	累计投运容量（万千瓦）	采用的脱硝方法及所占比例（%）
1	北京国电龙源环保工程有限公司	4 425.0	SCR 93.90 SNCR 5.42 SCR +SNCR 0.68
2	东方电气集团东方锅炉股份有限公司	2 560.8	SCR 97.66 SNCR 2.34
3	哈尔滨锅炉厂有限责任公司	2 289.0	SCR 98.25 SCR +SNCR 1.75
4	中国大唐集团环境技术有限公司	1 729.0	SCR 93.06 SNCR 6.94
5	浙江天地环保工程有限公司	1 096.5	SCR 100
6	中国华电工程（集团）有限公司	881.0	SCR 100
7	同方环境股份有限公司	714.4	SCR 93.78 SNCR 5.88 SCR +SNCR 0.34
8	福建龙净环保股份有限公司	630.0	SCR 100
9	中电投远达环保工程有限公司	430.0	SCR 100
10	中环（中国）工程有限公司	383.0	SCR 100
11	江苏科行环保科技有限公司	380.0	SCR 92.11 SNCR 5.26 SCR +SNCR 2.63
12	北京博奇电力科技有限公司	292.0	SCR 100
13	浙江浙大网新机电工程有限公司	237.5	SCR 100
14	浙江蓝天求是环保集团有限公司	200.0	SCR 100
15	山东三融环保工程有限公司	150.0	SCR 100
16	科林环保装备股份有限公司	140.0	SNCR 85.71 SCR 14.29
17	中国能源建设集团广东省电力设计研究院	120.0	SCR 100
18	广州市天赐三和环保工程有限公司	60.0	SCR 100
18	武汉凯迪电力环保有限公司	60.0	SCR 100
20	国电环境保护研究院	33.0	SCR 100
21	湖南麓南脱硫脱硝科技有限公司	25.0	SNCR 100
22	中钢集团天澄环保科技股份有限公司	22.0	SCR 100
23	蓝天环保设备工程股份有限公司	7.4	SNCR 100
24	江苏新中环保股份有限公司	5.0	SNCR 100

附件 35

2012 年度全国 100 万千瓦超超临界火电机组能效指标

序号	电厂名称	机组编号	容量（万千瓦）	投产日期（年.月.日）	供电煤耗（克/千瓦时）	厂用电率（%）	油耗（吨/年）	耗水率（千克/千瓦时）
1	国电江苏谏壁	13	100	2011-05-22	283.76	4.05	90.84	0.10
2	国电江苏谏壁	14	100	2012-06-24	286.48	3.67	86.38	0.10
3	国投天津北疆	01	100	2009-09-24	284.98	4.71	66.40	0.23
4	国投天津北疆	02	100	2009-11-30	288.71	4.75	103.70	0.23
5	国电浙江北仑	06	100	2008-12-20	283.09	2.60	62.99	0.26
6	国电浙江北仑	07	100	2009-06-02	282.91	2.84	194.95	0.27
7	华能浙江玉环	01	100	2006-11-28	289.00	4.24	38.35	0.28
8	华能浙江玉环	02	100	2006-12-30	285.08	4.17	35.12	0.28
9	华能浙江玉环	03	100	2007-11-11	289.19	4.35	4.32	0.28
10	华能浙江玉环	04	100	2007-11-25	289.08	4.38	61.89	0.28
11	国华浙江宁海	05	100	2009-10-14	290.67	4.59	153.51	0.19
12	国华浙江宁海	06	100	2009-09-21	289.61	4.67	42.84	0.19
13	华润徐州彭城	05	100	2010-06-23	285.05	3.82	217.36	0.89
14	华润徐州彭城	06	100	2010-07-07	285.00	3.76	115.66	0.81
15	浙能浙江嘉兴	07	100	2011-06-23	288.15	4.21	48.83	0.40
16	浙能浙江嘉兴	08	100	2011-10-18	289.51	4.11	76.60	0.40
17	中电投上海漕泾	01	100	2010-01-20	284.56	4.23	185.61	0.31
18	中电投上海漕泾	02	100	2010-04-06	283.93	4.15	307.46	0.32

附件 36

2012 年度全国 60 万千瓦级超超临界火电机组能效指标

序号	电厂简称	机组编号	容量（万千瓦）	投产日期（年．月．日）	供电煤耗（克/千瓦时）	厂用电率（%）	耗水率（千克/千瓦时）	油耗（吨/年）
1	大唐江苏南京	01	66	2010-08-05	295.43	4.34	0.02	9.000
2	大唐江苏南京	02	66	2010-12-15	294.52	4.24	0.02	56.00
3	华电江苏望亭	03	66	2009-06-27	288.37	5.09	1.31	
4	华电江苏望亭	04	66	2011-07-12	294.31	5.03	1.30	
5	华能山东威海	05	68	2010-12-01	289.97	3.75	0.11	57.00
6	华能山东威海	06	68	2011-01-01	291.71	4.10	0.11	86.00
7	浙能浙江乐清	03	66	2010-03-30	292.09	4.40	0.28	206.70
8	浙能浙江乐清	04	66	2010-07-25	292.80	4.48	0.28	306.30
9	华能福建福州	05	66	2010-07-22	292.89	4.58	0.31	227.40
10	华能福建福州	06	66	2010-11-15	291.20	4.49	0.30	193.70
11	华能上海石二	03	66	2009-11-16	293.12	4.65	0.32	18.02
12	华能上海石二	04	66	2009-12-15	288.20	4.22	0.32	27.55
13	华能湖南岳阳	05	60	2011-01-06	297.55	5.68	0.18	402.00
14	华能湖南岳阳	06	60	2011-07-12	297.55	5.68	0.18	140.00
15	中电投江苏阚山	01	60	2007-10-22	304.33	4.69	0.76	2.97
16	中电投江苏阚山	02	60	2008-01-23	305.39	4.93	0.76	54.67
17	大唐江苏吕四港	03	66	2010-03-31	299.72	4.40	0.18	102.00
18	大唐江苏吕四港	04	66	2010-06-06	294.85	4.34	0.17	21.00
19	大唐河南禹州	03	66	2009-06-30	304.39	4.59	1.73	243.00
20	大唐河南禹州	04	66	2009-12-29	299.88	4.38	1.73	130.60
21	大唐河南华豫	03	66	2009-03-23	300.10	4.29	1.65	142.20
22	大唐河南华豫	04	66	2010-10-15	297.16	4.20	1.62	191.10
23	大唐江苏吕四港	01	66	2010-03-14	298.47	4.51	0.18	49.00
24	大唐江苏吕四港	02	66	2010-03-06	299.81	4.47	0.18	57.00
25	粤电广东红海湾	03	66	2011-10-01	301.26	5.24	0.28	229.00
26	粤电广东红海湾	04	66	2011-10-01	297.92	5.24	0.26	193.90
27	华电安徽芜湖	01	66	2008-06-24	294.17	4.55	0.43	333.00
28	华电安徽芜湖	02	66	2008-12-20	288.84	4.49	0.43	227.50
29	中电投江西新昌	01	66	2009-12-14	304.49	3.88	1.55	55.00
30	中电投江西新昌	02	66	2010-02-14	301.35	3.81	1.74	0.000
31	华润山东菏泽	01	60	2012-03-17	295.35	4.63		100.30
32	中电投江西景德镇	01	66	2010-12-31	305.72	4.38	1.71	56.23
33	中电投江西景德镇	02	66	2011-05-18	304.94	4.20	1.71	51.84
34	华电湖北西塞山	03	68	2010-12-23	298.46	4.29	0.39	32.60
35	大唐福建宁德	01	66	2009-06-27	296.98	4.27	0.24	5.75
36	大唐福建宁德	02	66	2008-12-31	299.57	4.28	0.24	11.96

附件 37

2012 年度全国 60 万千瓦级超临界火电机组能效指标

序号	电厂简称	机组编号	容量（万千瓦）	投产日期（年．月．日）	供电煤耗（克/千瓦时）	厂用电率（%）	耗水率（千克/千瓦时）	油耗（吨/年）
1	大唐山东黄岛	05	66	2006-11-08	302. 36	4. 33	0. 17	0. 00
2	大唐山东黄岛	06	66	2007-11-14	295. 68	3. 86	0. 17	0. 00
3	华电山东潍坊	03	67	2006-10-24	301. 11	4. 98	2. 07	65. 00
4	华电山东潍坊	04	67	2007-06-09	302. 07	5. 15	2. 07	404. 00
5	华能山东日照	03	68	2008-12-07	303. 58	4. 66	0. 19	18. 39
6	华能山东日照	04	68	2008-12-19	298. 60	4. 62	0. 19	74. 52
7	国电山东费县	01	65	2007-02-02	303. 09	4. 10	0. 33	41. 03
8	国电山东费县	02	65	2007-08-05	304. 13	3. 90	0. 33	58. 82
9	新力江苏利港	05	63	2006-12-09	309. 15	4. 39	0. 39	4. 05
10	新力江苏利港	06	63	2006-12-22	308. 14	3. 95	0. 39	10. 25
11	华润江苏镇江	05	63	2005-07-12	308. 87	4. 36	0. 34	35. 68
12	华润江苏镇江	06	63	2005-11-11	308. 04	4. 41	0. 34	3. 75
13	国电江苏常州	01	63	2006-05-23	300. 30	4. 32	0. 35	0. 00
14	国电江苏常州	02	63	2006-11-30	297. 50	4. 39	0. 35	0. 00
15	国华江苏太仓	07	63	2006-01-20	306. 29	4. 75	0. 14	34. 62
16	国华江苏太仓	08	63	2005-11-08	306. 00	4. 51	0. 14	360. 20
17	华电安徽宿州	01	63	2007-09-02	301. 17	4. 87	1. 85	222. 00
18	华电安徽宿州	02	63	2007-11-10	303. 75	4. 77	1. 97	216. 00
19	国电安徽蚌埠	01	63	2008-12-30	300. 58	4. 12	1. 47	0. 00
20	国电安徽蚌埠	02	63	2009-04-20	305. 48	4. 21	1. 67	0. 00
21	中电投安徽田集	01	63	2007-07-26	298. 07	4. 01	1. 31	0. 00
22	中电投安徽田集	02	63	2007-10-15	296. 94	3. 94	1. 31	0. 00
23	国电安徽铜陵	01	63	2008-07-28	304. 21	4. 14	0. 34	0. 00
24	国电安徽铜陵	02	63	2008-09-28	304. 60	4. 29	0. 34	4. 50
25	华电河南新乡	01	66	2007-04-19	312. 77	5. 63	2. 05	501. 40
26	华电河南新乡	02	66	2007-08-22	306. 79	5. 24	2. 05	596. 40
27	国电湖南益阳	03	63	2007-12-13	307. 89	4. 71	0. 63	99. 13
28	国电湖南益阳	04	63	2008-06-26	306. 70	4. 72	0. 63	102. 40
29	江西省投丰城	05	70	2007-01-16	312. 49	4. 77	0. 50	24. 58
30	江西省投丰城	06	70	2007-05-13	310. 74	4. 79	0. 49	1. 71
31	华电福建可门	01	60	2006-08-03	298. 97	4. 82	0. 29	163. 20
32	华电福建可门	02	60	2006-12-08	302. 52	4. 80	0. 29	154. 30
33	华电福建可门	03	60	2008-08-23	303. 06	4. 61	0. 29	194. 10
34	华电福建可门	04	60	2008-12-18	303. 69	4. 57	0. 29	141. 90
35	国电福建江阴	01	60	2007-07-26	301. 48	4. 48	0. 24	3. 00
36	国电福建江阴	02	60	2007-10-14	301. 66	4. 39	0. 24	4. 00

续表

序号	电厂简称	机组编号	容量（万千瓦）	投产日期（年．月．日）	供电煤耗（克/千瓦时）	厂用电率（%）	耗水率（千克/千瓦时）	油耗（吨/年）
37	华电湖北襄阳	05	60	2007-01-25	304.35	4.03	0.26	23.40
38	华电湖北襄阳	06	60	2007-05-23	305.66	3.90	0.26	33.80
39	大唐湖南湘潭	03	60	2006-03-30	310.75	5.55	0.20	72.68
40	大唐湖南湘潭	04	60	2006-11-13	310.77	5.54	0.20	40.59
41	粤电广东金湾	03	60	2007-02-17	312.98	5.30	0.23	786.10
42	粤电广东金湾	04	60	2007-02-10	308.39	5.03	0.23	150.20
43	广东佛山恒益	01	60	2011-01-27	316.75	5.65	1.81	138.10
44	广东佛山恒益	02	60	2011-10-07	322.11	5.64	1.81	250.90
45	国电山东聊城	03	60	2009-02-27	300.86	4.50	1.85	154.10
46	国电山东聊城	04	60	2009-08-31	298.51	4.50	2.00	159.20
47	浙能浙江乐清	01	60	2008-09-09	308.48	5.26	0.28	110.20
48	浙能浙江乐清	02	60	2008-09-10	306.39	5.06	0.28	86.11
49	省投河北西柏坡	05	60	2006-08-19	313.43	5.30	2.07	13.86
50	省投河北西柏坡	06	60	2006-11-24	318.00	5.35	2.07	11.45
51	国华河北沧东	03	66	2009-03-27	311.67	4.54	0.24	0.38
52	国华河北沧东	04	66	2009-11-27	310.58	4.34	0.24	0.01
53	国电辽宁康平	02	60	2009-08-15	308.16	4.74	2.49	0.00
54	国电辽宁庄河	01	60	2007-08-06	303.17	4.45	0.34	72.05
55	国电辽宁庄河	02	60	2007-11-05	300.71	4.18	0.34	57.78
56	华能江苏太仓	03	63	2006-01-19	303.38	4.30	0.35	124.00
57	华能江苏太仓	04	63	2006-02-22	298.53	4.20	0.35	87.00
58	大唐浙江乌沙山	01	60	2006-04-01	303.88	4.12	0.24	0.00
59	大唐浙江乌沙山	02	60	2006-07-09	299.99	4.06	0.24	0.00
60	大唐浙江乌沙山	03	60	2006-09-30	304.17	4.04	0.24	0.00
61	大唐浙江乌沙山	04	60	2006-11-08	304.92	4.26	0.24	0.00
62	华能安徽巢湖	01	60	2008-08-09	303.20	4.60	2.03	59.70
63	华能安徽巢湖	02	60	2008-11-24	301.49	4.16	2.03	14.30
64	大唐安徽马鞍山	01	66	2008-12-15	303.24	4.06	0.45	14.00
65	大唐安徽马鞍山	02	66	2008-12-30	305.45	3.96	0.50	14.00
66	大唐福建宁德	03	60	2006-06-06	304.24	4.53	0.24	9.82
67	大唐福建宁德	04	60	2006-09-08	300.40	4.49	0.24	16.60
68	中电投河南姚孟	05	63	2007-10-26	308.05	4.67	2.26	200.00
69	中电投河南姚孟	06	63	2007-12-29	304.13	4.33	2.26	119.00
70	大唐河南三门峡	03	60	2006-06-29	302.48	5.04	1.78	200.60
71	大唐河南三门峡	04	60	2006-08-27	307.05	5.46	1.78	223.50
72	华能河南沁北	01	60	2004-11-23	306.29	4.88	1.76	405.90
73	华能河南沁北	02	60	2004-12-13	305.96	4.82	1.76	287.10
74	华能河南沁北	03	60	2007-11-20	306.39	4.93	1.76	142.50
75	华能河南沁北	04	60	2007-12-12	306.17	4.92	1.76	137.14
76	大唐广东三百门	01	60	2006-05-22	306.97	4.52	0.19	5.97

续表

序号	电厂简称	机组编号	容量（万千瓦）	投产日期（年.月.日）	供电煤耗（克/千瓦时）	厂用电率（%）	耗水率（千克/千瓦时）	油耗（吨/年）
77	大唐广东三百门	02	60	2006-07-25	306.99	4.42	0.19	8.43
78	华能广东汕头	03	60	2005-10-20	313.76	4.55	0.38	30.00
79	国投安徽宣城	01	60	2008-08-22	316.46	4.47	1.78	72.60
80	中电投辽宁清河	09	60	2010-03-16	307.80	6.71	2.16	191.00
81	中电投辽宁清河	01	60	2011-11-15	306.00	6.63	2.16	93.00
82	华能内蒙伊敏	05	60	2011-01-13	306.04	4.57	1.83	
83	华能内蒙伊敏	06	60	2010-12-03	305.74	4.55	1.83	
84	国信江苏扬州	03	63	2006-10-27	303.56	4.43	0.41	111.00
85	国信江苏扬州	04	63	2007-01-26	302.14	4.43	0.41	43.00
86	华润江苏常熟	01	65	2005-03-03	302.93	4.45	0.28	31.40
87	华润江苏常熟	02	65	2005-06-16	307.82	4.66	0.32	148.90
88	华润江苏常熟	03	65	2006-12-04	305.25	4.59	0.30	76.20
89	浙能浙江兰溪	01	60	2006-04-19	303.82	4.97	2.46	24.00
90	浙能浙江兰溪	2	60	2006-08-23	305.83	5.27	2.46	79.00
91	浙能浙江兰溪	03	60	2006-12-28	305.32	5.19	2.46	305.00
92	浙能浙江兰溪	04	60	2007-05-22	304.74	5.02	2.46	112.00
93	浙能安徽凤台	01	63	2008-08-06	301.75	4.55	2.20	241.00
94	浙能安徽凤台	02	63	2008-09-29	296.78	4.33	2.20	70.00
95	华润安徽阜阳	01	64	2006-03-30	297.71	4.34	2.10	30.00
96	华润安徽阜阳	02	64	2006-06-20	302.07	4.57	2.10	50.30
97	省投河南鸭河口	03	60	2007-12-18	302.45	5.30	1.87	174.80
98	省投河南鸭河口	04	60	2008-04-24	305.20	5.66	2.01	155.50
99	国电河南民权	01	63	2008-08-23	305.40	5.08	1.99	368.00
100	国电河南民权	02	63	2008-11-06	303.16	4.85	1.99	17.00
101	华润河南首阳山	01	60	2006-05-05	302.12	4.60	1.70	105.00
102	华润河南首阳山	02	60	2006-10-06	302.35	4.62	1.72	33.00
103	河南鹤壁丰鹤	01	60	2007-09-29	311.71	4.47	1.75	150.00
104	河南鹤壁丰鹤	02	60	2008-01-14	306.34	4.54	1.60	130.00
105	中电投河南开封	01	60	2008-12-18	304.83	4.00	1.80	98.27
106	中电投河南开封	02	60	2009-02-27	307.45	4.00	2.02	123.30
107	国电湖北荆门	06	60	2006-12-29	308.76	4.68	1.84	8.08
108	国电湖北荆门	07	60	2007-06-06	307.24	4.78	1.84	0.00
109	粤电广东红海湾	01	60	2008-01-27	307.26	5.14	0.27	180.40
110	粤电广东红海湾	02	60	2008-02-11	311.24	5.70	0.28	223.80
111	国电河南荥阳	01	60	2010-11-13	306.10	4.15	1.90	1.43
112	国电河南荥阳	02	60	2010-11-29	306.30	4.09	1.85	2.28
113	中电投四川福溪	01	60	2011-11-01	313.89	6.78	1.81	402.10
114	华电湖南长沙	01	60	2007-10-23	306.87	4.92	0.10	179.70
115	华润河南登封	03	60	2011-11-12	306.39	5.02	2.00	34.96
116	中电投江西贵溪	02	64	2011-07-15	305.12	3.93	1.88	20.67

续表

序号	电厂简称	机组编号	容量（万千瓦）	投产日期（年. 月. 日）	供电煤耗（克/千瓦时）	厂用电率（%）	耗水率（千克/千瓦时）	油耗（吨/年）
117	申能上海外二	05	90	2004-04-20	297. 63	3. 74	0. 43	83. 09
118	申能上海外二	06	90	2004-09-22	299. 96	3. 78	0. 43	406. 90
119	华能上海石洞口二	01	60	1992-06-12	309. 38	3. 71	0. 36	160. 30
120	华能上海石洞口二	02	60	1992-12-26	305. 13	3. 32	0. 36	49. 23
121	国电山西王曲	01	60	2006-08-09	313. 72	5. 41	2. 03	80. 20
122	国电山西王曲	02	60	2006-08-31	306. 75	4. 90	2. 03	19. 50
123	中电投安徽平圩	03	64	2007-03-19	298. 15	4. 77	1. 92	74. 00
124	中电投安徽平圩	04	64	2007-12-24	298. 29	4. 76	1. 91	63. 00
125	中电投湖北黄冈	02	64	2008-09-27	302. 85	3. 92	1. 98	214. 40
126	中电投湖北黄冈	01	64	2008-05-24	303. 37	3. 97	1. 99	173. 80

附件 38

2012 年度国家科学技术进步奖名单（电力部分）

序号	奖项级别	项目名称
1	特等奖	特高压交流输电关键技术、成套设备及工程应用
2	二等奖	中核集团先进核能技术创新工程
3	二等奖	湿法高效脱硫及硝汞控制一体化关键技术与应用
4	二等奖	电力系统广域监测分析与控制系统的研发及应用
5	二等奖	水利水电工程渗流多层次控制理论与应用
6	二等奖	高坝动静力超载破损机理与安全评价方法
7	二等奖	高坝泄洪消能防护和雾化安全技术与应用
8	二等奖	高土石坝抗震设计理论研究与工程应用
9	二等奖	千万吨矿井群资源与环境协调开发技术

附件 39

2012 年度中国电力科学技术奖名单（一、二等奖）

序号	奖项级别	项目名称
1	一等奖	电力系统接地基础理论、关键技术及工程应用
2	一等奖	大型风电并网运行与试验检测关键技术研究及应用
3	一等奖	一体化电网调度技术支持系统关键技术研发与应用
4	一等奖	抗燃油分子极性吸附再生净化装置的研发及应用
5	一等奖	200 米级高混凝土面板堆石坝关键施工技术研究与国内外工程应用
6	一等奖	混合式凝汽器间接空冷排烟冷却塔（内置脱硫塔）技术研究及应用
7	一等奖	基于全景数据平台的智能变电站自动化系统关键技术研究与工程应用
8	二等奖	交直流混联电网安全稳定关键技术研究与工程应用
9	二等奖	舟山与大陆联网海域架空输电线路大跨越的研究与实施
10	二等奖	±500 千伏同塔双回直流输电线路设计技术研究
11	二等奖	农村电网智能化关键技术研究及示范工程建设
12	二等奖	高海拔 ±800 千伏特高压直流外绝缘特性研究及应用
13	二等奖	宁东—山东 ±660 千伏直流输电示范工程
14	二等奖	高海拔条件下输变电工程外绝缘和电磁环境特性及海拔修正研究
15	二等奖	集中式信息系统灾备中心关键技术研究与应用
16	二等奖	架空输电线路杆塔基础设计理论优化、软件开发与应用
17	二等奖	交流输电线路对金属管线影响及防护的研究
18	二等奖	继电保护定值在线校核预警系统
19	二等奖	光缆故障自动监测及预警技术的研究
20	二等奖	国家电网公司集约化、实时化营销稽查监控系统标准化设计与应用
21	二等奖	机载激光扫描技术在高山区大型水电工程勘测设计中的研究与应用
22	二等奖	金沙江溪洛渡水电站导流工程关键技术研究与实践
23	二等奖	乌江流域水电站群优化调度和效益评价核心技术研究及应用
24	二等奖	水利水电工程对河流生态环境的调控方法及应用
25	二等奖	自主研发燃煤电厂烟气二氧化碳捕集装置成套技术及工程示范
26	二等奖	电站高压主给水管道 WB36 钢焊接性及国产焊材 KJ36 的应用研究
27	二等奖	600℃超超临界锅炉关键材料特性研究及工程应用
28	二等奖	大功率汽轮发电机组转子与支撑部件状态检测与故障控制关键技术
29	二等奖	超大型冷却塔整合设计研究
30	二等奖	60 万千瓦 超临界高水分褐煤配中速磨新型锅炉自主研发与应用
31	二等奖	国内首台核电百万千瓦级半速汽轮发电机组技术开发及应用

附件 40

2012 年底全国各省份电力企业单位数

单位：家

地区	合计	其　中							
		电网企业	发电企业	其中					
				火电	水电	核电	风电	太阳能	其他
总　计	4 577	1 541	3 036	1 207	1 202	7	426	32	162
北　京	19	7	12	8	3		1		
天　津	31	9	22	15			2		5
河　北	234	116	118	64	3		43		8
山　西	79	7	72	59	3		8		2
内蒙古	290	89	201	72	3		117	1	8
辽　宁	101	5	96	42	8		43		3
吉　林	117	38	79	25	16		18		20
黑龙江	152	71	81	38	6		28		9
上　海	24	3	21	18			2		1
江　苏	183	3	180	140	2	1	12	8	17
浙　江	251	70	181	107	55	3	7		9
安　徽	138	76	62	42	13		2	1	4
福　建	223	81	142	23	105		11		3
江　西	144	97	47	15	31				1
山　东	319	120	199	142	1		36	4	16
河　南	208	130	78	57	9		3	1	8
湖　北	119	17	102	27	60		2	1	12
湖　南	248	58	190	19	159		3	1	8
广　东	254	61	193	84	81	3	8		17
广　西	189	89	100	19	78		1		2
海　南	29	18	11	5	4		1		1
重　庆	74	29	45	11	31		1		2
四　川	365	95	270	23	245				2
贵　州	152	79	73	20	52		1		
云　南	263	118	145	11	120		13	1	
西　藏	3		3		3				
陕　西	90	5	85	56	26		2		1
甘　肃	134	27	107	17	50		33	7	
青　海	21	1	20	3	13			4	
宁　夏	32	1	31	15	3		9	3	1
新　疆	91	21	70	30	19		19		2

注：1. 数据来源于国家统计局。
　　2. 统计口径为规模以上电力企业（年产值 2 000 万元以上）。

附件 41

2012 年底全国各省份供电企业和发电企业平均从业人数

单位：人

地区	电网企业	发电企业	其中						合计
			火电企业	水电企业	核电企业	风电企业	太阳能发电企业	其他能源发电企业	
总　计	1 525 474	978 739	703 228	224 840	7 663	19 490	4 549	18 969	2 504 213
北　京	44 073	5 761	5 066	552		143			49 834
天　津	10 919	10 197	8 852			31		1314	21 116
河　北	88 414	36 614	33 457	348		1 492		1317	125 028
山　西	35 009	33 762	31 781	1 399		254		328	68 771
内蒙古	48 258	54 253	47 221	1 007		5 154	18	853	102 511
辽　宁	49 417	31 367	26 803	2 273		1 896		395	80 784
吉　林	47 047	25 164	19 146	3 708		727		1 583	72 211
黑龙江	45 957	105 517	102 332	1 500		934		751	151 474
上　海	12 734	7 136	7 039			18		79	19 870
江　苏	37 658	54 631	49 798	225	1 633	921	218	1 836	92 289
浙　江	49 141	32 975	28 464	3 120	4 236	125		901	82116
安　徽	43 872	32 565	30 001	2 071		37	97	359	76 437
福　建	40 111	21 597	7 292	13 324		502		479	61 708
江　西	50 556	11 263	7 939	3 227				97	61 819
山　东	130 837	77 490	71 529	77		1 161	3 029	1 694	208 327
河　南	91 477	63 326	57 077	4 483		267	51	1 448	154 803
湖　北	43 946	31 354	10 817	19 098		54	33	1 352	75 300
湖　南	58 250	39 426	12 169	25 157		241	810	1 049	97 676
广　东	176 531	44 158	27 642	12 871	1 794	326		1 525	220 689
广　西	67 896	22 361	6 535	15 578		28		220	90 257
海　南	8 756	3 026	2 157	758		27		84	11 782
重　庆	28 067	13 527	5 861	7 458		11		197	41 594
四　川	68 714	69 069	12411	56 035				623	137 783
贵　州	78 782	20 482	10 425	10 033		24			99 264
云　南	54 794	21 765	6 945	14152		636	32		76 559
西　藏		3 451		3 451					3 451
陕　西	37 835	36 262	33 420	2 569		73		200	74 097
甘　肃	32 019	21 546	12 565	7 763		1 133	85		53 565
青　海	7 037	10 205	987	9 123			95		17242
宁　夏	11 720	14 283	11 119	443		2616	81	24	26 003
新　疆	25 647	20 335	16 378	3 037		659		261	45 982

附件 42

2012 年 13 家大型电力企业八类优秀人才人数情况

序号	单位名称	中国科学院院士	中国工程院院士	有突出贡献的中青年科学、技术专家	新世纪“百千万人才工程”国家级人选	享受国务院政府特殊津贴的科学、技术专家	全国青年岗位能手	全国技术能手	“中华技能大奖”获得者
合计		4	8	38	33	308	66	269	7
1	国家电网公司	1	4	9	20	113	30	53	2
2	中国南方电网有限责任公司	0	2	24	1	9	1	7	0
3	中国华能集团公司	0	1	1	6	21	12	29	2
4	中国大唐集团公司	0	0	0	1	27	1	7	1
5	中国华电集团公司	0	0	0	0	60	0	78	0
6	中国国电集团公司	0	0	1	1	19	3	5	2
7	中国电力投资集团公司	0	0	1	0	7	7	7	0
8	广东省粤电集团有限公司	0	0	0	0	5	0	4	0
9	中国电力建设集团有限公司	0	1	1	2	33	10	46	0
10	中国能源建设集团有限公司	0	0	1	2	12	2	31	0
11	北京能源投资（集团）有限公司	0	0	0	0	0	0	0	0
12	陕西省地方电力集团公司	0	0	0	0	0	0	0	0
13	内蒙古电力（集团）有限责任公司	0	0	0	0	2	0	2	0

附件 43

2012 年 13 家大型电力企业职工人员结构比例情况

单位名称	职工总数（人）	企业各类人员占公司职工总数的比重（%）			
		管理人员	专业技术人员	技能人员	其他人员
合　　计	2 028 612	17.28	14.85	54.25	13.63
国家电网公司	747 774	19.58	9.31	57.72	13.39
中国南方电网有限责任公司	297 867	8.73	15.55	58.05	17.66
中国华能集团公司	138 926	8.56	19.08	66.18	6.19
中国大唐集团公司	105 302	15.31	15.20	52.03	17.46
中国华电集团公司	110 008	18.15	9.56	57.50	14.79
中国国电集团公司	141 302	18.80	6.79	43.94	30.47
中国电力投资集团公司	111 227	18.71	15.61	63.30	2.38
广东省粤电集团有限公司	12 509	6.71	6.94	80.96	5.40
中国电力建设集团有限公司	185 038	22.56	30.38	37.88	9.19
中国能源建设集团有限公司	137 654	23.37	28.16	38.56	9.91
北京能源投资（集团）有限公司	9 250	36.34	15.62	39.08	8.96
陕西省地方电力集团公司	12 252	11.95	32.08	53.02	2.95
内蒙古电力（集团）有限责任公司	19 503	16.21	20.46	51.76	11.57

附件 44

2012 年 13 家大型电力企业管理人员年龄结构情况

单位名称	管理人员人数（人）	各年龄段管理人员人数占企业管理人员总数的比重（%）		
		35 岁及以下	36 ~55 岁	56 岁及以上
合　计	350 490	25. 25	68. 72	6. 03
国家电网公司	146 393	22. 85	70. 31	6. 84
中国南方电网有限责任公司	26 001	27. 61	68. 01	4. 38
中国华能集团公司	11 890	11. 02	83. 11	5. 87
中国大唐集团公司	16 120	23. 81	71. 59	4. 60
中国华电集团公司	19 968	23. 12	69. 32	7. 56
中国国电集团公司	26 570	32. 89	63. 24	3. 87
中国电力投资集团公司	20 808	20. 72	73. 26	6. 02
广东省粤电集团有限公司	839	6. 79	83. 67	9. 54
中国电力建设集团有限公司	41 743	32. 33	62. 29	5. 38
中国能源建设集团有限公司	32 171	27. 46	66. 17	6. 37
北京能源投资（集团）有限公司	3 361	47. 58	49. 99	2. 43
陕西省地方电力集团公司	1 464	36. 54	57. 58	5. 88
内蒙古电力（集团）有限责任公司	3 162	16. 26	77. 01	6. 73

附件 45

2012 年 13 家大型电力企业专业技术人员年龄结构情况

单位名称	专业技术人员人数（人）	各年龄段专业技术人员人数占企业专业技术人员总数的比重（%）		
		35 岁及以下	36 ~55 岁	56 岁及以上
合　计	301 175	42.34	53.77	3.89
国家电网公司	69 652	35.82	59.06	5.12
中国南方电网有限责任公司	46 325	36.54	60.05	3.41
中国华能集团公司	26 507	43.72	52.78	3.50
中国大唐集团公司	16 006	40.54	54.81	4.65
中国华电集团公司	10 517	34.00	61.47	4.53
中国国电集团公司	9 601	32.84	64.47	2.69
中国电力投资集团公司	17 364	40.87	55.91	3.22
广东省粤电集团有限公司	868	37.44	59.33	3.23
中国电力建设集团有限公司	56 209	57.78	39.75	2.47
中国能源建设集团有限公司	38 761	43.94	51.32	4.74
北京能源投资（集团）有限公司	1 445	67.96	30.52	1.52
陕西省地方电力集团公司	3 930	29.95	66.72	3.33
内蒙古电力（集团）有限责任公司	3 990	43.48	51.30	5.22

附件 46

2012 年 13 家大型电力企业生产建设技能人员年龄结构情况

单位名称	技能人员人数（人）	各年龄段生产建设技能人员人数占企业生产建设技能人员总数的比重（%）		
		35 岁及以下	36 ~55 岁	56 岁及以上
合　计	1 100 503	31. 31	63. 14	5. 55
国家电网公司	431 608	29. 18	63. 59	7. 23
中国南方电网有限责任公司	172 926	32. 81	62. 63	4. 56
中国华能集团公司	91 936	35. 06	61. 38	3. 56
中国大唐集团公司	54 789	38. 90	56. 44	4. 66
中国华电集团公司	63 254	32. 59	61. 84	5. 57
中国国电集团公司	62 083	34. 73	62. 01	3. 26
中国电力投资集团公司	70 412	34. 08	61. 20	4. 72
广东省粤电集团有限公司	10 127	32. 57	64. 94	2. 49
中国电力建设集团有限公司	70 089	25. 46	70. 39	4. 15
中国能源建设集团有限公司	53 074	26. 51	67. 83	5. 66
北京能源投资（集团）有限公司	3 615	52. 97	45. 20	1. 83
陕西省地方电力集团公司	6 496	22. 69	67. 43	9. 88
内蒙古电力（集团）有限责任公司	10 094	35. 11	60. 56	4. 33

附件 47

2012 年电网企业生产经营数据

指标名称		单位	国家电网公司		中国南方电网有限责任公司		内蒙古电力（集团）有限责任公司		陕西省地方电力(集团)有限公司	
			2011 年	2012 年	2011 年	2012 年	2011 年	2012 年	2011 年	2012 年
总资产		亿元	22 683	23 335	5 230	5 556	446	503	159	173
主营业务收入		亿元	16 498	18 676	3 891	4 192	457	467	115	141
电网建设投资总额		亿元	3 305	3 307	705	671	85	120	21	28
主营业务利润总额		亿元			176	231	56	34	3	3
公司合并净利润		亿元	388	804	52	65	39	25	2	3
上缴税金		亿元	992	1 149	260	326	36	34	7	7
所有者权益		亿元	9 182	10 030	1 794	1 901	167	202	44	50
资产负债率		%	60.02	57.02	65.70	65.80	62.63	59.88	72.04	71.01
资本保值增值率		%	104.32	108.52	103.63	103.74	138.63	115.05	107.04	106.39
全员劳动生产率		万元/（人·年）	49.38	55.09	33.94	36.90	94.70	74.40	22.73	25.75
控股发电装机容量		万千瓦	3 947	2 984	725	725				
其中	1. 水电装机容量	万千瓦	2 604	2 798	700	700				
	其中：抽水蓄能装机容量	万千瓦	1 218	1 408	480	480				
	2. 火电装机容量	万千瓦	1 284	122	25	25				
	其中：生物质能发电装机容量	万千瓦								
	3. 风电装机容量	万千瓦	54	61						
	4. 光伏发电装机容量	万千瓦	4	4						
控股发电装机发电量		亿千瓦时	972	492	123	130				
年售电量		亿千瓦时	30 925	32 539	6 669	6 938	1 246	1 251	263	296
综合电压合格率	1. 城市	%	99.759	99.824	99.480	99.680	97.550	97.980	96.550	96.560
	2. 农村	%	97.688	98.074		97.310	92.500	96.070	96.430	96.750
供电线损		%	6.53	6.73	5.37	6.06	5.43	4.92	6.24	6.22
供电可靠率（RS－1）	1. 城市	%	99.921	99.941	99.941	99.964	99.726	99.743	99.950	99.950
	2. 农村	%	99.665	99.735	99.860	99.909	98.200	99.440	99.750	99.800

附件 48

2012 年部分大型发电企业生产经营数据

单位名称	年份	总资产	收入		利润总额			公司合并净利润	上缴税金	所有者权益	所有者权益收益率	资产负债率	净资产收益率	资本保值增值率	全员劳动生产率
			综合业务收入	电力业务收入	综合利润总额	电力业务利润总额	火电业务利润总额								
		亿元	亿元	亿元	亿元	亿元	亿元	亿元	亿元	亿元	%	%	%	%	万元/（人·年）
中国华能集团公司	2011	7 532	2 682	1 854	61	34	−29	30	196	1 143	0.54	84.82	2.74	96.30	46.07
	2012	7 957	2 777	1 971	121	105	47	66	270	1 279	−1.91	83.92	5.44	96.15	59.15
中国大唐集团公司	2011	6 055	1 914	1 588	16	−60	−74	4	123	741	0.58	87.76	−6.14	92.16	36.07
	2012	6 559	1 918	1 671	60	10	−14	38	145	830	4.83	87.35	−5.18	93.75	46.24
中国华电集团公司	2011	5 259	1 634	1 347	18	−46	−46	4	121	694	−0.65	86.76	0.60	99.50	39.00
	2012	6 051	1 821	1 511	108	44	−3	80	158	871	10.10	85.61	10.16	111.80	45.00
中国国电集团公司	2011	6 634	2 106	1 540	61	−13	−60	40	168	1 065	3.97	83.94	3.97	100.40	
	2012	7 208	2 371	1 741	118	68	7	82	210	1 169	7.38	83.78	7.38	101.10	
中国电力投资集团公司	2011	5 030	1 545	917	26	−35	−74	5	120	713	0.72	85.83	0.72	98.74	38.01
	2012	5 735	1 766	1 080	53	46	−5	29	148	883	3.69	84.60	3.69	103.43	41.10
中国核工业集团公司	2011														
	2012														
中国长江三峡集团公司	2011	3 131	313	210	158	128		121	81	2 125	5.20	32.10	5.80	104.47	171.59
	2012	3 749	369	265	193	163		150	112	2 250	6.15	39.99	6.87	106.48	197.47
神华集团有限责任公司	2011		2 804	653	742	123	103								
	2012		3 380	957	785	142	131								
中国广核集团有限公司	2011	2 252	306	214				60	52	692	11.04	69.22	8.83	108.48	65.56
	2012	2 919	356	252				57	56	788	9.24	73.01	5.86	106.54	69.87
广东省粤电集团有限公司	2011	1 322	534	494					53	541	5.32	59.08	4.14	104.14	418.30
	2012	1 301	547	502					52	561	6.27	56.92	3.64	105.97	430.21

续表

单位名称	年份	总资产	收入		利润总额			公司合并净利润	上缴税金	所有者权益	所有者权益收益率	资产负债率	净资产收益率	资本保值增值率	全员劳动生产率
			综合业务收入	电力业务收入	综合利润总额	电力业务利润总额	火电业务利润总额								
		亿元	亿元	亿元	亿元	亿元	亿元	亿元	亿元	亿元	%	%	%	%	万元/(人·年)
浙江省能源集团有限公司	2011														
	2012														
国投华靖电力控股股份有限公司	2011	1 477	316	274	11	13	−3	8	24	247	0.54	83.25	0.54	102.28	79.00
	2012	1 687	325	292	31	28	8	25	27	266	10.91	84.21	10.91	111.14	106.00
华润电力控股有限公司	2011	1 365	504	438	57	49	43	47	63	385	0.10	0.63	0.10	1.13	
	2012	1 442	508	471	81	83	73	71	65	438	0.15	0.61	0.13	1.14	
北京能源投资(集团)有限公司	2011	1 024	223	194	24	18	8	17	22	240	6.83	68.83	5.34	96.82	50.94
	2012	1 371	290	206	35	34	29	30	25	369	6.64	66.80	6.64	102.99	51.42
河北省建设投资集团有限责任公司	2011	774	151	104	10	1	−2	8	9	306	2.06	60.44	2.06	101.26	
	2012	962	205	147	14	8	6	14	13	372	2.91	61.30	2.91	105.30	
山西国际电力集团有限公司	2011	239	107	57	7	5	0.04	5	5	111	0.05	0.54	4.98	1.06	
	2012	275	130	63	7	5	1	6	5	119	0.04	0.57	0.04	1.06	
申能股份有限公司	2011	353	228	80	22			19	11	246	7.81	30.32	7.81	105.35	
	2012	376	241	86	25			22	12	255	8.78	32.16	8.78	103.88	
甘肃省电力投资集团公司	2011	378	34	33	2			2	5	172	0.70	54.00	0.70	101.63	23.80
	2012	474	41	39	3			2	5	179	1.36	62.00	1.36		55.00

附件 49

2012 年电力辅业集团生产经营数据

指标名称		单位	中国电力建设集团有限公司		中国能源建设集团有限公司	
			2011 年	2012 年	2011 年	2012 年
总资产规模		亿元	2 425	2 937	1 429	1 642
总营业收入		亿元	1 829	2 017	1 223	1 375
其中	国内业务营业收入	亿元			1 103	1 213
	国际业务营业收入	亿元			120	162
当年签订的合同额		亿元	1 855	2 727	1 674	2 149
年底合同存量		亿元			2 132	2 422
总利润		亿元	54	75	26	36
其中	国内业务利润	亿元			17	26
	国际业务利润	亿元			9	11
公司合并净利润		亿元	39	56	16	25
上缴税金		亿元	79	118	62	68
所有者权益		亿元	455	527	278	323
所有者权益收益率		%	10. 54	11. 50	5. 77	7. 82
资产负债率		%	81. 23	82. 05	80. 57	80. 34
净资产收益率		%	8. 12	12. 79	2. 21	5. 52
资本保值增值率		%	108. 52	113. 90	101. 16	118. 02
全员劳动生产率		万元/（人·年）	14. 66	17. 51	74. 10	82. 92
控股发电装机容量		万千瓦	596	639	93	93
其中	水电	万千瓦			66	66
	火电	万千瓦			27	27
	风电	万千瓦				
	太阳能发电	万千瓦				
控股发电装机的发电量		亿千瓦时	172	189	33	37
权益发电装机容量		万千瓦	441	488	130	130
其中	水电	万千瓦			65	65
	火电	万千瓦			65	65
	风电	万千瓦				
	太阳能发电	万千瓦				
控股发电装机的发电量		亿千瓦时	125	144	33	37

附件 50

2012 年电力上市企业融资情况一览

代码	公司名称	发行日期	融资方式	融资额（亿元）	主承销商	期限（年）
0816. HK	华电福新	20120627	首次公开发行	21. 5	中信证券等	
首次发行合计				21. 5		
600674. SH	川投能源	20120309	公开发行	19. 9	瑞银证券	
公开增发合计				19. 9		
600863. SH	内蒙华电	20120319	定向	46. 6	招商证券等	
600098. SH	广州发展	20120702	定向	43. 8	中信证券	
600021. SH	华电国际	20120703	定向	18. 7	中信证券	
000883. SZ	湖北能源	20120921	定向	31. 5	广发证券	
000791. SZ	甘肃电投	20121026	定向	39. 7	西南证券	
600578. SH	京能热电	20121225	定向	89. 0	中银国际等	
000539. SZ	粤电力 A	20121231	定向	74. 6	中金公司	
定向增发合计				344. 0		
股权融资合计				385. 4		
1280022. IB	晋江能源	20120223	企业债	6. 5	平安证券	6. 00
1280106. IB	国家电网	20120417	企业债	50. 0	英大证券	10. 00
1280107. IB	国家电网	20120417	企业债	100. 0	英大证券	15. 00
1280112. IB	岱海发电	20120418	企业债	10. 0	中银国际	3. 00
1280126. IB	乌江水电	20120425	企业债	18. 0	银河证券	10. 00
1280139. IB	宁波电力	20120427	企业债	10. 0	平安证券	8. 00
1280153. IB	天富电力	20120518	企业债	5. 0	平安证券	6. 00
1280158. IB	山西电力	20120524	企业债	20. 0	国信证券	10. 00
1280164. IB	中核集团	20120530	企业债	20. 0	国开证券	10. 00
1280163. IB	中核集团	20120530	企业债	15. 0	国开证券	10. 00
1280400. IB	国家电网	20121120	企业债	50. 0	光大证券	10. 00
1280399. IB	国家电网	20121120	企业债	50. 0	中金公司	7. 00
企业债合计				354. 5		
011206002. IB	国家电网	20120112	短期融资券	70. 0	建设银行	0. 74
011206001. IB	国家电网	20120112	短期融资券	30. 0	建设银行	0. 25
041260002. IB	广安爱众	20120113	短期融资券	2. 0	兴业银行	1. 00
041274001. IB	申能集团	20120113	短期融资券	15. 0	中金公司	1. 00
041254005. IB	长江电力	20120207	短期融资券	40. 0	建设银行	1. 00
011206004. IB	国家电网	20120209	短期融资券	100. 0	工商银行	0. 74
011206003. IB	国家电网	20120209	短期融资券	50. 0	工商银行	0. 25
041251003. IB	华电国际	20120210	短期融资券	15. 0	工商银行	1. 00
041261007. IB	华电集团	20120217	短期融资券	40. 0	光大银行	1. 00
041261008. IB	中电投集团	20120221	短期融资券	23. 0	光大银行	1. 00
041251006. IB	京能热电	20120308	短期融资券	3. 0	工商银行	1. 00

续表

代码	公司名称	发行日期	融资方式	融资额（亿元）	主承销商	期限（年）
041260010. IB	广州发展	20120314	短期融资券	15. 0	兴业银行	1. 00
031233001. IB	国电大渡河	20120315	短期融资券	10. 0	国开行	1. 00
041252010. IB	中广核电	20120319	短期融资券	50. 0	农业银行	1. 00
041253013. IB	华能集团	20120320	短期融资券	40. 0	中国银行	1. 00
041260011. IB	惠天热电	20120322	短期融资券	2. 0	兴业银行	1. 00
041253018. IB	华能集团	20120322	短期融资券	30. 0	中国银行	1. 00
031202001. IB	国电集团	20120323	短期融资券	30. 0	国开行	1. 00
011206005. IB	国家电网	20120328	短期融资券	150. 0	农业银行	0. 49
031220001. IB	龙源电力	20120329	短期融资券	20. 0	兴业银行	1. 00
041258016. IB	岱海发电	20120405	短期融资券	4. 0	招商银行	1. 00
041251009. IB	三峡集团	20120412	短期融资券	100. 0	工商银行	1. 00
041260015. IB	天生港	20120413	短期融资券	4. 0	兴业银行	0. 50
041254015. IB	华能国际	20120417	短期融资券	50. 0	建设银行	1. 00
011208001. IB	华能集团	20120417	短期融资券	50. 0	光大银行	0. 74
011209001. IB	国电集团	20120418	短期融资券	50. 0	中信银行	0. 74
041254016. IB	长江电力	20120419	短期融资券	55. 0	建设银行	1. 00
041251011. IB	雅砻江公司	20120424	短期融资券	15. 0	农业银行	1. 00
011210001. IB	中电投集团	20120424	短期融资券	40. 0	光大银行	0. 49
031248001. IB	福建能源	20120425	短期融资券	15. 0	光大银行	1. 00
041261019. IB	浙能集团	20120426	短期融资券	20. 0	光大银行	1. 00
031254001. IB	湘电集团	20120510	短期融资券	5. 0	兴业银行	1. 00
041254020. IB	中电投蒙东	20120511	短期融资券	5. 0	建设银行	1. 00
011211001. IB	大唐集团	20120511	短期融资券	50. 0	建设银行	0. 25
041264012. IB	闽东电力	20120514	短期融资券	2. 5	浦发银行	1. 00
041251014. IB	国电集团	20120515	短期融资券	89. 0	工商银行	1. 00
041254021. IB	利港发电	20120516	短期融资券	6. 0	建设银行	1. 00
041259027. IB	国际能源	20120517	短期融资券	8. 0	中信银行	1. 00
011210002. IB	中电投集团	20120522	短期融资券	60. 0	光大银行	0. 25
031262001. IB	国电江苏	20120531	短期融资券	10. 0	兴业银行	0. 49
011212001. IB	华能国际	20120605	短期融资券	50. 0	建设银行	0. 74
041253027. IB	华能澜沧江	20120608	短期融资券	20. 0	中国银行	1. 00
011207001. IB	南方电网	20120614	短期融资券	50. 0	建设银行	0. 49
011210003. IB	中电投集团	20120615	短期融资券	60. 0	光大银行	0. 74
011216001. IB	华电国际	20120619	短期融资券	35. 0	农业银行	0. 74
041251016. IB	三峡集团	20120619	短期融资券	40. 0	工商银行	1. 00
041251017. IB	华能集团	20120619	短期融资券	30. 0	工商银行	1. 00
031273001. IB	中电投蒙东	20120620	短期融资券	5. 0	招商银行	1. 00
011219001. IB	国电电力	20120626	短期融资券	30. 0	兴业银行	0. 74
011209002. IB	国电集团	20120626	短期融资券	50. 0	上海银行	0. 74
041256021. IB	秦山二核	20120628	短期融资券	6. 0	国开行	1. 00

续表

代码	公司名称	发行日期	融资方式	融资额（亿元）	主承销商	期限（年）
041254031. IB	天一公司	20120628	短期融资券	12. 0	建设银行	1. 00
041261026. IB	重庆能源	20120628	短期融资券	10. 0	光大银行	1. 00
041254036. IB	中电投蒙东	20120703	短期融资券	5. 0	建设银行	1. 00
041252023. IB	大唐集团	20120703	短期融资券	50. 0	农业银行	1. 00
011217001. IB	华电集团	20120704	短期融资券	60. 0	光大银行	0. 74
011212002. IB	华能国际	20120710	短期融资券	50. 0	中国银行	0. 74
041253038. IB	江苏核电	20120711	短期融资券	16. 0	中国银行	1. 00
011208002. IB	华能集团	20120711	短期融资券	40. 0	国开行	0. 25
011219002. IB	国电电力	20120712	短期融资券	60. 0	浦发银行	0. 74
011223001. IB	大唐发电	20120717	短期融资券	30. 0	国开行	0. 25
041254038. IB	国家电网	20120717	短期融资券	100. 0	建设银行	1. 00
041274002. IB	申能集团	20120720	短期融资券	35. 0	中金公司	1. 00
031233002. IB	国电大渡河	20120803	短期融资券	10. 0	光大银行	1. 00
031273002. IB	中电投蒙东能源	20120809	短期融资券	5. 0	招商银行	1. 00
011212003. IB	华能国际	20120817	短期融资券	50. 0	建设银行	0. 74
031254002. IB	湘电集团	20120820	短期融资券	2. 0	兴业银行	1. 00
041253047. IB	华能澜沧江	20120821	短期融资券	20. 0	中国银行	1. 00
041264023. IB	甘电投	20120824	短期融资券	8. 0	浦发银行	1. 00
041260052. IB	苏龙热电	20120824	短期融资券	6. 0	兴业银行	1. 00
041251023. IB	国家电网	20120828	短期融资券	50. 0	工商银行	1. 00
041252034. IB	国电集团	20120830	短期融资券	75. 0	农业银行	1. 00
011217002. IB	华电集团	20120831	短期融资券	40. 0	国开行	0. 74
011211002. IB	大唐集团	20120906	短期融资券	50. 0	工商银行	0. 74
011210004. IB	中电投集团	20120906	短期融资券	35. 0	光大银行	0. 49
041261032. IB	金元集团	20120911	短期融资券	10. 0	光大银行	1. 00
011219003. IB	国电电力	20120912	短期融资券	40. 0	中国银行	0. 74
041251027. IB	华电国际	20120912	短期融资券	20. 0	工商银行	1. 00
011212004. IB	华能国际	20120913	短期融资券	50. 0	中国银行	0. 74
011210005. IB	中电投集团	20120913	短期融资券	78. 0	光大银行	0. 74
011207002. IB	南方电网	20120913	短期融资券	50. 0	工商银行	0. 49
041260063. IB	川水电集团	20120918	短期融资券	5. 0	兴业银行	1. 00
041251030. IB	国家电网	20120919	短期融资券	50. 0	工商银行	1. 00
011216002. IB	华电国际	20120919	短期融资券	30. 0	中国银行	0. 74
011209003. IB	国电集团	20120921	短期融资券	50. 0	民生银行	0. 25
041254049. IB	湖北能源	20120925	短期融资券	20. 0	建设银行	1. 00
041260065. IB	华电能源	20120925	短期融资券	13. 0	兴业银行	1. 00
031254003. IB	湘电集团	20120926	短期融资券	3. 0	兴业银行	1. 00
011208003. IB	华能集团	20121009	短期融资券	40. 0	工商银行	0. 17
011223002. IB	大唐发电	20121011	短期融资券	30. 0	中国银行	0. 74
041253056. IB	国家电网	20121011	短期融资券	100. 0	中国银行	1. 00

续表

代码	公司名称	发行日期	融资方式	融资额（亿元）	主承销商	期限（年）
041255017. IB	申能股份	20121012	短期融资券	10. 0	交通银行	1. 00
011210006. IB	中电投集团	20121016	短期融资券	45. 0	光大银行	0. 49
011208004. IB	华能集团	20121016	短期融资券	40. 0	中国银行	0. 17
011210007. IB	中电投集团	20121017	短期融资券	40. 0	光大银行	0. 74
041254051. IB	大唐潮州	20121018	短期融资券	4. 0	建设银行	1. 00
041259058. IB	国电集团	20121023	短期融资券	82. 0	中信银行	1. 00
041256034. IB	大唐新能源	20121029	短期融资券	20. 0	国开行	1. 00
041253061. IB	云电投	20121030	短期融资券	7. 0	中国银行	1. 00
041254053. IB	华能国际	20121106	短期融资券	50. 0	建设银行	1. 00
041260075. IB	广安爱众	20121106	短期融资券	1. 5	兴业银行	1. 00
041256036. IB	华能澜沧江	20121109	短期融资券	20. 0	国开行	1. 00
041261035. IB	上海电力	20121109	短期融资券	15. 0	光大银行	1. 00
041260078. IB	惠天热电	20121109	短期融资券	2. 0	兴业银行	1. 00
041251038. IB	协鑫发电	20121113	短期融资券	4. 0	工商银行	1. 00
041260083. IB	南通天生港	20121116	短期融资券	4. 0	兴业银行	1. 00
041259073. IB	福建能源	20121119	短期融资券	6. 0	中信银行	1. 00
011211003. IB	大唐集团	20121120	短期融资券	40. 0	国开行	0. 74
041259074. IB	北方联合	20121127	短期融资券	10. 0	国开行	1. 00
041254060. IB	长江电力	20121129	短期融资券	20. 0	建设银行	1. 00
011245001. IB	三峡集团	20121203	短期融资券	50. 0	国开行	0. 74
041261040. IB	东北电力	20121204	短期融资券	10. 0	光大银行	1. 00
041254062. IB	华能集团	20121205	短期融资券	40. 0	建设银行	1. 00
041256040. IB	大唐托电	20121206	短期融资券	10. 0	国开行	1. 00
041253067. IB	华能国际	20121207	短期融资券	50. 0	中国银行	1. 00
041261041. IB	国电集团	20121207	短期融资券	125. 0	光大银行	1. 00
011207003. IB	南方电网	20121207	短期融资券	50. 0	建设银行	0. 74
041252058. IB	京能集团	20121210	短期融资券	20. 0	农业银行	1. 00
041253070. IB	雅砻江公司	20121211	短期融资券	12. 0	中国银行	1. 00
041251043. IB	华能集团	20121212	短期融资券	40. 0	工商银行	1. 00
041252059. IB	华电国际	20121213	短期融资券	15. 0	农业银行	1. 00
041270009. IB	国电集团	20121225	短期融资券	36. 0	上海银行	1. 00
短期融资券合计				4 036. 0		
031217001. IB	华能国际	20120105	中期票据	50. 0	建设银行	3. 00
1282030. IB	川水电集团	20120214	中期票据	4. 6	光大银行	5. 00
1282054. IB	中核集团	20120307	中期票据	15. 0	国开行	5. 00
1282055. IB	三峡集团	20120308	中期票据	70. 0	中信证券	7. 00
031207001. IB	大唐集团	20120308	中期票据	20. 0	交通银行	5. 00
1282062. IB	穗恒运	20120313	中期票据	4. 0	华夏银行	5. 00
031232001. IB	华电国际	20120313	中期票据	50. 0	建设银行	3. 00
031235001. IB	华能澜沧江	20120319	中期票据	25. 0	国开行	3. 00

续表

代码	公司名称	发行日期	融资方式	融资额（亿元）	主承销商	期限（年）
1282090. IB	深圳能源	20120327	中期票据	17. 0	建设银行	2. 00
031218001. IB	中电投集团	20120327	中期票据	20. 0	光大银行	3. 00
031220002. IB	龙源电力	20120329	中期票据	20. 0	兴业银行	3. 00
031237001. IB	粤电集团	20120330	中期票据	25. 0	建设银行	5. 00
031245001. IB	大唐发电	20120417	中期票据	50. 0	建设银行	3. 00
1282113. IB	京能新能源	20120420	中期票据	10. 0	浦发银行	3. 00
1282121. IB	甘电投	20120424	中期票据	14. 0	浙商银行	7. 00
1282140. IB	华润电力	20120508	中期票据	20. 0	中信证券	7. 00
031252001. IB	华电集团	20120510	中期票据	30. 0	建设银行	3. 00
031250001. IB	新华水利	20120511	中期票据	6. 0	南京银行	2. 00
031202002. IB	国电集团	20120515	中期票据	30. 0	招商银行	3. 00
1282164. IB	华电国际	20120522	中期票据	15. 0	中金公司	5. 00
1282182. IB	重庆能源	20120529	中期票据	10. 0	光大银行	5. 00
031267001. IB	雅砻江公司	20120619	中期票据	15. 0	光大银行	3. 00
1282206. IB	浙能集团	20120620	中期票据	15. 0	兴业银行	5. 00
1282216. IB	山西电力	20120626	中期票据	5. 0	光大银行	5. 00
031218002. IB	中电投集团	20120626	中期票据	50. 0	光大银行	3. 00
031277001. IB	防城港核电	20120629	中期票据	15. 0	建设银行	2. 00
1282251. IB	川水电集团	20120717	中期票据	5. 0	光大银行	5. 00
1282272. IB	三峡集团	20120802	中期票据	50. 0	农业银行	5. 00
031218003. IB	中电投集团	20120810	中期票据	65. 0	光大银行	3. 00
1282287. IB	国家电网	20120814	中期票据	100. 0	中国银行	3. 00
1282308. IB	华能集团	20120829	中期票据	15. 0	光大银行	10. 00
1282338. IB	国家电网	20120912	中期票据	100. 0	农业银行	5. 00
1282350. IB	华能集团	20120918	中期票据	15. 0	交通银行	10. 00
1282388. IB	国家电网	20121010	中期票据	100. 0	广发银行	3. 00
031218004. IB	中电投集团	20121024	中期票据	15. 0	光大银行	3. 00
1282423. IB	南方电网	20121024	中期票据	50. 0	中信证券	5. 00
031290063. IB	金元集团	20121025	中期票据	15. 0	光大银行	3. 00
1282460. IB	川投集团	20121107	中期票据	16. 5	中信银行	5. 00
031290082. IB	京能集团	20121108	中期票据	20. 0	农业银行	3. 00
031267002. IB	雅砻江公司	20121123	中期票据	15. 0	光大银行	3. 00
1282496. IB	南方电网	20121123	中期票据	50. 0	农业银行	3. 00
1282501. IB	国家电网	20121126	中期票据	200. 0	建设银行	5. 00
031290108. IB	川水电集团	20121211	中期票据	5. 0	上海银行	3. 00
031290118. IB	常熟发电	20121219	中期票据	5. 0	建设银行	3. 00
中期票据合计				1 447. 1		
122138. SH	桂东电力	20120416	公司债	6. 0	国信证券	7. 00
122155. SH	天富热电	20120606	公司债	5. 0	国信证券	5. 00
122151. SH	国电电力	20120615	公司债	30. 0	招商证券	5. 00

续表

代码	公司名称	发行日期	融资方式	融资额（亿元）	主承销商	期限（年）
122152. SH	国电电力	20120615	公司债	10. 0	招商证券	7. 00
122145. SH	桂东电力	20120620	公司债	4. 0	国信证券	7. 00
122157. SH	广州发展	20120625	公司债	23. 5	中信证券	7. 00
122153. SH	京能清洁能源	20120703	公司债	24. 0	招商证券	3. 00
122154. SH	京能清洁能源	20120703	公司债	12. 0	招商证券	5. 00
122165. SH	国电电力	20120723	公司债	33. 0	招商证券	3. 00
122166. SH	国电电力	20120723	公司债	7. 0	招商证券	5. 00
122192. SH	桂冠电力	20121024	公司债	9. 3	华鑫证券	10. 00
122191. SH	桂冠电力	20121024	公司债	8. 0	华鑫证券	5. 00
122198. SH	华能新能源	20121029	公司债	11. 4	中银国际	3. 00
122199. SH	华能新能源	20121029	公司债	8. 6	中银国际	5. 00
公司债合计				191. 8		
债权融资合计				6 029. 4		
融资合计				6 414. 8		

注：资料来源于 Wind 资讯、中信证券研究部。

附件 51

2012 年部分大型电力企业发生的重大并购（出售）活动项目统计

一、电力产业方面的并购（出售）

序号	单　位	项目名称	项目状况	交易性质	交易金额（亿元）	装机容量（万千瓦）	占项目的股权比例（%）
1	南方电网公司	50 家县级供电子公司	已投产	收购	128.44		100
2	中国大唐集团公司	运城发电公司、石门发电公司	已投产	出售		213	51
		洛阳双源热电公司、洛阳热电公司	已投产	出售		100.5	50
3	中国华电集团公司	山西武乡电厂	已投产	出售		120	100
4	中国电力投资集团公司	华北分公司所属六家电厂	已关停	出售		77.4	100
5	神华集团有限责任公司	国网能源公司	已投产	收购	516	1 006.2	100
6	国投华靖电力控股股份有限公司	国投钦州发电有限公司	已投产	收购	6.83	126	61

二、其他方面的并购

序号	单　位	项目名称	交易性质	交易金额（亿元）	占项目的股权比例（%）
1	中国电力投资集团公司	新疆化工集团重组项目	资产重组	18.44	67.94
		晋北铝业股权项目	收购	34.28	96.54
2	广东省粤电集团有限公司	珠海市农村信用合作联社增资扩股及改制项目	收购	4.45	9.90

附件 52

2012 年部分大型电力企业综合能源业务项目在建情况

一、煤炭项目在建情况

序号	单　位	总产能（万吨/年）	2012 年新开工项目产能（万吨/年）	动态总投资（亿元）	2012 年新开工项目总投资（亿元）	2012 年底累计完成投资（亿元）	2012 年完成投资（亿元）
1	中国华能集团公司	3 400	1 010	288.45	132.19	197.89	37.01
2	中国大唐集团公司	3 720	35	143.29	5.56	104.69	34.31
3	中国华电集团公司	920	240	50.89	32.42	28.87	14.45
4	中国电力投资集团公司	7 410	540	896.14	39.56	141.27	7.99

二、电解铝项目在建情况

序号	单　位	领域	总产能（万吨/年）	2012 年新开工项目产能（万吨/年）	动态总投资（亿元）	2012 年新开工项目总投资（亿元）	2012 年底累计完成投资（亿元）	2012 年完成投资（亿元）
1	中国大唐集团公司	电解铝	74.00		143.42		41.39	4.82
2	中国电力投资集团公司	电解铝	100.50		132.14		106.13	17.24

三、煤化工、运输物流等项目在建情况

单位：亿元

序号	单　位	领域	动态总投资	2012 年新开工项目总投资	2012 年底累计完成投资	2012 年完成投资
1	中国华能集团公司	运输物流	76.64		26.77	19.87
2	中国华电集团公司	煤化工	1.58		1.34	0.417 4
3	中国电力投资集团公司	运输物流	162.42	30.96	83.27	20.30
4	广东省粤电集团有限公司	运输物流	28.49	28.49	1.16	0.53

附件 53

2012 年部分大型电力企业投运的综合能源业务总体情况

序号	单　　位	领域	2012 年总产量（万吨、亿立方米）	截至 2012 年底总产能（万吨/年、亿立方米/年）	其中 2012 年新增煤炭产能（万吨/年）	总资产（亿元）	利润总额（亿元）
1	中国华能集团公司	煤炭	6 858.74	7 817	1 000	576.83	2.95
2	中国大唐集团公司	煤炭	1 502	1 480			
3	中国华电集团公司	煤炭	3 538	4 620	2 060	52.60	26.00
		煤化工	50.89	51		22.40	-0.75
4	中国国电集团公司	煤炭	6 880	7 125	1 449		
5	中国电力投资集团公司	煤炭	6 046	7 410	60	149.00	19.30
		电解铝	269	277.3	120.57	430.43	-3.90
		氧化铝	250	260		127.41	0.59
		多晶硅	0.125	0.125		23.43	-2.17

附件 54

2012 年电力板块上市公司基本情况一览

证券代码	证券简称	总股本（亿股）	总市值（亿元）	A 股流通市值（不含限售股）（亿元）	类型
000027. SZ	深圳能源	26. 43	158. 05	158. 05	火电
000037. SZ	深南电 A	6. 03	25. 38	14. 27	火电
000531. SZ	穗恒运 A	3. 43	43. 09	42. 55	火电
000539. SZ	粤电力 A	43. 75	259. 01	117. 76	火电
000543. SZ	皖能电力	7. 73	59. 14	59. 13	火电
000600. SZ	建投能源	9. 14	38. 74	38. 74	火电
000601. SZ	韶能股份	9. 26	33. 04	29. 96	水电
000602. SZ	金马集团	10. 09	107. 07	22. 16	火电
000690. SZ	宝新能源	17. 27	77. 35	76. 73	火电
000692. SZ	惠天热电	2. 66	12. 71	12. 71	火电
000695. SZ	滨海能源	2. 22	15. 19	15. 17	火电
000720. SZ	新能泰山	8. 63	18. 82	18. 82	火电
000767. SZ	漳泽电力	13. 24	49. 90	49. 90	火电
000791. SZ	甘肃电投	7. 22	52. 14	8. 29	水电
000875. SZ	吉电股份	8. 39	23. 75	18. 68	火电
000883. SZ	湖北能源	26. 74	185. 87	28. 86	水电
000899. SZ	赣能股份	6. 47	26. 51	13. 50	火电
000958. SZ	＊ST 东热	2. 99	9. 46	6. 22	火电
000966. SZ	长源电力	5. 54	24. 11	24. 11	火电
000993. SZ	闽东电力	3. 73	34. 84	34. 84	水电
001896. SZ	豫能控股	6. 23	25. 87	17. 84	火电
002039. SZ	黔源电力	2. 04	29. 46	24. 56	水电
600011. SH	华能国际	140. 55	1 003. 55	714. 00	火电
600021. SH	上海电力	21. 40	99. 28	99. 28	火电
600027. SH	华电国际	73. 71	290. 42	210. 40	火电
600098. SH	广州发展	27. 42	207. 86	156. 09	火电
600101. SH	明星电力	3. 24	30. 12	30. 12	电网
600116. SH	三峡水利	2. 68	32. 45	30. 03	电网
600131. SH	岷江水电	5. 04	26. 82	21. 14	电网
600167. SH	联美控股	2. 11	20. 53	20. 53	火电
600236. SH	桂冠电力	22. 80	90. 76	44. 89	水电
600310. SH	桂东电力	2. 76	28. 28	28. 28	电网
600396. SH	金山股份	3. 41	20. 16	20. 16	火电
600452. SH	涪陵电力	1. 60	14. 75	14. 75	电网
600505. SH	西昌电力	3. 65	30. 11	30. 11	电网
600509. SH	天富热电	6. 56	52. 98	52. 98	火电

续表

证券代码	证券简称	总股本（亿股）	总市值（亿元）	A股流通市值（不含限售股）（亿元）	类型
600578. SH	京能热电	19. 47	145. 66	57. 40	火电
600642. SH	申能股份	47. 29	209. 01	209. 01	火电
600644. SH	乐山电力	3. 26	29. 71	29. 71	电网
600674. SH	川投能源	19. 73	164. 92	164. 92	水电
600719. SH	大连热电	2. 02	13. 45	13. 45	火电
600726. SH	华电能源	19. 67	53. 89	19. 74	火电
600744. SH	华银电力	7. 12	26. 90	17. 93	火电
600758. SH	红阳能源	2. 08	15. 39	8. 53	火电
600780. SH	通宝能源	11. 47	76. 82	58. 49	火电
600795. SH	国电电力	153. 95	404. 89	367. 01	火电
600863. SH	内蒙华电	25. 81	193. 59	42. 97	火电
600864. SH	哈投股份	5. 46	31. 03	31. 03	火电
600868. SH	梅雁吉祥	18. 98	52. 39	52. 39	水电
600886. SH	国投电力	35. 20	202. 77	202. 77	火电
600900. SH	长江电力	165. 00	1 133. 55	669. 55	水电
600969. SH	郴电国际	2. 10	19. 45	8. 55	电网
600979. SH	广安爱众	5. 93	28. 22	28. 22	电网
600982. SH	宁波热电	1. 68	15. 89	15. 89	火电
600995. SH	文山电力	4. 79	26. 61	26. 61	电网
601991. SH	大唐发电	133. 10	536. 39	398. 74	火电
	板块合计		6 638. 13	4 728. 49	
	市场合计		266 726. 75	180 034. 35	
	板块占比		2. 5%	2. 6%	

注：资料来源于 Wind 资讯、中信证券研究部。

附件 55

2012 年电力企业重大对外投资项目情况

企业名称	项目名称	2012 年实际完成投资额（万美元）	股比（%）	投资区域	投资模式	投资领域	经营起止时间	项目投资规模及简况
国家电网公司	葡萄牙能源网公司股权收购项目	49 000	25	葡萄牙	股权并购	输变电	2012—2057 年	项目总投资 4.9 亿美元，收购葡萄牙能源网公司 25% 股权
	巴西 ACS 公司特许经营权收购项目	85 662	100	巴西	股权并购	输变电	2012—2042 年	项目计划总投资 11.13 亿美元，收购巴西 7 家输电特许权公司 100% 股权
	澳大利亚南澳输电公司股权收购项目	58 700	41.11	澳大利亚	股权并购	输变电	2012—2200 年	项目总投资 5.87 亿美元，收购澳大利亚南澳输电网公司 41.11% 股权及相关权益
中国大唐集团公司	柬埔寨斯登沃代水电站	13 244	51	柬埔寨	BOT	水电	投产后 30 年	项目装机容量 12 万千瓦
中国华电集团公司	印尼巴淡 2 ×6.5 万千瓦煤电	8 122	54	印尼	IPP	火电	2012 年至今	装机容量 2 ×6.5 万千瓦。华电拥有 54% 股权，项目总投资约 2 亿美元
	柬埔寨额勒赛下游水电站	16 449.15	100	柬埔寨	BOT	火电	2013 年至今	分上下两级开发。上电站装机容量 2 × 10.3 万千瓦；下电站 2 ×6.6 万千瓦；年平均发电量约 12 亿千瓦时
中国电力投资集团公司	伊江上游水电项目	8 720	80	缅甸	BOT	水电	待定	规划建设 7 个梯级电站及 1 座配套施工电源电站，总装机容量 2 150 万千瓦，年均发电量约 1 140 亿千瓦时
中国广核集团有限公司	纳米比亚湖山项目	241 000	100	纳米比亚	收购	铀矿	2012—2036 年	湖山铀矿是世界上第三大铀矿，项目建设期间投资将达 27.74 亿美元，预计 2015 年底投产后产量有望跃居世界第二位
中国长江三峡集团公司	希腊光伏示范项目	6 100	100	希腊	绿地	太阳能	2012 年 7 月 31 日至今	规模为 1.8 万千瓦，项目施工期 5 个月，已完成进度的 90.42%
	葡萄牙电力股权收购	253 507	21.35	欧美	股权收购	新能源	2011 年 12 月 27 日至今	权益装机 480 万千瓦，已完成股权交割
	老挝南耶 2 水电站项目	5 210	90	东南亚	BOOT	水电开发	项目在建中	老挝南椰 2 水电站位于老挝北部，装机 18 万千瓦，总投资金额 30 689 万美元

续表

企业名称	项目名称	2012年实际完成投资额（万美元）	股比（%）	投资区域	投资模式	投资领域	经营起止时间	项目投资规模及简况
中国电力建设集团公司	老挝南欧江项目一期	3 086	0.85	老挝	BOT	水电		项目一期计划开发二级、五级和六级电站，总装机容量54万千瓦，年平均发电量约20.92亿千瓦时，预计投资额10.35亿美元
	老挝钾盐矿	4 381	0.7	老挝	“绿地”投资	矿产资源	2013年1月至2043年1月	项目一期投资9 446万美元，年产12万吨KCL生产线，年销售额5 000万美元
	刚果 SICOMINES 铜钴矿项目	11 495	0.252 8	刚果	“绿地”投资	矿产资源	2016年5月至2036年5月	项目总投资额37亿美元，其中中国水电占股份25.28%，年产电解铜25万吨，年销售额19.6亿美元

附件 56

2012 年电力企业新签重大对外承包工程项目情况

序号	企业名称	项目所在国家	项目名称	合同额（万美元）	工程领域	承包方式	项目简况
输变电							
1	国家电网公司	委内瑞拉	委内瑞拉托库玛—乌里邦托输电线路及其扩展中西部 400 千伏系统工程	131 500	输变电	施工总承包	建设加拉加斯及西部城市附近的输变电设施
2	中国能源建设集团公司	委内瑞拉	托科玛—乌里邦德及其拓展输变电工程	39 450	输变电	EPC 工程总承包	
3	中国能源建设集团公司	白俄罗斯	白俄罗斯核电输出线路及电力联网项目	34 086	输变电	EPC 工程总承包	
4	中国长江三峡集团公司	加纳	上西部省电气化扩建	18 000	输变电	EPC 工程总承包	中压、低压线路建设及变电站供货施工
5	中国长江三峡集团公司	老挝	塔棉—塔博克输变电线路	11 300	输变电	EPC 工程总承包	变电站新建、扩建以及输电线路建设
6	中国能源建设集团公司	纳米比亚	纳米比亚北方奥马弗—欧塔匹（OMAFO-OUT-API）道路修复工程	8 233	输变电	施工总承包	
7	国家电网公司	巴基斯坦	巴基斯坦新拉合尔输电线路项目	6 800	输变电	施工总承包	建设 500 千伏双回线路 75 千米和 220 千伏线路 80 千米
8	中国能源建设集团公司	白俄罗斯	白俄罗斯明斯克北部 330/110/10 千伏变电站改造及明斯克州明斯克区 110 千伏线路项目	5 088	输变电	EPC 工程总承包	
9	国家电网公司	赤道几内亚	赤道几内亚马拉博城市电网项目二期工程	3 760	输变电	施工分包	入户工程
10	国家电网公司	巴基斯坦	巴基斯坦 500 千伏西卡普尔变电站工程	3 200	输变电	施工分包	变电站升级工程
火电							
1	中国能源建设集团公司	印度	印度纳佳 2×66 万千瓦超临界电站 BTG 设计供货	42 090	火电	EPC 工程总承包	
2	中国能源建设集团公司	俄罗斯	俄罗斯雅罗斯拉夫尔捷宁斯卡娅燃—蒸联合循环项目	23 000	火电	施工分包	
3	中国能源建设集团公司	孟加拉	孟加拉 Bibiyana 二期燃气联合循环机组项目	21 469	火电	EPC 工程总承包	
4	中国电力建设集团公司	越南	越南沿海一期 2X62. 2 万千瓦火电工程	15 167. 07	火电	施工分包	位置：越南茶荣省沿海县建设；规模：2×62. 2万千瓦 燃煤发电机组
5	中国能源建设集团公司	柬埔寨	柬埔寨西哈努克港电厂 3×13. 5 万千瓦电厂机组电站项目	11793	火电	施工分包	

续表

序号	企业名称	项目所在国家	项目名称	合同额（万美元）	工程领域	承包方式	项目简况
6	中国能源建设集团公司	印尼	印尼苏门答腊 2×15 万千瓦燃煤坑口电站	10 159	火电	施工分包	
7	中国能源建设集团公司	越南	台塑河静钢铁公司自备电厂	10 029	火电	施工分包	
8	中国能源建设集团公司	波黑	波黑斯坦纳瑞（STANARI）1×30 万千瓦 CFB 燃煤电站建筑安装工程施工总承包	9 188	火电	施工分包	
9	中国电力建设集团公司	印度尼西亚	占碑工厂自备电站扩建项目	8 800	火电	EPC 工程总承包	自备电厂扩建 MB#24TG#27 设计采购施工总承包；装机容量为 400 吨循环流化床锅炉和 10 万千瓦汽轮发电机组
10	中国能源建设集团公司	伊拉克	伊拉克萨拉哈丁 2×63 万千瓦燃油气电站工程辅机设备采购合同	8 755	火电	供货成套	
11	中国能源建设集团公司	越南	越南太平二期 2×60 万千瓦燃煤电厂锅炉岛 BOP EP 合同	8 045	火电	EPC 工程总承包	
12	中国能源建设集团公司	印尼	印度尼西亚万丹 1×66 万千瓦超临界燃煤机组安装工程	7 945	火电	施工分包	
13	中国能源建设集团公司	委内瑞拉	委内瑞拉比西亚联合循环电站项目安装施工和建筑管理承包	7 895	火电	施工分包	
14	中国能源建设集团公司	孟加拉	孟加拉 Meghnaghat 337/305（净）MW 双燃料联合循环电站	6 349	火电	EPC 工程总承包	
15	中国能源建设集团公司	印尼	印尼 Banjarsari 2×13.5 万千瓦燃煤电站项目建筑安装工程总承包	5 297	火电	施工分包	
16	中国能源建设集团公司	土耳其	土耳其 IZDEMIR（伊兹密尔）1×35 万千瓦超临界燃煤电站项目	4 841	火电	施工分包	
17	中国能源建设集团公司	伊拉克	伊拉克萨拉哈丁 2×63 万千瓦燃油气电站工程项目	4 698	火电	施工分包	
18	中国能源建设集团公司	伊拉克	伊拉克萨拉哈丁 2×63.1 万千瓦燃油气电站工程项目	4 511	火电	施工分包	
19	中国能源建设集团公司	印度	印度莎圣 6×60 万千瓦电站项目材料供应和服务合同	3 099	火电	P/PM 工程总承包	
			清洁能源				
1	中国能源建设集团公司	南苏丹	南苏丹拜登水电站项目	144 998	水电	EPC 工程总承包	
2	中国电力建设集团公司	埃塞俄比亚	埃塞俄比亚阿达玛二期风电场 EPC 项目	34 500	新能源	EPC 工程总承包	总装机容量 15.3 万千瓦

续表

序号	企业名称	项目所在国家	项目名称	合同额（万美元）	工程领域	承包方式	项目简况
3	中国电力建设集团公司	南苏丹	南苏丹苏伊水电站项目	29648	水电	EPC 工程总承包	坝高 22.8 米，长 3 539.5 米，装机 1.5 万千瓦
4	中国能源建设集团公司	老挝	南涧一号水电站项目	25 000	水电	EPC 工程总承包	
5	中国能源建设集团公司	菲律宾	菲律宾 13 座 35/30MW 生物质电站项目	23 738	清洁能源	EPC 工程总承包	
6	中国能源建设集团公司	埃塞	大复兴水电站机组供货和安装指导合同	14 390	水电	EPC 工程总承包	
7	中国能源建设集团公司	刚果布	刚果（布）利武索水电站大坝及厂房工程	12 205	水电	EPC 工程总承包	
8	中国长江三峡集团公司	巴基斯坦	三峡第一风力发电	10 998	风力发电	BOO	项目位于巴基斯坦信德省塔塔专区贾姆皮尔地区，以 BOO 方式投资开发 33 台 1 500 千瓦 0.69 千伏风力发电机组
9	中国能源建设集团公司	莫桑比克	莫桑比克巴辛吉大坝修复	10 674	水电	施工总承包	
10	中国电力建设集团公司	安哥拉	安哥拉琼贝达拉水电站及输变电建设项目	9 711	水电	施工总包	项目包括安哥拉琼贝达拉 1.9 万千瓦水电站修复，100 公里的 60 千伏输变电线路以及位于卢埃纳市的一个变电站
11	中国能源建设集团公司	缅甸	缅甸萨泰水电工程机电标	6 845	水电	EPC 工程总承包	
12	中国长江三峡集团公司	尼泊尔	上马蒂水电站	5 847	水电工程	BOT	投资建设一座高 11.2 米、长 49 米的混凝土溢流坝，沉砂池，4000 米 Ø3.6 ~ 4 米引水隧洞 \ 发电厂房及设备采购等
13	中国能源建设集团公司	越南	越南南北江水电站	5 511	水电	EPC 工程总承包	
14	中国能源建设集团公司	巴基斯坦	巴基斯坦 Neelum-Jhelum 水电站机电设备安装调试工程	4 171	水电	施工分包	
			交通				
1	中国能源建设集团公司	南苏丹	朱巴—卢贝克公路项目	70 473	交通	EPC 工程总承包	
2	中国能源建设集团公司	加蓬	加蓬莱拉姆巴—库拉姆图（Lebamba—Koulamoutou）公路项目	48 300	交通	DB 工程总承包	
3	中国能源建设集团公司	埃塞俄比亚	埃塞俄比亚沃地亚—塞迈拉—阿斯依塔铁路项目	42 166	交通	EPC 工程总承包	

续表

序号	企业名称	项目所在国家	项目名称	合同额（万美元）	工程领域	承包方式	项目简况
4	中国能源建设集团公司	巴基斯坦	巴基斯坦 JAGLOT SKARDU 公路加宽及升级改造项目	39 642	交通	EPC 工程总承包	
5	中国能源建设集团公司	蒙古	蒙古塔奔陶勒盖—杭吉公路建设项目	37 929	交通	EPC 工程总承包	
6	中国能源建设集团公司	老挝	老挝国家 1C 公路改建项目	17 625	交通	DB 工程总承包	
7	中国能源建设集团公司	加蓬	加蓬阿兰伽至阿宾达公路项目	17 081	交通	EPC 工程总承包	
8	中国能源建设集团公司	乍得	乍得柯露—芭纳公路的工程设计和施工	10 026	交通	EPC 工程总承包	
9	中国能源建设集团公司	莫桑比克	莫桑比克可奇木阿至尼可达道路修复	8 306	交通	施工总承包	
房地产							
1	中国能源建设集团公司	科特迪瓦	科特迪瓦阿比让 1 050 套海关别墅房建项目	11 639	房地产	施工总承包	
2	中国能源建设集团公司	科特迪瓦	科特迪瓦税务联合会 & 国家协调的高校教师与研究人员 2 900 套房建项目	11 612	房地产	施工总承包	
3	中国能源建设集团公司	加纳	加纳劳工部办公大楼工程项目	7 980	房地产	EPC 工程总承包	
4	中国能源建设集团公司	赤道几内亚	赤道几内亚 260 套社会住宅及其附属设施建设项目	6 353	房地产	施工总承包	
基础设施							
1	中国电力建设集团公司	马来西亚	马来西亚丰盛港填海项目	143 407. 46	房建	施工总承包	项目的主要内容为海事工程，包括疏浚、吹填、围堤和护岸等
2	中国能源建设集团公司	乍得	乍得城市饮用水供水网改建工程	99 300	基础设施	EPC 工程总承包	
3	中国长江三峡集团公司	厄瓜多尔	卡纳防洪工程	39 380	水利工程	EPC 工程总承包	1）Canar 河上新建 10 扇弧形分水闸 1 座；2）分两段开挖 23 千米双梯形断面导流渠；3）新建桥梁 2 座和原有桥梁改建或扩建 4 座，桥梁总长 1 268 米；4）导流渠两侧排水沟及路涵
4	中国能源建设集团公司	赤道几内亚	马拉博市及城市郊区污水管网入户项目	14 828	基础设施	EPC 工程总承包	
5	中国长江三峡集团公司	塞内加尔	布莱斯迪亚涅国际机场高速公路 Lot3：布莱迪亚涅国际机场—蒂阿姆布克—捷斯段（16 千米）	13 725	公路建设	施工总承包	16 千米的新高速公路建设，2x2 车道，可扩展成 2x3 车道。包括 1 座立交桥，7 座天桥和地下通道，1 个环形交叉口，水利结构物以及公路排水等

续表

序号	企业名称	项目所在国家	项目名称	合同额（万美元）	工程领域	承包方式	项目简况
6	中国能源建设集团公司	伊拉克	伊拉克 Wasit 省 Al-Siwera 污水处理项目一期工程	12 654	基础设施	EPC 工程总承包	
7	中国长江三峡集团公司	塞内加尔	布莱斯迪亚涅国际机场高速公路 Lot2：索姆纳—姆布尔段（20 千米）	11 143	公路建设	施工总承包	24 千米的新高速公路建设，2x2 车道，可扩展成 2x3 车道。包括 2 座立交桥，9 座天桥和地下通道，2 个环形交叉口，水利结构物以及公路排水等
8	中国能源建设集团公司	安哥拉	安哥拉桑比赞加基础设施建设项目	9 903	基础设施	施工总承包	
9	中国长江三峡集团公司	塞内加尔	布莱斯迪亚涅国际机场高速公路 Lot1：蒂阿姆布克—索姆纳段（19 千米）	9 857	公路建设	施工总承包	19 千米的新高速公路建设，2x2 车道，可扩展成 2x3 车道。包括 1 座立交桥，9 座天桥和地下通道、1 个环形交叉口、水利结构物以及公路排水、十字路口治理等
10	中国能源建设集团公司	利比里亚	利比里亚邦铁矿先期 100 万 t/a 铁精矿项目穿爆工程	6 643	其他	施工总承包	
11	中国长江三峡集团公司	老挝	南 13 号公路建设工程	5 978	公路建设	EPC 工程总承包	重新设计及设计施工三级公路
12	中国能源建设集团公司	厄瓜多尔	布鲁布鲁河防洪项目	5 561	基础设施	施工总承包	
13	中国长江三峡集团公司	印度	横跨 VAITARNA 河碾压混凝土坝及引路及附属工程	5437	水利工程	施工总承包	建设高约 105 米、长 550 米混凝土碾压大坝
14	中国能源建设集团公司	乍得	乍得 2 万公顷农业灌溉项目	3 723	基础设施	EPC 工程总承包	
15	中国长江三峡集团公司	埃塞俄比亚	比拉达—麦图 50 千米公路改造	3 434	公路建设	施工总承包	公路全长 50 千米，由原有的 6 米宽沥青路面升级为 DS－4 级沥青混凝土路面，路宽 7 米，1. 5/0. 5 米路肩

附件 57

电力行业加入的国际组织及 2012 年参加的活动情况

序号	已加入的国际组织名称	加入时间	2012 年参加的活动	加入单位
1	东亚及西太平洋电力工业协会（CEPSI）	1996 年 5 月	第十九届亚太电协大会	中国电力企业联合会
				中国华能集团公司
		2003 年		中国国电集团公司
		2003 年 1 月		中国电力投资集团公司
2	全球可持续电力合作组织（G-SEP）	2011 年 6 月	参加工作组会议、领导人峰会、政策委员会和项目委员会会议、管理委员会会议	国家电网公司
3	世界可持续发展工商理事会（WBCSD）	2010 年 11 月	参加世界可持续发展工商理事会大会	国家电网公司
4	国际电工委员会（IEC）		修订完成 IEC TC115“100kV 及以上高压直流输电技术委员会”向 IEC SMB 的年度工作报告；参加 IEC PC118 第一次全体会议、IEC 输变电行业咨询委员会会议、IEC TC115 WG5 高压直流系统设计新标准项目第一次会议、IEC PC118 智能电网用户接口项目委员会工作组会议等多项重要研讨会	国家电网公司
5	电气与电子工程师学会（IEEE）		参加 IEEE 特高压交流工作组会议；参加在美国欧文市召开的 IEEE 标准化协会企业咨询委员会工作会议、IEEE UHVAC 特高压交流工作组会议、IEEE SA CAG 第三次工作会议	国家电网公司
6	特大电网运行机构组织（VLPGO）	2004 年	参加理事会、年会及工作组会议	国家电网公司
		2012 年 4 月		中国南方电网有限责任公司
7	国际大电网会议组织（CIGRE）		参加高压设备 A3 专委会技术培训及 A3. 28 工作组会议、CIGRE B3. 29“特高压交流变电站建设及运行中的现场试验技术”工作组会议、CIGRE B3. 29“特高压交流变电站建设及运行中的现场试验技术”最后一次工作组会议；参加 CIGRE 年会、CIGRE A3. 28 超/特高压交流可开关特性和试验要求工作组会议、CIGRE 中国国家委员会专题报告会，并做了《CIGREA3 高压设备专委会 2012 年会情况及优先发展主题》的报告	国家电网公司
	国际大电网组织（CIGRE）	2005 年 11 月	参加亚太技术会议及年会	中国南方电网有限责任公司
8	国际风电接入组织 UWIG	2010 年	UVIG 执行董事 Charles Smith 应邀到东北分部访问并进行了技术交流；参加 2012 年 UVIG 春季技术研讨会暨年度会议、2012 年 UVIG 秋季技术研讨会	国家电网公司
9	国际大城市供电组织（IUWG）	2007 年	2012 年 3 月赴澳大利亚参加 2012 国际大城市供电组织年会（IUWG 2012）	国家电网公司上海电力公司
10	国际电力研究交流组织（IERE）	2001 年	参加“第 22 届 IERE 董事会会议暨研发工作组会议”；中国电科院作为董事会成员应邀参加 IERE 第 23 届董事会会议；参加在韩国首尔举办的 IERE 全体会议暨董事会会议	国家电网公司中国电力科学研究院、国网电力科学研究院
11	国际铝协（IAI）	2009 年 1 月	参加国际铝业协会第 81 届董事会、第 40 届年会以及第 17 届世界铝业大会	中国电力投资集团公司

续表

序号	已加入的国际组织名称	加入时间	2012 年参加活动	加入单位
12	国际水电协会（IHA）	2012 年 12 月	参加国际水电协会第 59 届董事会	中国电力投资集团公司
		2010 年	参加国际水电协会举办的各类活动	中国电力建设集团公司
		2005 年 9 月	出席第 58 届董事会；参加 GHG（温室气体）研讨会；协办第 59 届董事会	中国长江三峡集团公司
13	国际大坝委员会（ICOLD）水电站与水库联合调度运行专业委员会（简称专委会）（Committee on Integrated Operation of Hydropower Stations and Reservoirs）	2012 年 6 月	参加专委会第一次工作会议；参加“变化气候条件下梯级水电开发与管理专家研讨会”	中国长江三峡集团公司
14	美国机械工程师协会中国工作组（ASME CIWG）	2011 年 7 月	参加 2012 年 ASME 标准周	国家核电技术有限公司国核运行
15	美国机械工程师协会锅炉和压力容器规程第 11 卷相关工作组（ASME BPVC XI –11）	2011 年 7 月	参加国际原子能机构关于第三次核电厂寿期管理国际会议	国家核电技术有限公司国核运行
16	世界核电运营者协会（WANO）	2010 年 4 月	参加 WANO-CPI TSM 防人因失误工具和生产业绩指标研讨会、WANO-CPI TSM 电厂运行和设备可靠性管理研讨会、WANO-CPI TSM 配置管理和辐射防护研讨会；参加 WANO 小型 CEO 会议	中国电力投资集团公司
		1995 年	接受 WANO 东京中心组织的对我有关核电厂进行的安全文化同行评估、提供专家参加对其他国家会员单位的同行评估活动等	中国核工业集团公司中国核能电力股份有限公司
		2011 年 10 月	参加 WANO 核监督研讨会和 WANO 福岛事件 SOER 研讨会；	国家核电技术有限公司国核示范电站有限责任公司
		2001 年	WANO 巴黎中心双年会	中国广核集团有限公司大亚湾核电运营管理有限责任公司
17	国际原子能机构（IAEA）	2001 年	参加 IAEA 福岛事故第二次特别会议	中国广核集团有限公司
18	国际原子能机构轻水堆技术工作组成员/（member of LWR- TWG，IAEA）	2005 年	参加轻水堆技术工作组专家会议	国家核电技术有限公司上海核工院
19	国际原子能机构核电厂寿期管理技术工作组成员/（member of PLM-TWG，IAEA）	2005 年	参加机构召开的核电厂寿期管理技术工作组专家会议	国家核电技术有限公司上海核工院
20	美国核电运行研究所（INPO）	2011 年	参加 INPO 国际会员论坛	中国广核集团有限公司大亚湾核电运营管理有限责任公司
21	Candu 业主联合会			中国核工业集团公司秦山第三核电有限公司

附件 58

2012 年电力行业主（承）办的重要国际会议和展览

序号	会议（展览）名称	主办方	举办时间	举办地点	承办单位
1	IEC PC118 第一次全体会议	中国电力科学研究院	2012 年 2 月 8—10 日	天津	国家电网公司
2	IEC 高压直流技术委员会第四次年会及相应工作组会议	国家电网公司	2012 年 10 月 16—19 日	新加坡	
3	第二届粤港澳电力企业高峰会	中国南方电网有限责任公司	2012 年 5 月 27—28 日	云南丽江	中国南方电网有限责任公司
4	中泰电力合作第二次工作组会议	中国南方电网有限责任公司	2012 年 9 月 11 日	云南丽江	
5	中美企业投资合作论坛	中国国际经济交流中心和美国全国商会	2012 年 7 月	北京	中国国电集团公司
6	中巴经贸合作圆桌会	中国发展基金研究会	2012 年 9 月	北京	
7	变化气候条件下的梯级水电开发与管理	中国长江三峡集团公司	2012 年 11 月	北京	中国长江三峡集团公司
8	变化气候条件下梯级水电开发与管理专家研讨会	中国长江三峡集团公司	2012 年 11 月	北京	
10	核安全与严重事故国际研讨会（NUSSA）	国核研究院	2012 年 9 月 7—8 日	北京	国家核电技术有限公司
11	RAS/8/10 项目终期总结和 RAS/1/013 项目计划会议	国际原子能机构	2012 年 2 月 21 日至 3 月 2 日	上海	
12	AP/CAP 核电合格供应商年会	国家核电	2012 年 3 月	杭州	
13	引入核电项目的可行性研究	国际原子能机构	2012 年 8 月	上海	
14	中国—东盟博览会	中国和东盟十国经贸主管部门和东盟秘书处	2012 年 9 月 21—25 日	南宁	中国广核集团有限公司
16	核燃料技术交流会	铀业公司和 EDF 集团共同主办	2012 年 5 月 22—23 日	深圳	
17	WANO 巴黎中心年会	中广核集团与 WANO 巴黎中心秘书处	2012 年 3 月	深圳	
18	“设备可靠性”国际研讨班	WANO 巴黎中心（WANO-PC）主办、运营公司承办	2010 年 6 月	深圳	
19	2012 中国清洁电力峰会暨中国国际清洁能源博览会	中国电力企业联合会、中国国际贸易促进委员会北京市分会、中国国际贸易促进委员会电力行业委员会、德国科隆展览有限公司	2012 年 2 月 23—25 日	北京	中国电力企业联合会国际合作部、科隆展览中国有限公司、北京泰格尔展览有限公司、北京国际展览中心

续表

序号	会议（展览）名称	主办方	举办时间	举办地点	承办单位
20	中国（杭州）国际新能源汽车产业展览会暨中国国际新能源汽车、充换电设施及动力电池展览会	中国电力企业联合会、中国工业内节能与清洁生产协会、杭州市人民政府	2012 年 8 月 10—12 日	杭州	中国电力企业联合会国际合作部、杭州市经济和信息化委员会、中国国际贸易促进委员会杭州市分会、中国国际贸易促进委员会电力行业委员会
21	第十四届国际电力设备及技术展览会	中国电力企业联合会	2012 年 9 月 26—28 日	北京	中国电力企业联合会国际合作部
22	2012 中国（成都）新能源国际峰会暨展览会	中国电力企业联合会、中国核能行业协会、中国可再生能源学会、中华全国工商业联合会新能源商会、中国资源综合利用协会可再生能源专业委员会、成都市人民政府	2012 年 11 月 11—13 日	成都	成都市博览局、成都市经济和信息化委员会、成都市投资促进委员会、成都市发展和改革委员会、双流县人民政府

后　记

在《中国电力行业年度发展报告2013》的编撰过程中，国家发展改革委、国家能源局等政府相关部门给予了大力支持和帮助，国家电网公司、中国南方电网有限责任公司、中国华能集团公司、中国大唐集团公司、中国华电集团公司、中国国电集团公司、中国电力投资集团公司、中国核工业集团公司、中国长江三峡集团公司、神华集团有限责任公司、国家核电技术公司、中国广核集团有限公司、广东省粤电集团有限公司、中国电力建设集团公司、中国能源建设集团公司、北京能源投资（集团）有限公司、申能股份有限公司、陕西省地方电力（集团）有限公司、山西国际电力集团有限公司、河北建设投资集团有限责任公司、华润电力控股有限公司、国投华靖电力控股股份有限公司、甘肃省电力投资集团公司等理事单位为报告提供了翔实的资料，中信证券吴非整理并提供了上市公司数据，张安乐、李士兴在资料整理和文字修订方面做了大量工作。王永志、王林萱、王承才、白青峰、刘瑞喜、乔婵、许锡霖、孙蕾、孙红胜、李俊彪、朱虹、余金涛、吴冬、吴贵杰、张参练、柳贞姬、胡啸宇、敖静、梁建红、梁永明、董亦华、曾丽荣、雷新娥、鲜明值等相关理事单位的人员为本单位有关资料整理和汇总做了大量的协调工作，在此一并表示衷心感谢！

中电联研究室负责报告编制工作，中电联本部刘仕海、朱志强、冀瑞杰、吴江、欧阳明、吴立强、董士波、周慧、吴华旻、李霞、程学庆、吴林娟、周丽波、刘伟涛、张晶杰、石丽娜、刘志强、杨帆、徐纯毅、郑薇、祝慧萍、姜锐、高明、范幼林、冀慧敏等分别承担了相关章节的撰稿任务。

受编撰时间、资料收集和编者水平所限，报告难免存在疏漏，恳请读者谅解并批评指正。我们将不断总结经验，进一步提高编撰质量，使《中国电力行业年度发展报告》在立足行业、联系政府、服务企业、沟通社会中发挥更大的作用。